国家出版基金项目
NATIONAL PUBLICATION FOUNDATION

陝西碑刻文獻萃編

吳敏霞等 編著

明清卷（中）

中華書局

本册目録

説 明

　　明萬曆元年（1573）二月刻。誌、蓋均砂石質，長方形。均長82厘米、寬79厘米。蓋文5行，滿行4字，篆書"明故顯考｜驃騎將軍｜左軍都督｜府都督艾｜公墓誌銘｜"。誌文楷書32行，滿行35字。趙世勛撰文，楊兆書丹，郝汝松篆蓋。誌、蓋四周均飾水波紋。米脂縣官莊村出土，具體時間不詳。現存米脂縣博物館。《新中國出土墓誌（陝西壹）》《榆林碑石》著録。

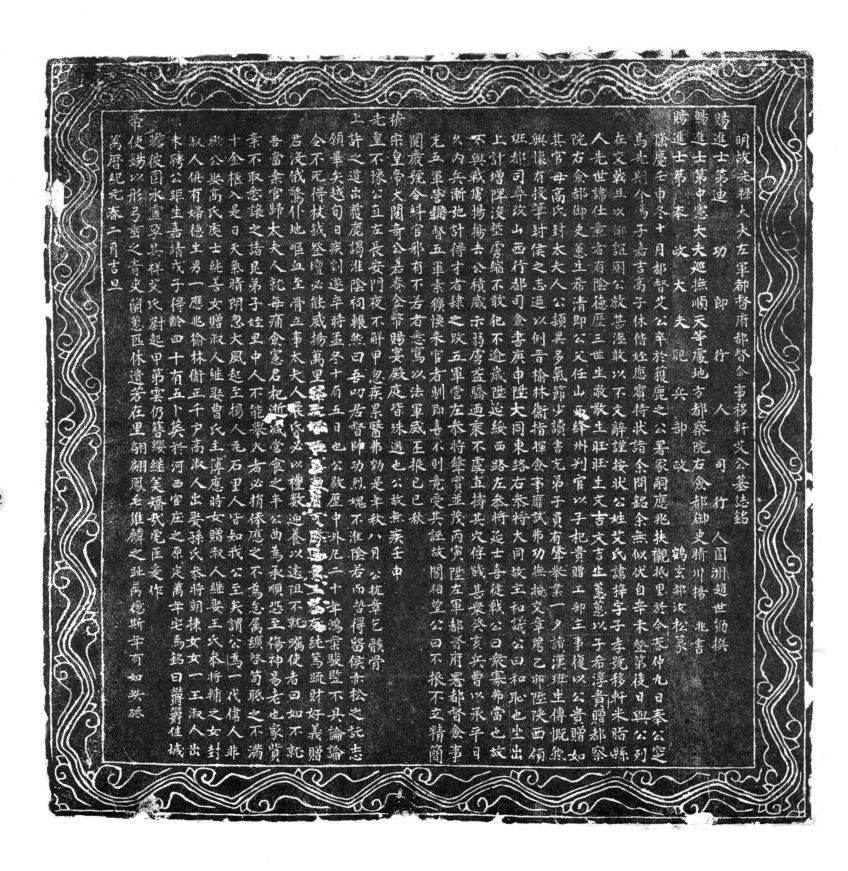

明故光祿大夫左軍都督府都督命事移軒艾公墓誌銘

賜進士第迪功郎行人司行人圜洲趙世勛撰

賜進士第中憲大夫巡撫順天等慶地方都察院右僉都御史晴川揚兆書

賜進士第本科改大夫觀兵部改大夫鶴玄都汝松篆

釋 文

明故光禄大夫左軍都督府都督僉事移軒艾公墓誌銘」

賜進士第迪功郎行人司行人閬洲趙世勛撰」

賜進士第中憲大夫巡撫順天等處地方都察院右僉都御史晴川楊兆書」

賜進士第奉政大夫觀兵部政鶴玄郝汝松篆」

隆慶壬申冬十月，都督艾公卒於獲鹿之公署。冢嗣應兆扶襯（櫬）抵里，於今春仲九日，奉公窆」焉。先期介馮子嘉吉、高子休，偕姪應賓，持狀詣余問銘，余無似，伏自辛未登第後，日與公列」在交戟，且以鄉誼，厠公教甚渥，敢以不文辭。謹按狀：公姓艾氏，諱梓，字子孝，號移軒，米脂縣」人。先世諱仕廉者，有陰德，歷三世生敬，敬生旺，旺生文吉，文吉生蕙。蕙以子希淳貴，贈都察」院右僉都御史。蕙生希清，即公父，任山西絳州判官。以子杞貴，贈工部主事；復以公貴，贈如」其官。母高氏，封太夫人。公穎異，多氣節。少讀書，充弟子員，有聲舉業。一夕，讀漢班生傳，慨然」興懷，有投筆封侯之志。乃以例晉榆林衛指揮僉事。靡試弗功，撫按交章薦。乙卯，陞陝西領」班都司。尋改山西行都司僉書。庚申，陞大同東路右參將。大同故主和議，公曰：和，耻也。坐出」上計，增埤浚塹，虜縮不敢犯。不逾歲，陞延綏西路左參將。延士喜健戰，公曰：衆寡弗當也。故」不與戰，虜揚揚去。公積威示弱，虜益驕。乃乘不虞，直搗其穴，俘馘甚衆。癸亥，兵曹以承平日」久，内兵漸弛，計得才者隸之。改五軍營左參將，聲實並茂。丙寅，陞左軍都督府署都督僉事」，充五軍營提督。五軍素獷焕，来官者馴即喜，不則竟受其誣，故闒相望。公曰：不振不立。精簡」閲，嚴號令，糾官邪，有不若者，悉寘以法，軍威丕振。己巳秋」，穆宗皇帝大閲，奇公，嘉賚金幣，賜宴殿庭，皆殊遇也。公故無疾。壬申」，先皇不豫。公直左長安門，夜不解甲。忽疾，累醫弗效。是年秋八月，公抗章乞骸骨」，上許之。道出獲鹿，謁淮陰祠，輾然曰：吾叨居督帥，功烈愧不淮陰若，而哲得留侯、赤松之託，志」願畢矣。越旬日，疾劇，遂卒。時孟冬十有五日也。公敭歷中外凡二十年，鴻業駿竪不具論，論」令不死，得杖鉞登壇，必能威揚萬里，聲流百世，□勳庸可勝邁哉。且孝友純篤，疏財好義。贈」君没，俄驚仆地，嘔血至骨立。事太夫人，晨昏必以禮。数迎養，以遠阻不就，囑使者曰：如不就」，吾當棄官歸。太夫人就，每痛僉憲君杞逝，減當食之半。公曲爲承順，恐至傷神易老也。家貲」棄不取，悉讓之諸昆弟子姪。里中人不能舉火者，必捐俸應之，不爲怠。属纊，啓笥視之，不滿」十金。柩入是日，天氣晴朗，忽大風起，至揭人瓦石，里人皆知我公至矣，謂公爲一代偉人，非」歟？公娶高氏，處士純善女，贈淑人。繼娶曹氏，主簿應時女，贈淑人。繼娶王氏，參將輔之女，封」淑人。俱有婦德。生男一，應兆，榆林衛正千户，高淑人出，娶孫氏，參將朝棟女。女一，王淑人出」，未聘。公距生嘉靖戊子，得齡四十有五。卜葬於河西官莊之原，定萬年宅焉。銘曰：

鬱鬱佳城」，瞻彼圓水。靈孕其祥，艾氏蔚起。甲第雲仍，簪纓繼美。矯哉虎臣，爰作」帝使。錫以彤弓，垂之青史。蘭蕙匹休，遺芳在里。翩翩鳳毛，維麟之趾。萬億斯年，有如此砥」。

萬曆紀元春二月吉旦」

按

誌主艾梓，曾任提督京營總兵、左軍都督僉事，得賜鐵券。康熙《米脂縣志》有載。據此墓誌記載，艾梓援例得官，與志書所載不同。

撰者趙世勛，綏德衛人。隆慶五年（1571）進士，初授行人，曾任兵科給事中、四川按察司僉事、河南按察司僉事。《明實錄》、乾隆《綏德州直隸州志》有載。

書者楊兆，字夢鏡，號晴川，陝西膚施人。嘉靖三十五年（1556）進士，曾任紹興知府、密雲參政、刑部尚書、兵部尚書等。雍正《陝西通志》有載。

篆蓋者郝汝松，字茂甫。隆慶二年（1568）進士。曾任潼州知州、荊州知府、山東按察副使。有《假我集》十六卷傳世。乾隆《綏德州直隸州志》有載。

632.1573　劉以正墓誌

明甘肅遊
擊將軍都
指揮僉事
杜曲劉公
墓銘

明甘肅遊擊將軍都指揮僉事杜曲劉公墓銘有序
朝議大夫山東等處承宣布政使司右參議分守濟南道奉
勑督理泰山香稅前兵部武選清吏司郎中西京陳綬撰
昭毅將軍河南都指揮使司掌印都指揮僉事奉
勑統理山東等處州縣民兵參將淮海楊餘慶書
劉將軍英敏特達人也忠諒孝友出於天性至于應事接物尤敬慎不苟然家世歷階指揮僉事其父咸
菴都閫年老謝政將軍以承嗣謁部請代當事者遵奉條格減授正千戶將軍嘆曰丈夫志在封侯何一
級為即拖荅歸已愈加奮勵游心韜略日閑射騎嘉靖二十八年臺臣省試以其技藝雅善拔之次年少
上海內勇略之夫赴趨雲集都下人人自謂得雋會秋八月黠虜突犯畿圻得利去無可誰何
當宁思得鷹揚之將以禦外侮臣工仰承
上意一時遴選慎重視前不翅倍蓰將軍中式東吉榜武舉
詔錫會武宴於中軍樞府又命內閣重臣主席介胄之士預此為榮遂陞署指揮同知移陝西都司令其
佐理衛政中丞徽歙鮑公嘉乃丕績題薦于
朝欽陞甘州領班都司石匣口備禦將軍裕儲餉礪練兵養銳由是威名丕著番虜不敢內侵甫匝期陞行
司都指揮僉事用貳閫獻時參將負缺[illegible]謁王中丞以將軍才有餘裕令法代之乃撫驗番夷忠中機宜
政聲藉甚尋陞視篆蓋統轄諸衛戎務劇繁將軍練兵振刷百廢俱興又令代理兵備將軍既武能文憲
度不爽酒泉軍民之歌頌可稽也前後撫巡交薦數次三十五年屬番黠虜南北跳梁
西顧屢憂總督魏柏鄉題薦將軍能當是任無何參[illegible]
錫書仍以前職充甘肅遊擊將軍君曰池方弗靖須賴爪牙以彰
國威命爾駐劄永昌東自莊浪西至甘州患其信地往其欽哉甘人聞報愕然曰劉公治我甘也嚴慈真如
父母今擢之東失怙恃矣將軍受茲[illegible]簡命愈嚴愈敬靡敢怠荒乃操練士馬遇險設伏整飭器械因敵
致勝先聲遠服邊圉攸寧以此憂勞又兼風濕遂[illegible]體不仁病矣將軍乃曰我不能執弓以竟王事即
疏疾乞歸不可再疏驗實方允歸家醫治疾愈[illegible]萊陳公素雅相知又重其才再四勸勉欲其視事
將軍稱疾益篤職付嗣人結社飲酒以樂天年[illegible]無係吝也所謂棄榮如屣明哲保身若將軍者
非其人耶嗚呼純懿之行可以敦薄俗恬退之節可以激競進展也善頤天命不憖一疾無療三日而殞
君子於此蓋有戚焉其友李生一中為之狀云將軍諱以正字師卿別號杜曲上世山東華縣人六世祖
泉革除年間從
文皇帝靖難授金吾後衛左所正千戶後調陝西西安後衛右所正千戶遂家關中高祖聚曾祖釗祖灝石匣二
禦寇獲功陞署指揮僉事灝生[illegible]例實授前秩任兆峨守備都司其父也母嫡樊氏繼陳方生母馬弟
曰以德方出也將軍生正德三年夏四月丙戌卒萬曆元年春三月癸巳得壽六十又六冬十二月癸酉
歸葬謀武祖兆之次將軍[illegible]配崔氏指揮文次繼王氏宗嫻千城女贈已封存俱宜人所生男女三王生
忠正千戶娶嚴都司畏女副室徐生信娶田千戶紳女繼舍人李塾女副室王生名幼女二長適千戶應
[illegible]王詰次適千戶吳從舟孫男子女四希淮希漢忠出希堯小女信出銘曰
[illegible]斷矣寧掩其光寶劍沉矣詎淹其鋩於維將軍[illegible]世稱[illegible]我重鷹揚
[illegible]實誰不悼傷身雖徂逝令譽孔彰[illegible]坊勒諸[illegible]昭示無疆
不肖男忠[illegible]泣血上石
[illegible]張尚信[illegible]

説 明

明萬曆元年（1573）十二月刻。誌、蓋尺寸相同。均長57厘米、寬56厘米。蓋文5行，滿行4字，篆書"明甘肅遊」擊將軍都」指揮僉事」杜曲劉公」墓銘」"。誌文楷書37行，滿行40字。陳綬撰文，楊餘慶書丹。1955年西安市北郊紅廟坡村出土。現存西安碑林博物館。《西安碑林全集》《新中國出土墓誌（陝西貳）》著録。

釋 文

明甘肅遊擊將軍都指揮僉事杜曲劉公墓銘有序」

朝議大夫山東等處承宣布政使司右參議分守濟南道奉」敕督理泰山香稅前兵部武選清吏司郎中西京陳綬撰」

昭毅將軍河南都指揮使司掌印都指揮僉事奉」敕統理山東等處州縣民兵參將淮海楊餘慶書」

劉將軍，英敏特達人也。忠諒孝友，出於天性。至于應事接物，尤敬慎不苟。然家世歷階指揮僉事，其父咸」菴都閫，年老謝政，將軍以冢嗣謁部請代，當事者遵奉條格，減授正千戶。將軍嘆曰："丈夫志在封侯，何一」級爲？"即抱劄歸，已愈加奮勵，游心韜略，日閑射騎。嘉靖二十八年，臺臣省試，以其技籌雅善拔之。次年北」上，海内勇略之夫，赳赳雲集都下，人人自謂得雋。會秋八月，黠虜突犯畿圻，得利去，無可誰何」。當寧思得鷹揚之將，以禦外侮，臣工仰承」上意。一時遴選慎重，視前不翅倍屣，將軍中式袁吉榜武舉」。詔錫會武宴於中軍樞府，又命内閣重臣主席，介冑之士預此爲榮。遂陞署指揮同知，移陝西都司，令其」佐理衛政。中丞徽歙鮑公嘉乃丕績，疏薦于」朝，欽陞甘州領班都司、石匣口備禦將軍。裕儲飭疆，練兵養鋭，由是威名丕著，番虜不敢内侵。甫匝期，陞行」司都指揮僉事，用貳閫猷。時參將員缺，棠谿王中丞以將軍才有餘裕，令往代之。乃撫驗番夷，悉中機宜」，政聲藉甚。尋陞視篆，盖統轄諸衛，戎務劇繁，將軍殫力振刷，百廢俱興。又令代理兵備將軍，既武能文，憲」度不爽，酒泉軍民之歌頌可稽也。前後撫巡，交薦數次。三十五年，屬番黠虜南北跳梁」，西顧屢憂，總督魏柏鄉疏薦將軍能當是任。無何，恭承」錫書，仍以前職充甘肅遊擊將軍。若曰："地方弗靖，須賴爪牙以彰"。國威命爾駐劄永昌，東自莊浪，西至甘州，悉其信地，往其欽哉！"甘人聞報，愕然曰："劉公治我甘也，嚴慈真如」父母。今擢之東，失怙恃矣！"將軍受兹簡命，愈嚴愈敬，靡敢怠荒，乃操練士馬，遇險設伏，整飭器械，因敵」致勝。先聲遠服，邊圉攸寧，以此憂勞，又兼風濕，遂致支體不仁，病矣。將軍乃曰："我不能執弓以竟王事。"即」疏疾乞歸。不可，再疏。驗實，方允。歸家醫治，疾愈□□。蓬萊陳公素雅相知，又重其才，再四勸勉，欲其視事」。將軍稱疾益篤，職付嗣人，結社飲酒，以樂天年，融融洩洩，無係吝也。所謂棄榮如屣，明哲保身若將軍者」，非其人邪？嗚呼！純懿之行，可以敦薄俗；恬退之節，可以激競進。展也善類，天胡不慭。一疾無療，三日而殞」。君子於此，盖有戚焉。其友李生一中爲之狀云：將軍諱以正，字帥卿，別號杜曲，上世山東莘縣人。六世祖」泉，革除年間，從」文皇帝靖難，授金吾後衛左所正千戶，後調陝西西安後衛右所正千戶，遂家關中。高祖聚，曾祖釗。祖灝，石匣」禦寇獲功，陞署指揮僉事。灝生楯，遇例實授前秩，任洮岷守備都司，其父也。母嫡樊氏，繼陳。方生，母馬弟」曰：以德方出也。將軍生正德三年夏四月丙戌，卒萬曆元年春三月癸巳，得壽六十又六。冬十二月癸酉」，歸葬講武祖兆之次。將軍元配崔氏，指揮文女，繼王氏宗婣，干城女，贈亡封存，俱宜人。所生男女三：王生」忠正千户，娶嚴都司畏女；副室徐生信，娶田千户紳女，繼舍人王塾女；副室王生名，幼。女二：長適千户應」□王誥，次適千户吳從舟。孫男子女四：希淮、希漢，忠出；希堯，小女，信出。銘曰」：

　　□璧斷矣，寧掩其光。寶劍沉矣，詎没其鋩。於維將軍，玉粟金鏹。秦人籥璽，雷氏干將。世稱虎賁，我重鷹揚」。□□瘞寶，誰不悼傷。身雖徂逝，令譽孔彰。歸真□□，覆之若坊。勒諸玄石，昭示無疆」。

不肖男忠、信、名泣血上石」

張尚信鎸」

按

誌主劉以正，西安後衛人。曾任甘州掌印都司、甘肅游擊將軍、都指揮僉事等。雍正《陝西通志》有載。

撰者陳綬，西安後衛人，嘉靖十三年（1534）舉人，曾任山東參議。嘉靖《陝西通志》、乾隆《西安府志》有載。

書者楊餘慶，字本善，西安左衛人。嘉靖三十一年（1552）武舉，曾任山東參將、温州參將。康熙《陝西通志》有載。

633.1574　朱秉榴母張氏墓誌

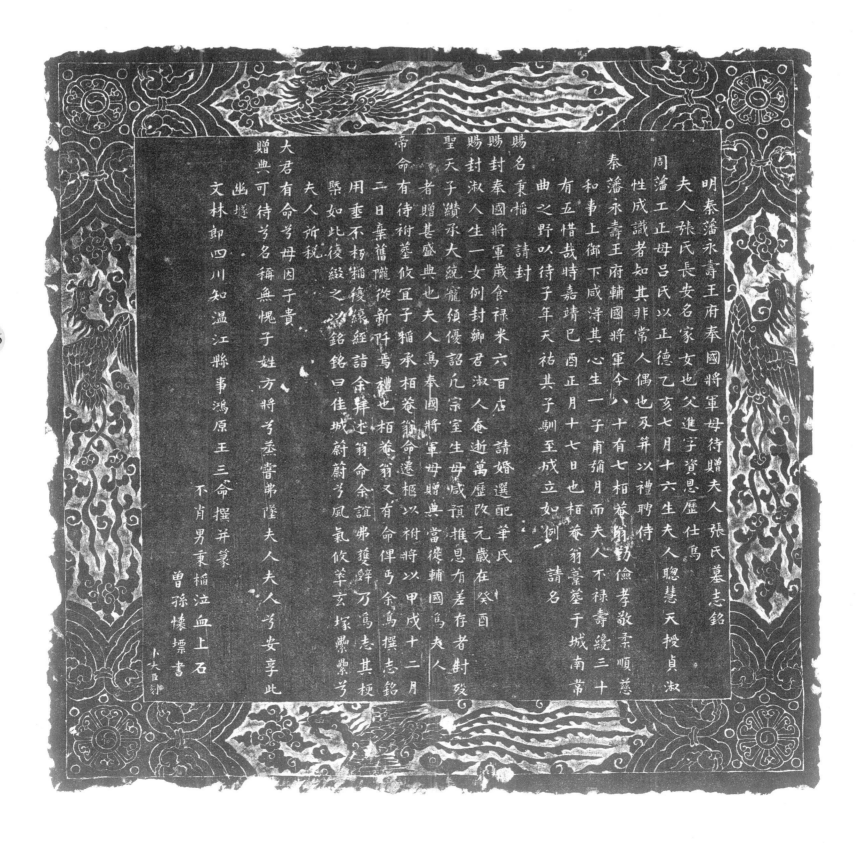

明秦藩永壽王府奉國將軍母待贈夫人張氏墓志銘

夫人張氏長安名家女也父進宇資恩歷仕為
周藩工正母呂氏以正德乙亥七月十六生夫人聰慧天授貞淑
性成識者知其非常人偶也及笄以禮聘侍
泰藩永壽王府輔國將軍令八十有七椏卷前勤儉孝敬柔順慈
和事上御下咸浮其心生一子甫彌月而夫人不禄壽綾三十
有五惜哉時嘉靖己酉正月十七日也椏卷翁豪蓥于城南常
曲之野以待子年馴至城立如例　請名

賜名秉榴請封
賜封奉國將軍歲食禄米六百店　請婚選配華氏
賜封淑人生一女例封鄉君淑人奄逝萬歷改元歲在癸酉百
聖天子纘承大統龍須優詔凡宗室生母咸預推恩有差存者對殁
者贈甚盛典也夫人鳥奉國將軍母贈典當德輔國鳥夫人
有待祔蓥依宜子椏承　命遠柩以祔將以甲戌十二月
帝命二日棄舊隴從新阡焉禮也椏卷翁又有命俾弓余為志其梗
用重不朽椏後縷經詰余誼弗獲辭萬為志其梗
緊如此後綴之以銘銘曰佳城蔚蔚芊芊風氣攸萃芋玄塚纍纍芳

夫人所稅
大君有命兮母因子貴
贈典可待兮名稱無愧子姓方將兮燕享此
幽壌
文林即四川知溫江縣事鴻原王三命撰并篆
不肖男秉榴泣血上石
曾孫懷標書

説 明

明萬曆二年（1574）十二月刻。誌、蓋均爲正方形，尺寸相同。邊長均61厘米。蓋文5行，滿行4字，篆書“明秦藩永」壽王府奉」國將軍母」待贈夫人」張氏之墓」”。誌文楷書25行，滿行24字。王三命撰文并篆蓋，朱懷摽書丹。誌、蓋四角均飾寶相花、四周飾單鳳雲頭如意紋。出土具體時、地不詳。現存西安博物院。《新中國出土墓誌（陝西叁）》著錄。

釋 文

明秦藩永壽王府奉國將軍母待贈夫人張氏墓志銘」

夫人張氏，長安名家女也。父進，字資恩，歷仕爲」周藩工正。母吕氏。以正德乙亥七月十六生。夫人聰慧天授，貞淑」性成，識者知其非常人偶也。及笄，以禮聘侍」秦藩永壽王府輔國將軍今八十有七柏菴翁。勤儉孝敬，柔順慈」和，事上御下，咸得其心。生一子，甫彌月，而夫人不禄，壽纔三十」有五，惜哉！時嘉靖己酉正月十七日也。柏菴翁藁葬于城南韋」曲之野，以待子年。天祐其子，馴至成立。如例請名」，賜名秉榴。請封」，賜封奉國將軍，歲食禄米六百石。請婚，選配華氏」，賜封淑人。生一女，例封鄉君。淑人奄逝。萬曆改元，歲在癸酉」，聖天子纘承大統，寵頒優詔，凡宗室生母，咸預推恩有差，存者封、殁」者贈，甚盛典也。夫人爲奉國將軍母，贈典當從輔國爲夫人」。帝命有待，袝葬攸宜。子榴承柏菴翁命，遷柩以袝，將以甲戌十二月」二日，棄舊隴，從新阡焉，禮也。柏菴翁又有命，俾丐余爲撰志銘」，用垂不朽。榴復繯絰詣余，拜述翁命。余誼弗獲辭，乃爲志其梗」概如此。復綴之以銘，銘曰：

佳城蔚蔚兮，風氣攸萃。玄塚纍纍兮」，夫人所税」。大君有命兮，母因子貴」。贈典可待兮，名稱無愧。子姓方將兮，蒸嘗弗墜。夫人夫人兮，安享此」幽邃」。

文林郎四川知溫江縣事鴻原王三命撰并篆」

不肖男秉榴泣血上石」

曾孫懷摽書」

卜大臣刻」

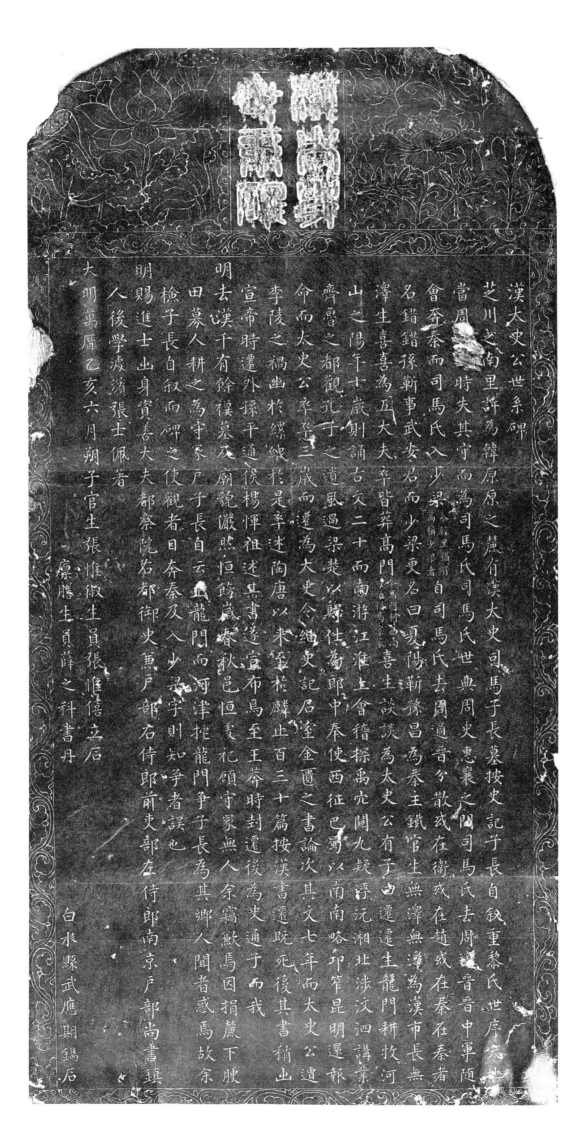

漢太史公世系碑

芝川之南里許為韓原原之墟有漢太史司馬子長墓按史記于長自敘重藜氏世序宗世

當周時失其守而為司馬氏世典周史惠襄之間司馬氏去周適晉晉中軍隨

會奔秦而司馬氏入少梁　自司馬氏去周適晉分散或在衛或在趙或在秦在秦者

名錯錯孫靳事武安名曰夏陽靳孫昌為秦主鐵官生無澤無澤為漢市長無

澤生喜喜為五大夫卒皆葬高門　喜生談談為太史公有子曰遷遷生龍門耕牧河

山之陽年十歲則誦古文二十而南游江淮上會稽探禹闕九疑浮沅湘北涉汶泗講業

齊魯之都觀孔子之遺風過梁楚以歸仕為郎中奉使西征巴蜀以南南略卬笮昆明還報

命而太史公卒三歲而遷為太史令紬史記石室金匱之書論次其文七年而太史公遭

宣帝時遷外孫平通侯楊惲祖述其書遂宣布焉至王莽時封遷後為史通子而我明

李陵之禍幽於縲絏恒飾歲春秋邑恒畝祀頃守冢無人余竊歎焉因捐廩下腆

田慕人耕之為守冢及入少梁宇則知爭者誤也

檜子長自敘而碑之使觀者曰奔秦及入少梁為其鄉人聞者惑焉故余

明去漢千有餘禩墓及廟貌嚴照恒龍門而河津抵龍門爭子長為其鄉人聞者惑焉故余

明賜進士出身資善大夫都察院右都御史前吏部左侍郎南京戶部尚書鎮

人後學濱張士佩著

大明萬曆乙亥六月朔子官生張惟儆生員張惟德立石

白水縣武應期鐫石

説 明

明萬曆三年（1575）六月刻。碑圓首方座。高161厘米，寬78厘米。額文2行，滿行3字，篆書"漢太史」世系碑"。正文楷書18行，滿行35字。張士佩撰文，薛之科書丹。碑額文字有鑿痕。額飾蓮葉荷花圖案，碑身四周飾蔓草紋。現存韓城市司馬遷祠。

釋 文

漢太史公世系碑」

芝川之南里許爲韓原，原之麓有漢太史司馬子長墓。按《史記》子長自叙：重黎氏世序天地」，當周□□時，失其守，而爲司馬氏。司馬氏世典周史。惠襄之間，司馬氏去周適晋。晋中軍隨」會奔秦，而司馬氏入少梁。今韓里猶有兩稱少梁者。自司馬氏去周適晋，分散，或在衛，或在趙，或在秦。在秦者」名錯，錯孫靳，事武安君，而少梁更名曰"夏陽"。靳孫昌，爲秦主鐵官，生無澤，無澤爲漢市長。無」澤生喜，喜爲五大夫，卒，皆葬高門。今高門村西南冢猶稱馬家冢。喜生談，談爲太史公，有子曰遷。遷生龍門，耕牧河」山之陽。年十歲則誦古文。二十而南游江、淮，上會稽，探禹穴，闚九疑，浮沅、湘；北涉汶、泗，講業」齊、魯之都，觀孔子之遺風，過梁、楚以歸。仕爲郎中，奉使西征巴、蜀以南，南略邛、筰、昆明。還報」命，而太史公卒。卒三歲而遷爲太史令，紬史記石室金匱之書，論次其文。七年而太史公遭」李陵之禍，幽於縲絏。於是卒述陶唐以來至於麟止百三十篇。按《漢書》：遷既死後，其書稍出」。宣帝時，遷外孫平通侯楊惲祖述其書，遂宣布焉。至王莽時，封遷後爲史通子。而我」明去漢千有餘禩，墓及廟貌儼然恒飭，歲春秋邑恒虔祀。顧守冢無人，余竊歎焉。因捐麓下腴」田，募人耕之，爲守冢户。子長自云"生龍門"，而河津挖龍門，爭子長爲其鄉人，聞者惑焉。故余」檢子長自叙而碑之，使觀者目奔秦及入少梁字，則知爭者誤也」。

明賜進士出身資善大夫都察院右都御史兼户部右侍郎前吏部左侍郎南京户部尚書鎮」人後學濂濱張士佩著」

大明萬曆乙亥六月朔子官生張惟俶、生員張惟僖立石」

廩膳生員薛之科書丹

白水縣武應期鎸石」

按

此碑之成，蓋明時即有司馬遷屬籍歸地問題之辨，張士佩以《史記》司馬遷自叙爲本，厘清司馬遷之世系及歸籍，以正根本。

撰者張士佩，見本書630.1571條。

1569

635.1575　劉邦禎暨配邸氏合葬墓誌

明義士涇涯劉翁及配邸印氏合葬墓誌銘

賜進士筴支林郎知順天府文安縣事前禮部觀攷邑人兩川毛業第書撰

劉翁諱邦禎字本誠號涇涯世居高陵昆沙里其先玄祖安仁生與曲生

王氏生漢世有積德雷氏生三子長邦瑮李邦印君其中子也配邸氏翁

性篤簡重不尚遊戲謔少嘗學問通經史大義因家巨事繁然其體貌就魁

神庭闊偉稚出言中倫不華儒者鮮色及之翁然其男孝乃托梧書第

以仰事俯育者俱性嚴屬翁暨印夫人承眂骸而顧其廿俱孝不遠托

悼撫其庶母王氏以衣飾出買剕湖豁達謹人皆敬敬俻如翁事男孝乃

禮每鑑讓銀色五兩衆諸亦自諒也子女婚嫁咸身在官室獨任家務

厚恤爲事其舅喜樂及其親族疾病多所扶持婚葬之如親亦人

有爭富不取剕之贈夫人率諸婢妯娌內人亦如之是以百口同爨陽其門

藏兄亦自懸棺槨衣千計冤嘉靖戊歲大饑令以賙濟其他撫助鄉黨不可殫述過失規之過者即目爲下人以責之故子弟咸義士卑表陽四十門

餘石縣令令嘉之贈日昭著於內外肅雍遠無睽慵及衣羅綺者即爲下人以讀書敏者俻勉男生三人長適張守行一適王文亶孫男亥生養蒙配養蒙

以時婚嫁者六十餘年內有踈邇皆爲家教焉生男一珮太學生女三人適陳出適王勳孫次生養蒙

否則令爲農及商各執所業有傳業爲家娶文出氏繼娶文出氏孫女二一字王文亶孫女二適王文亶

餘箕寡過無蕩及權氏繼娶文出氏妾陳氏孫女一珮太學生出適陳出次適王勳

遵一適王文魁珮男次生翁生於丙生重孫女二一字王文亶孫丙生甲生亥生上石

積一適陳出次男重孫男生翁生於丙生重孫文出孫女二適王文亶

賢業配馬氏重孫男生翁生於弘治五年壬子三月二十六日卒於萬曆三年乙亥十月初八日偕

性配馬氏重孫男生翁生於弘治五年壬子三月二十六日卒於

王氏任太僕寺卿峯劉世昌墓奉行實徵予銘子與珮同遊庠而合葬養性筝執

父兆十二月二十七日享年八十有四卜於涇涯翁峯劉世昌墓奉行實徵予銘子與珮同遊庠元配邸氏壽且康何

辰享年八十有四卜於本年十一月二十六日啓翁之壙而合葬養性壽年四十餘年矣何

日享年八十有四卜於涇涯翁天畀兩良宜壽無彊胡方爻而遂十元配邸氏壽且康何

賜進士任太僕寺卿峯劉天畀兩良宜壽無彊胡方爻而遂十元配邸氏壽且康益昌然偕

子孫崛興與名始揚故明不蹙不光流不塞不長乃身紬矣行日彰后且益昌然偕

可辭銘日

歸於窀穸康哉不肖男珮孫養性養賢養蒙重孫丙生甲生亥生上石富平石工趙詥鎸

説 明

明萬曆三年（1575）十一月刻。誌、蓋均爲正方形，尺寸相同。邊長均63厘米。蓋文4行，滿行4字，楷書“明義士涇」涯劉公配」孺人邸氏」合葬之墓」”。誌文楷書32行，滿行31字。王業撰文，高第書丹。誌、蓋四角飾寶相花紋，四周飾蔓草紋。1988年高陵縣姬家鄉劉村磚廠出土。今爲私人收藏。《新中國出土墓誌（陝西壹）》《高陵碑石》著録。

釋 文

明義士涇涯劉翁及配邸氏合葬墓誌銘」

賜進士第文林郎知順天府文安縣事前禮部觀政邑人兩川王業撰」

邑庠生高第書」

劉翁諱邦禎，字本誠，號涇涯，世居高陵毗沙里。其先玄祖安仁生興，興生浩。浩配」王氏，生漢。世有積德。配雷氏，生三子：長邦寧，季邦印。君其中子也，配邸氏。翁性醇」篤簡重，不尚遊觀戲謔。少嘗學問，通經史大義，因家巨事繁廢業。然其體貌魁梧」，禮度閑雅，出言中倫，服飾不華，儒者鮮能及之。及邸歸，恬静如翁，事舅姑孝，乃托」以仰事俯育。父性嚴厲，翁暨邸夫人承以和順，事母愛敬備至，生事送終，俱不違」禮。養其庶母王氏，孝思不匱。出賈荆湖，豁達謙謹，人皆敬慕。且見利顧義，歸時取」貨，每鎰讓銀色五兩，衆咸誚之，翁笑而不言。事兄以恭，友于其弟。弟邦印没，哀慟」追悼，撫其遺育甚厚。不復外遊。兄在宦途，獨任家務，善於處分，產貨日裕，室無私」藏，兄亦自諒也。兄子女婚嫁，咸身爲之，厚於己出，了無德色。自幼至老，未嘗與人」有争。富而好禮，喜施寡取，厚其親族，疾病多所扶持，婚葬助之，過失規之，姻親亦」厚恤焉。事其舅，養其姑，及其姪，棺槨衣衾，咸爲周濟。其他撫助鄉黨，不可殫述。貸」粟散財，多不取利，焚券舍負，亦屢千計。嘉靖戊子，歲大饑，斗米三錢，家輸粟四十」餘石，縣令嘉之，贈以冠帶，固辭不受。後又輸金數次，縣令贈以義士牌，表揚其門」。翁之厚德懿行，日昭著於外。邸夫人率諸姒娌内人亦如之，是以百口同爨，男女」以時婚嫁者，六十餘年，内外肅雍，迄無睽言。凡子弟皆教之讀書，敏者俾爲庠生」，否則令爲農及商，各執所業。有疏慵及衣羅綺者，即目爲下人，以責之。故子弟咸」遵範寡過無蕩者，邑人傳爲家教焉。生男一，珮，太學生。女三人，一適王科，一適王」積，一適王文魁。珮娶權氏，繼娶文氏，妾陳氏。孫男三人：長養性，邑庠生，文出；次養」賢，業商，陳出；次養蒙，府庠生，文出。孫女二人：一權出，適張守行；一陳出，適王勳。養」性配馬氏，重孫男丙生，重孫女二：一字王，一幼。養賢配王氏，重孫男亥生。養蒙配」王氏，重孫男甲生。翁生於弘治七年甲寅二月二十五日，卒於嘉靖三十五年丙」辰十二月二十七日，享年六十有三。於嘉靖三十六年三月吉旦，葬於涇水之北」，父兆之右。邸生於弘治五年壬子三月二十九日，卒於萬曆三年乙亥十月初八」日，享年八十有四。卜於本年十一月二十六日啓翁之壙而合葬焉。養性等執」賜進士任太僕寺卿驪峰劉世昌墓表行實徵予銘。予與珮同遊庠四十餘年矣，何」可辭。銘曰：

於涇涯翁，天畀爾良。宜壽無疆，胡方艾而遽亡？元配邸氏壽且康」，子孫崛興名始揚。故明不蓄不光，流不塞不長。乃身絀矣行日彰，后且益昌。兹偕歸於窀穸，康哉」！

不肖男珮，孫養性、養賢、養蒙，重孫丙生、甲生、亥生上石

富平石工趙詅鎸」

按

誌主劉邦禎係高陵富豪。其子劉珮墓誌見本書655.1602條。

撰者王業，字維勤，高陵毗沙里人。嘉靖二十八年（1549）舉人，三十二年（1553）進士，曾任山東肥城縣知縣、直隸文安縣知縣。光緒《高陵縣續志》有載。

説　明

明萬曆十年（1582）五月刻。額佚。碑高182厘米，寬88厘米。正文楷書30行，滿行70字。黄九成撰文，廉汝爲書丹并篆額。碑四周飾水波紋。現存城固縣五門堰文物保護所。《漢中碑石》著録。

釋　文

重修五門堰記」

賜進士第中憲大夫四川等處提刑按察司副使奉」敕整飭叙瀘兵備兼分巡下川南道前總理遼東糧儲户部郎中城固黄九成撰」

己酉鄉進士奉直大夫山西大同府應州知州城固廉汝爲書并篆額」

聖天子御極，以愛養百姓爲先務」。天語涣頒，慶洽遠邇，一時内外大小臣工，咸精白一心，以承休德，天下翕然，稱至治矣。萬曆三年乙亥夏，河東喬侯來令城固。涖任之初，首詢及地方利弊興革，父老有以五門堰務爲對者」，侯然之。即躬詣相度，見其上流舊工苟且，每遇湉水泛漲，堰輒衝潰。下流渠道淺窄，一值猛雨迅急，岸隨頹圮。自五門而下十里，至斗山之麓，有所謂石硤者，節年渠岸不固，水旋入河」，民甚苦之。侯議以五門上流用石壘砌，以建悠久之基；下流修爲活堰，以洩横濤之勢。石硤用石固堤，以弭衝決之患。又於堰西創立禹稷廟三間，使人人知重本之意。大門三間，二門」三間，兩旁官房二十餘間，以爲堰夫棲止之所。樹以松柏，繚以周垣。於五門石堰擇人守之，量給水田數畝，令其伺時啓閉，務俾水利之疏通。於斗山石硤擇人守之，量給山地耕種，令」其常川巡護，以防奸民之陰壞。沿渠一帶遍栽柳樹，培植堤根於永固。規畫既定，乃申其議於」漢中太守項公」、欽差分巡關南憲副沈公」、欽差分守關南藩參袁公。三公者，夙懷經濟，素著風猷，爲」國之忠，惠民之仁，皆協合侯心之同然者，咸允其請。侯於是身先經理，不憚寒暑，分委責成，罔懈夙夜。工料酌之田畝，而民不偏累；口糧令其自辦，而官無冗費。諸執事者既各恪慎，而夫」役又知上之人一勞久佚之意，皆子來赴工，踴躍從事。經始於四年丙子冬十月，落成於七年己卯夏六月。是年秋，喬侯丁内艱歸，行裝蕭然，清苦儉約，無異寒士。侯心行才識，允矣循」良卓異之選。至修堰實績，尤表表在人耳目者也。父老人等僉謂侯之遺愛，恐其久而泯也，請予爲文勒諸石，庶侯之澤永世無窮也。余雖不文，而知侯特深，庸何敢辭？嘗稽諸《堯典》曰」"敬授人時"，《舜典》曰"食哉惟時"，是堯舜之治天下，皆以安民爲先務也。今我」皇上一德格天，任賢輔政，治隆堯舜，而三公、喬侯，乃能仰體」聖心，成此美政。凡吾邑五門堰以下幾五萬畝之田，灌漑無遺利矣。昔漢鄭當時穿渭渠，人以爲便；白公穿白渠，民得其饒。今五門、石硤水利疏通，民受其賜，視鄭、白之績，不猶居其右也耶」！然此特叙澤之及一邑者耳。繼自今三公、喬侯，推膺大責任，樹立大勳業，丕冒海隅出日，咸被其澤矣。甘棠之思，豈止一城固已哉？沈公名啓原，浙江秀水人，己未進士。袁公名弘德，直」隸曲周人，戊辰進士。項公名思教，浙江臨海人，壬戌進士。喬侯名起鳳，山西安邑人，甲子鄉進士。諸凡有勞兹役者，例得載之碑後，以垂永久云。謹記」。

萬曆十年歲在壬午夏五月朔日吉旦立」

賜進士第中憲大夫陝西漢中府知府前户部郎中靈寶許僴」、同知棗强姚思義」、通判浮山李一本」、推官松潘韓鵬」、經歷鄖城陶胤恒」、照磨廣昌孫克乾」，城固縣署縣事洋縣縣丞龍安王所□、主簿筠連劉耀、典史黄崗彭爵」、儒學教諭涇州閆廷檜、訓導寶雞李甲」

按

五門堰在城固縣西北15公里，出壻水河。元至正年間修建。

撰者黄九成，陝西城固人，嘉靖三十四年（1555）舉人，三十五年進士。曾任户部員外郎、開原兵備僉事、山東按察司僉事、河南布政司右參議、山西布政司右參議、四川按察司副使等。《明實録》、康熙《城固縣志》有載。

書者廉汝爲，陝西城固人。嘉靖二十八年（1549）舉人。廉傑之子，廉第之祖。康熙《城固縣志》有載。

637.1582　咸陽重建府君廟碑

説 明

明萬曆十年（1582）十二月刻。碑螭首。通高217厘米，寬71厘米。額文2行，滿行3字，篆書"重建府」君廟記"。正文行書20行，滿行40字。鄒應龍撰文，吳世顯書丹，屈友直篆額。碑四周飾纏枝花紋。原立於咸陽市秦都區石斗村。現存咸陽博物館。《咸陽碑石》著録。

釋 文

重建府君廟碑

奉」敕總理江南直隸浙江江西湖廣福建廣東廣西雲南貴州鹽□屯田都察院協管院事左副都御史工部」右侍郎長安嵯峨山人鄒應龍撰」

咸陽西北，去城拾里，有府君廟，乃石斲村居民所建者。夫是廟也，左連公子楼，右臨福聖寺，渭水流前」，郢原峙後，其來遠矣。後因地震，廟宇盡圮，遺址獨存，舉修者乏財，恩祀者無自，將奈何哉？無乃付之嘆息」而已。護衛處士呂朝選、蘇萬湖，幼業儒書，長識道義，追祀明神者，夙心也。仰溯感激府君□澤民之功，重建兹」廟，申報大德，以時祀之。考成之後，欲勒石以垂永久，俾後人悉知建祀之原焉。噫嘻！聖王之制祭祀也，能」禦大災則祀之，能捍大患則祀之。府君之神，威靈顯著，匪直禦災捍患而已。然精英□騰，致使雨暘□」若，一方之地，物阜民安，其功□以尚之，獨不可以祀之乎。欲祀之，而□先修其廟焉。則袝□無所，將享無」地，敬恭明神者，必不恝然於是矣。是故呂朝選糾合一鄉，各捐□資，置樹木，積磚石，卜吉期，擇匠師，鳩工」以建其廟焉。第人心歡悦，趨事勸工，不日而成之矣。自今觀之，廟貌□峨，望之而罔不欽若；神像清奇，臨」之而靡弗□□。由是，妥侑有餘位，對越者得以精白承休；饗祀有餘地，駿奔者得以周旋尽禮。格之而神」斯來格，享之而神斯來享。昔日追祀之心，於是乎克遂之矣。且曰：神無常享，享於克誠。是知誠者，祭之本」也。故同祭之衆，遇祭之期，必須七日齋，三日戒，竭誠致□，則神罔時怨，神罔時恫，而享其祭者，終不異于」始矣，豈可徒尚虛文，而□取褻瀆之咎也耶！雖然，是祭也，是誠也，不止於一身一時而已，使一鄉之子子」孫孫勿替，引之于勒石，相爲悠久焉，則神之佑□也，寧有窮乎哉！故屬文以記，不忘銘碑，以示不朽云爾」。

定西侯門教授官屈友直篆」

咸邑前備庠逸人吳世顯書」

發心功德主呂世登、潘進朝、蘇萬湘、呂朝選

立碑人呂自强、王汝禮、王登高

富平趙九益、趙省、趙存鐫字」

萬曆拾年歲次壬午季冬月吉旦立石」

按

據乾隆《咸陽縣志》記載，府君廟在縣西北七里，地名泥泉，爲鄒應龍先生讀書處。

鄒應龍，嘉靖三十五年（1556）進士，長安人。因彈劾權臣嚴嵩父子而升任通政司參議，官至工部右侍郎，巡撫雲南。《明史》有傳。

1575

説　明

明萬曆十一年（1583）十二月刻。碑圓首方座。通高270厘米，寬123厘米。額文3行，滿行4字，隸書"創修高陵」城隍廟寢」廊司壁記」"。正文楷書18行，滿行40字。呂畇撰文，李實、劉謨書丹。碑額飾捲雲鳳紋，碑身四周飾蔓草紋。現存西安市高陵區城隍廟巷。《高陵碑石》著録。

釋　文

創修高陵城隍廟寢廊及司壁記」

萬曆癸未秋，社人馬應志等詣余曰：城隍廟修□□矣，但儀門缺使令之像，寢殿旁缺廊房，并供膳之役」，又司壁垂將傾圮，心甚歉焉。志率會友百人，捐貲修理寢殿，前竪穿堂二穏（檼），左右翼之以廊房，各二穏（檼），内」塑供膳之像四十餘尊。司壁傾頹，甃之以磚。其儀門舊無守門之像，亦補之。黝堊丹輝，堅確永固，皆志等」處心竭力而爲。所謂事神如神在者，凡以此也。今將告完，請余爲記。然城隍何爲而設也？夫城者，盛也，所」以盛受人物也。隍者，池也，所以保障國都也。唐長子令鐵面無私，明察秋毫，晝理陽間，夜斷陰府，後人稱」城隍者，多宗之，載在」《大明會典》，天下郡邑咸祀焉。凡新官之任，皆宿於廟，使其對越神□，洗心潔志，爲民作福耳。今高陵城隍，捍禦」必應，彰癉如□。雨暘愆期者告之，瘟疫流行者攘之，災害疾痛者禱之，冤枉無伸者訴之，伏臘節序者賽」之，□祐一方良多。所以感人之效，誠不約而同，知是□□功也。首之者，應志、田武、吳聚、賀詔、文彩、盧得時」、馬友倉、王寵、陳啓玞、劉復寧、趙璇、陳□商、趙積慶，並署道會司郎党演澄及弟趙演麟。夫修廟所以棲神」也，祀神所以報功也。廟不巍，則民慢而不知所□；祠不尊，則□神而不爲之享。今殿宇森嚴，則棲神有□」；膳具振燁，則事神如生。甲於諸廟君子，可謂善□其誠者矣，豈他崇淫祠、逞華靡者可倫哉？功始於萬曆」十年秋九月，落成於十一年冬十月，其督功助緣，俱書碑陰，以壽其傳後之效，誠者其知所法云」。

萬曆十一年歲次癸未冬十二月吉旦」

賜任子出身中憲大夫雲南尋甸軍民府知府前檢校都察院户部文卷事左右都府參軍邑人呂畇撰」

文林郎知高陵縣事山西□仁獻菴王曰可、儒學教諭秦山劉紹先、典史南渠姜瑚同立石」

司訓培齋李實、生員陸川劉謨書丹

富平高宗書（下闕）」

1577

按

據舊志記載，高陵城隍廟在中街北偏西巷内，南面。弘治末知縣朱璜重修，嘉靖二十八年（1549）知縣徐效賢建寢廊及諸曹司，三原馬理有記。嘉靖三十四年（1555）關中大地震中受損，後歷任知縣李翰、許符、傅起巖、韓思愛、劉憲等俱曾修繕。

撰者呂畇，字幼開，呂柟之子。陝西高陵人。嘉靖十六年（1537）以縣學生入蔭太學生。嘉靖《高陵縣志》有載。

639.1584　張澍墓誌

大明從仕郎澤州節判張公之墓

明節判靜庵張公墓誌銘

公姓張氏諱澍字潤之別號靜庵世居陝右吳堡人也遠祖元時為尚書曾祖

諱仕即澤州節判祖諱林父諱志英賦質淳朴好義鄉人皆苦之毋劉氏亦懋行生

兄曰釗次即公自幼從重穎爽獨異群見成化癸卯公年僅九歲

詔選為邑庠弟子員時家貧恒歉有司奇公衣食每給之公益奮志於學日見長進

十三補廩屢貧之者皆濟之得公之濟成家者有數十門堂弟張威早卒遺

襄子尚幼公撫養延安以曼去任徙徨無倚皆涕告公亦享照之行其平生仗義已始終

武宗辛酉時歲旱公禱於神得大雨民頼之丁亥潞城縣賊叛青陽山

來謂金賂至則衛尉得脫不但延安二公守閭楊公以協濟得罪投之公家公慨然出

百金略過河西張公先時得脫以徬徨無倚曹涕告公亦享照之行其平生仗義已始終

不渝此時歲旱公禱於神得大雨民頼之丁亥潞城縣賊叛青陽山

廷命合邑翁然向化理軍餉又公曰惟勤則楊間獎五賊之下大巡縣印古為守陽山

不次起遷夫未幾乃懍慨擺脫於成化乙未七月晦先君配王氏次李氏生男曰

如此嘉靖乙酉拜官山西澤州節判以素性剛正諸段不行且廉以律己始終

公曰軍性明敏幹大幹若大幹識有餘而可任之部之遂飄然築垣致政歸樹白氏

公則有軍功若大舉於銓曹論篤才識有餘委委下大巡馬公曰督理軍餉將王公

半載以賢輩舉乃懍慨擺脫於成化乙未七月晦先君配王氏次李氏生男曰

石崇蔂無一之不偹公生於成化乙未七月晦先君配王氏本縣後生男曰

李氏玄女朱氏先男五曰宗禹生女長室山西五臺孫皆尚幼縣後生男曰

真元日宗又散官曰宗乙未孟太學生姚氏生孫後生男曰

枰與公相拒數千里不相知因太甥曾孫皆尚幼九齡篤實人也其知友必篤實矣義不已

周月間具道公之行實欲予紀之窈戰公間子九齡篤實人也其知友必篤實矣義不已

容辞勉為之誌且銘曰

徛嵯靜庵　秀挺吳山　襁褓岐嶷　成立嵬巖　淑德懿行

居家守官　人有親踈　稱無間言　聲動關西　壺卜城南

黃河淘淘　象泉渕渕　百千万年　後昆其綿　。

賜進士及第中順大夫翰林院侍學士無錫浦應麒誌

説 明

明萬曆十二年（1584）刻。誌、蓋均爲砂石質。均正方形，尺寸相同。邊長均55厘米。蓋文1行，滿行13字，楷書"大明從仕郎澤州節判張公之墓"。誌文楷書31行，滿行30字。浦應麒撰文。1981年吳堡縣舊城南門外出土。現存吳堡縣文物管理所。《新中國出土墓誌（陝西壹）》《榆林碑石》著録。

釋 文

明節判静庵張公墓誌銘」

公姓張氏，諱澍，字潤之，別號静庵，世居陝右，吳堡人也。遠祖，元時爲尚書。曾祖」諱仕礼，祖諱林，父諱志英。咸賦質淳朴好義，鄉人皆善之。母刘氏，亦懋淑行。生」兄曰釗，次即公也。公自幼莊重穎爽，獨異群兒。成化癸卯，公年僅九歲」，詔選爲邑庠弟子員。時家貧恒歉，有司奇公，衣食每給之，公益奮志於學，日見長進」。十三補增，十八補廪。屢較藝場屋，未第。至正德丙子，遂入貢太學。公居家善幹」，囊産俱厚。鄉人貧乏者皆濟之，得公之濟成家者有數十門。堂弟張威早卒，遺」三子尚幼，公撫養皆成。正德戊寅」，武宗幸边，過河西駟時，延安二守閆公、葭守楊公，以協濟得罪，投之公家。公慨然出」百金，賂衛尉得脱。不但二公銘刻，人皆義之。又州幕張公，有乃親二人自蜀眉」來謁。至，則張先以憂去任，徬徨無倚，垂涕告公，公亦厚賉之行。其平生仗義類」如此。嘉靖乙酉，拜官山西澤州節判。以素性剛正，譖毁不行，且廉以律己，始終」不渝。時歲旱，公禱於神，得大雨，民賴之。丁亥，潞城縣賊叛青陽山」，朝廷命萬騎剿之。公理軍餉，又擒獲五賊。掌壺關縣印，古號難治。公鎮以簡嚴，不」半載，合邑翕然向化。計四載間，獎檄屢下。大巡馬公曰：爲守俱優，且知文藝。王」公曰：賦性明敏，幹理惟勤。穆公曰：因其能幹，上司多委。都憲王公曰：督理軍餉」，兼有軍功。若大巡王公則又單疏論薦：才識有餘，而可任煩劇之職。給事中王」公則以賢能舉於銓曹。而大參邵公、僉憲宋公又交薦於部院。厥声大著，行將」不次超遷矣。未幾，有忌公之不阿己者，陰謀於當道。公聞之，遂飄然致政歸。公」懋德，壽可無算，乃慷慨擺脱。生卜宅兆於城南之陽，侍先君之側，筑垣植樹，壘」石崇臺，無一之不備。公生於成化乙未七月初一日子時。配王氏，次李氏、白氏」、李氏、朱氏。先男五：曰宗禹，散官；曰宗孟；曰宗晦，生員；曰宗萊；曰宗保。後生男曰」真元。女曰玄姐，早卒。又生女長室山西五臺庠生姚學孔，次女室本縣府吏郭」秭。孫曰薦，應太學生；曰莘，廪生。其外甥、曾孫皆尚幼，未與誌焉。萬曆十二年立」。予與公秦楚相拒數千里，初不相知。因太學生丁子九齡，與予有切磋之雅，已」周月間，具道公之行實，欲予紀之。竊覘九齡，篤實人也，其知友必篤實矣。義不」容辞，勉爲之誌，且銘曰」：

猗嗟静庵，秀拔吳山。襁褓岐嶷，成立巉巖。淑德懿行」，居家守官。人有親疏，稱無間言。聲動關西，塋卜城南」。黄河淘淘，象泉淵淵。百千万年，後昆其綿」。

賜進士及第中順大夫翰林院侍學士無錫浦應麒誌」

按

此誌刻時誌主張澍尚在世，故誌文不載其卒年。

撰者浦應麒，字道徵，號後巖，直隸無錫人。嘉靖十一年（1532）進士，曾任翰林院庶吉士、翰林院編修、左春坊左贊善、翰林院修撰。《明實録》、光緒《無錫金匱縣志》有載。

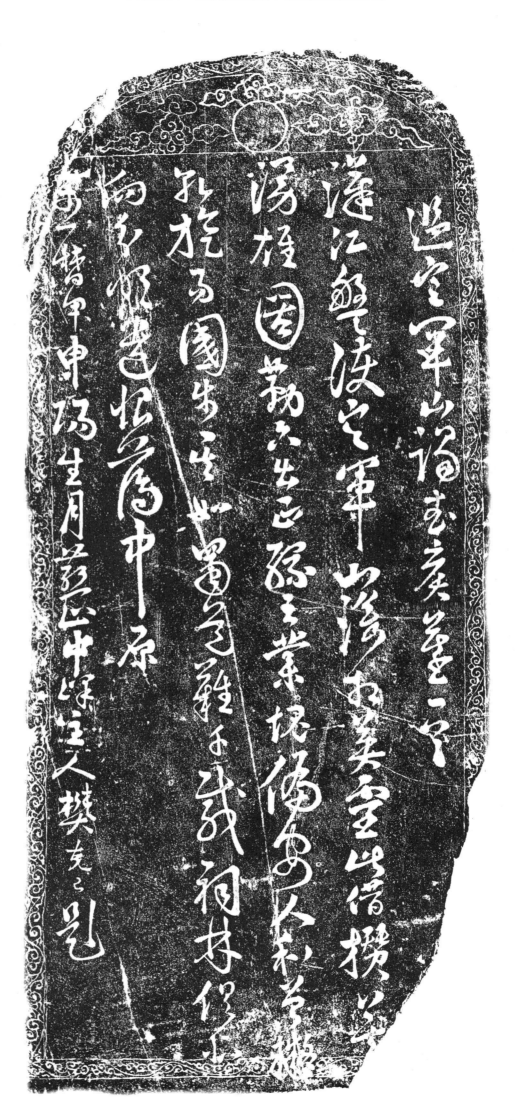

説　明

明萬曆十二年（1584）十月刻。碑圓首方座，身首一體。通高160厘米，寬70厘米。正文行草書6行，滿行15至17字不等。樊克己撰文并書丹。碑額飾祥雲與太陽圖案，四周飾捲草紋。現存勉縣武侯祠。《漢中碑石》著録。

釋　文

過定軍山謁武侯墓一首」

漢江盤護定軍山，漢相英靈此借攢。莫」謾雄圖勤六出，正緣王業愧偏安。人和曾擬」乾旋易，國步其如蜀道難。千載祠林俱北」向，分明遺恨蕩中原」。

萬曆甲申陽生月

燕山正中渾主人樊克己題」

按

撰者樊克己，順天府霸州人。嘉靖三十七年（1558）舉人，曾任鳳翔府推官。雍正《畿輔通志》、乾隆《重修鳳翔府志》有載。

641.1585　朱惟熠墓誌

説明

明萬曆十三年（1585）十二月刻。誌、蓋均爲正方形。蓋邊長88厘米，誌邊長85厘米。蓋文4行，滿行3字，篆書“明秦藩」奉國將」軍鶴山」公之墓」”。誌文楷書42行，滿行50字。王鶴撰文，劉維正書丹，鄒應龍篆蓋。誌、蓋四周均飾龍鳳呈祥圖案。2004年西安市廣電中心工地出土。現存陝西省考古研究院。

釋文

明秦藩奉國將軍鶴山公墓誌銘」

賜進士第嘉議大夫南京應天府府尹前提督翰林院四夷館太常寺少卿兩京太僕寺卿吏兵二科都給事中」賜一品服長安王鶴撰文」

賜同進士出身進階正議大夫資治尹奉」敕巡撫雲南兼建昌畢節等處地方贊理軍務兵部左侍郎兼都察院右僉都御史前奉」敕巡撫直隸等處監察御史通政使司右參議大理寺右少卿左少卿太僕寺卿太常寺卿大理寺卿侍」經筵官奉」敕總理兩浙福建二鹽運司雲南廣東等處各提舉司江西浙江福建兩廣雲貴湖廣江南直隸等處鹽法屯田都察院協管院事左副」都御史工部右侍郎長安鄒應龍篆蓋」

萬曆乙酉正月十五日，奉國將軍鶴山公卒。子境等卜以卒之年十二月十六日，葬公韋曲原祖兆。先期持長治丞謝君所爲狀請」銘。狀稱：公諱惟熠，字光甫，自謂鶴山主人」。太祖高皇帝八世孫」，秦愍王七世孫」，郃陽惠恭王四世孫。父輔國將軍秉橘，母夫人王氏，生公暨弟惟坥。公生有異質，左目重瞳子，豐頤美鬚，容止閒雅。童時以父母見背」，未獲授學。然資稟聰慧，器宇凝重，即善學者不逮也。正德乙亥」，安僖王薨，無子，公以猶子入祀。惟時王妃在堂，偶爾疽發於臂，且浸蝕危急。公入侍湯藥，出禱神祇，不違起居者踰月，而母妃賴以無」虞，遠近同聲稱之爲孝感云。自安僖薨後，家政漸弛，公以細事付家監，而自理其臣者，凡祭祀譙享，奉母敦族，罔不中禮。每念幼時」未學，日以不能誦法先哲爲愧。延里中耆舊多聞者，時其廩餼，資其見聞。而於鄉之縉紳賢且文者，尤禮重之。每歲時令節，張筵設」醴，繼之以卜夜，淹之以投轄，即宵沉漏徹，端縷不倦，未嘗愆於禮度，罔承權輿也。己卯」大慶，詔有司以羊酒絹帛賜宗室高年者，公以七十受賚，出同時諸宗之右，故舉國榮之。秦自」定王」、宣王」、靖王，念公厚德，獨隆禮遇」。今王益稔其賢，謂公國之老成」、先王之所重，凡所以禮公者，視昔有加焉。故受賚則予以華扁，懸弧則贈以佳章。物采輝煌，觀者悚動。及其疾也，遣官省問，遣醫致藥」。且慮及衣衾，出宮錦爲襚，此又舉國宗室今昔之所無也。公既累荷」國恩，感激思報，預命諸郎以城北園圃獻之，擬詩人投桃之義」。王之明於尚賢，公之篤於報德，咸可紀誦，稱」秦藩盛事云。公體厚善攝，素無疾苦。歲初，偶爾違和，宗族賓客問之，則曰：“痰火爲患，頃當就平耳。”諸郎爲公老，則朝夕入侍。元夕之前」，語諸郎以疾平，各遣歸子舍。明日，復入侍，將與語不能，瞬息屬纊矣。距生正德庚午三月二日，享年七十又六。元配趙氏，鳳陽府通」判邦憲女，封淑人。繼配淑人仲氏，咸寧處士儒女。再配內助劉氏，長安處士淮女。劉，儒家子，克正內壺，幽閑淑慎，公之晚年賴以優」游休暇多矣。公生四男子：曰境，配李氏；曰塙，配蒲氏；曰墿，配楊氏；曰壔，配王氏。男俱封鎮國中尉，配俱封恭人。而境以長奉」國主命繼父管理府事。女子二：長封紫雲鄉君，適呂應科；次封赤坂鄉君，適彭承思。俱授儀賓。孫男子六人：鈽、鏄、錯、鐕、鎏、鎣，俱封輔國」中尉。鈽娶張氏，鏄娶劉氏，俱封宜人，餘未聘。孫女子六人：長適師訓，次適張子英，餘四人未字。玄孫男子一，曰誼渾。女子一，幼。公嘗」以踪迹得盜，則懲而不酷；以器物給子，則均而不私；以惠愛篤同氣，則老而不厭；以田畝贍故友，則沒而後已。寡怨讟於平日，獲聲」譽於身後，宜也，非幸也。向余讀《漢書》諸王列傳，至東平、北海，以爲文勝之辭。今睹鶴山公之賢，乃知性行原於夙成，率履非由勉強」，貴不能驕，富不能淫，斯固東平、北海之儔也」。聖朝以德禮化天下，有宗人若公者，可使之湮沒無聞泯泯於後世哉！則部使者之採擇、太史氏之紀錄，端有待矣。銘曰：

於穆君侯」，天潢之良。驪虞麟趾，長發其祥。郃陽開國，侯乃祀之。繩其祖武，罄無不宜。黜紛崇素，持滿戒盈。雅則北海，善乃東平。設醴尚賢，遠竿避俗」。七十餘齡，令終有淑。韋曲玄宮，載樹載封。子子孫孫，慶衍無窮」。

太學生姻弟長安劉維正頓首拜書丹」

男境、塙、墿、壔泣血上石

張尚信鐫」

按

此誌所載爲明藩秦王府世系研究提供了重要依據，對於研究明代秦藩王歷史具有重要史料價值。

鄒應龍，生平見本書637.1582條。

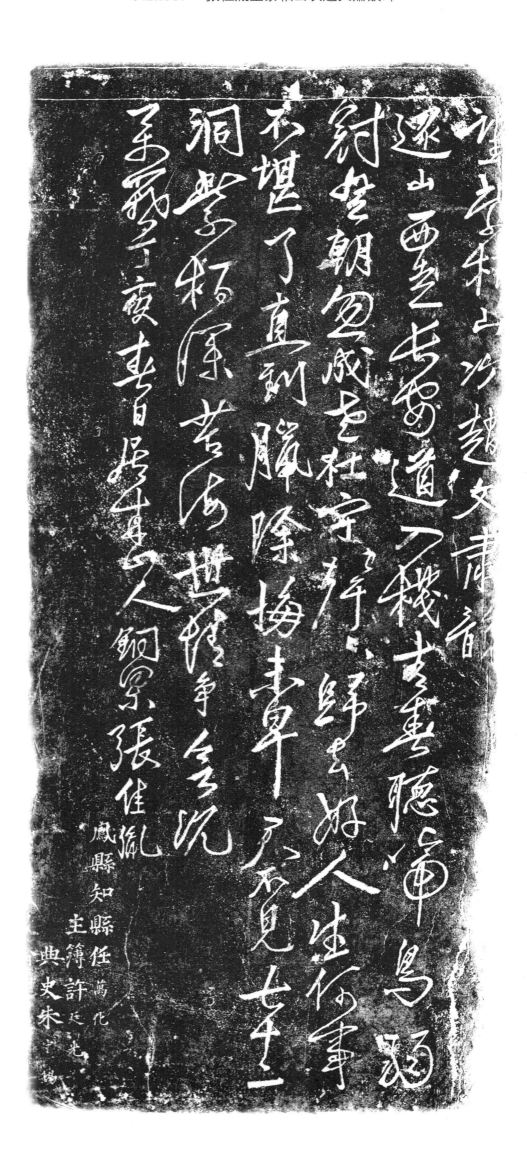

説　明

明萬曆十五年（1587）三月刻。碑高180厘米，寬70厘米。正文行草書6行，滿行15至17字不等。張佳胤撰文并書丹。此碑刻於《趙貞吉〈望紫柏山詩〉碑》碑陰，現存留壩縣張良廟。《留壩廳足徵録》《漢中碑石》著録。

釋　文

望紫柏山次趙文肅韻」

還山西走長安道，入棧青春聽啼鳥。弱」冠登朝忽成老，杜宇聲聲歸去好。人生何事」不堪了，直到臘除悔未早。君不見，七十二」洞紫柏深，苦海世情争欲沉」。

萬曆丁亥春日居來山人銅梁張佳胤」

鳳縣知縣任萬化」、主簿許廷光」、曲史朱守錫」

按

此碑詩文《居來先生集》收録，題爲《柴關公館次趙閣老韻》。《留壩廳足徵録》亦收此詩，但未録標題及落款，文末作者署名避清帝諱，改作"張佳印"。

撰書者張佳胤，字肖甫，號崛崍山人，一作居來山人，四川銅梁人。嘉靖二十八年（1549）舉人，嘉靖二十九年進士，曾任滑縣知縣、禮部郎中、蒲州知府、右僉都御史、南京鴻臚寺卿、兵部右侍郎等，謚襄敏。《明史》、萬曆《四川總志》有載。

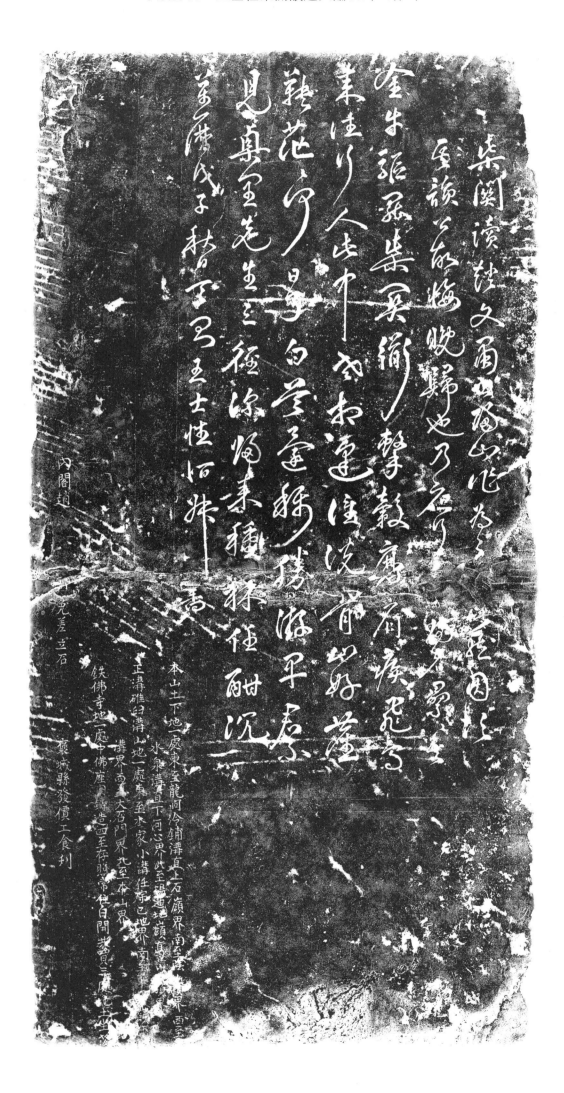

説 明

明萬曆十八年（1588）九月刻。碑高178厘米，寬86厘米。正文草書7行，滿行16至18字不等。王士性撰文并書丹。此碑中間折斷，後經粘貼復原。下部空隙有清人附刻張良廟地界四至。《留壩廳足徵録》《漢中碑石》著録。

釋 文

柴關讀趙文肅公歸山作，爲之憮然，因次」其韻，公故悔晚歸也，乃夜行□歸□縈縈矣」。

金牛驅罷柴關道，擊轂摩肩疾飛鳥」。来往行人此中老，相逢誰説青山好。塵」鞅茫茫何日了，白首還稱勝游早。君不」見，栗里先生三徑深，歸來種林任酣沉」。

萬曆戊子秋日天台王士性恒叔書」

按

此碑詩文《留壩廳足徵録》收録，但個別文字有異。

撰書者王士性，字恒叔，號太初，浙江臨海人。萬曆五年（1577）進士，曾任禮科給事中、四川參議、鴻臚寺卿等。有《五岳游草》《廣志繹》傳世。《明史》《明實録》有載。

644.1588　馬自强墓誌

説　明

明萬曆十六年（1588）十月刻。誌、蓋均爲正方形，尺寸相同。邊長均94厘米。蓋文6行，滿行5字，篆書"明光禄大夫太」子太保禮部」尚書兼文淵」閣大學士贈」少保諡文莊」乾菴馬公墓」"。誌文楷書52行，滿行56字。張四維撰文，姚弘謨書丹，胡執禮篆蓋。蓋四周飾祥雲、寶相花紋。1979年3月大荔縣漢村鄉馬家莊村出土。現存大荔縣文物局。《新中國出土墓誌（陝西叁）》《大荔碑刻》著録。

釋　文

明光禄大夫太子太保禮部尚書兼文淵閣大學士贈少保諡文莊馬公墓誌銘」

賜進士出身光禄大夫柱國少師兼太子太師吏部尚書中極殿大學士知制誥經筵事會典總裁蒲坂年眷生張四維撰」

賜進士出身通議大夫吏部左侍郎兼翰林院侍讀學士經筵講官前國子監祭酒檇李年侍生姚弘謨書」

賜進士第通議大夫户部左侍郎前總理糧儲提督軍務巡撫應天等府地方都察院右副都御史永昌鄉晚生胡執禮篆」

關中，古都會地。當漢唐代，蟬聯樞揆，不可勝紀。顧自」明興來，名臣碩卿，勳伐相望，獨未有參政地者。迨萬曆戊寅馮翊馬公，始由大宗伯承麻拜云，公負公輔望久。當是時，以舊學受」眷知」，上所注意甚厚，海内士咸訢訢，謂關陝地靈二百年，始發于公，必且抒所素蘊，以協贊」中興偉烈，不偶然也。俄而，公被末疾以歿，吁，可悲矣！余與公周旋三十年，知公深，纂遺行，徵不朽，宜莫如余者。顧心内傷公，每援筆，輒泫然不知涕之」無從也。盖踰年，始克誌而銘之。誌曰：公姓馬氏，名自强，字體乾，別號乾菴，陝之同州人也。自其先世居州城南之馬坊頭，有諱和卿者，生克敬，克敬」生馴，太學生，公高祖也。曾祖文。祖通，知博野、繁峙二縣。父珍，宛平縣丞，母李孺人。自曾祖而下，咸以公貴，贈光禄大夫、太子太保、禮部尚書、文淵閣」大學士；妣皆贈一品夫人。初，李孺人方娠公，夢龍繞室，宛平公亦夢南極老人以緋衣兒來送。比公生，頭角嶄然，不類凡子，父母奇之。幼警悟。自知」學，授章句，即解其大義。十歲能文，年十四補郡庠弟子員。嘉靖庚子，舉陝西鄉試第一，聲明藉甚。顧屢上春官不偶，益潛心下帷，精進不懈。己，復携」群弟子修業于太華山之青柯坪。癸丑，登進士，選翰林庶吉士。故事，吉士年長者，總挈諸務，曰"館長"。人多匿年避之，公年在數人下，獨不避，諸所綜」理咸盡善，愜於衆心，前後鮮及之者。乙卯，授翰林院檢討。甲子，滿九載，陞修撰。是時重録《永樂大典》，被命爲分校官。丙寅，丁父憂。丁卯，以重録《大典》」書成，加侍讀。己巳，服闋，起司經局洗馬，管國子監司業事。庚午，回局，兼翰林院侍講，充經筵講官，纂修」《肅皇帝實録》。是秋，典應天府鄉試。公品校精審，凡三爲會試同考官，及是榜所録士，咸稱得人。陞國子監祭酒。公見科條漸弛，失教學初意，毅然以振飭」自任，首按群不逞、習爲姦利事者，劃剔積蠹，悉取」累朝訓典申明之，絶請托，抑躁競，勵學官，日以正學廸諸生，于是成均中爽然，易觀聽焉。時生徒大集，有需次經年不及撥歷者，公上疏請損諸司歷事」，期而增其名額。諸生有貧困不能自給者，輒周之。故士初憚公，已不愛且敬者。辛未，陞詹事府少詹事兼翰林院侍讀學士，尋掌院事。是時」，上在東朝，言者請妙簡端方士備輔導，故遷公宮尹。壬申」，上出講學，遂以公爲講讀首臣。公念」上方沖齡，凡所進講，不爲微文奧義，務取目前易省事，款款曉譬，冀有所感動。儀度端詳，音吐洪暢」，上聞而甚悦，以告」穆考。有時講退于幄後，嘖嘖嘆美，衆咸聞之。陞詹事兼教習庶吉士」。上登極，擢禮部右侍郎，充日講官。尋轉左，掌詹事府事。丁繼母張氏憂，歸」。上時時念之，嘗與元輔張少師言：公所講解易省。久之，又特問公服將闋未也。乙亥，守臣以公服除聞」，詔添注詹事府，以原官協理府事，充實録副總裁，日講如故。抵京，陞吏部左侍郎。會禮部尚書缺，廷推以公名請」。上遣中使問閣臣，尚書兼日講否。張少師爲言：講臣須清心專慮，而禮卿部務煩重，勢不得兼。狀，乃陞公禮部尚書兼翰林院學士，罷日講，仍充經筵講」官。盖」特命也。時宗藩繁衍，諸請名封婚禄，歲以千計，中多詭冒乖越，而先後條例亦自相牴牾，以故王府科宿猾習其穴竇，交結諸藩，狡役出入爲姦，莫可究」詰。公一一清其源本，擇條例協于情法、通行無礙者爲準。其一時有爲而設，彼此刺謬者，悉屏去之。今禮部新題《更定宗藩條例》，多公所具藥也。法」守既定，乃斥汰諸積胥之尤無良者。凡王府章疏至，必親爲裁決，隨榜之部門，明示行止。由是諸掾隸無所索賄，公宇肅然。隆慶間，嘗罷張真人封」，以提點世其祀。及是提點來朝，請復封。公寢其奏。提點固請不已，公上疏歷陳其不可，且請嚴杜貪緣請乞之隙，無啓倖門，語甚剴切。初，北虜通貢」市，儀部所議爵賞有定額矣。乃虜欲無厭，歲請寖溢額。公明其非計，請申明初約。凡一切額外乞求，令邊臣勿復通。令甲所載文武大臣卹典、節年」條例、增煩予奪靡準。公審詳參校，議爲畫一之法，奏之，報可，著爲令。丁丑，知貢舉」。《世廟實

明光祿大夫太子
學士保禮部
尚書兼文淵
閣大學士贈
太保諡文莊
乾□馬公古墓

録》成，加公太子少保。戊寅三月，進太子太保、文淵閣大學士，入閣辦事。公雅有康濟志，以古人自期。待感幸知遇，夙夜孜孜，矢有以自效。會夏秋」之交，暑雨，偶感瀉痢，疾久不愈，竟以十月十三日卒，距其生正德癸酉十一月初二日，得壽六十有六耳。訃聞」，上悼惜深至，輟視朝一日，賜賵賻含襚之具甚渥，贈少保，謚文莊，加祭至十一壇，廕一子中書舍人，遣行人護柩還。工部主事督修塋兆，凡所爲哀榮卹」終之典，視禮臣所議，悉加厚焉。盖」上所惓惓注眷公者，其恩禮始終不替，益篤如此。惜天不假公年，不及大究厥用，爲可恨也。公隆顙方頤，鉅耳豐背。舉止凝重，儼然山立，見者知其正人」，其操尚端諒。凡立身施政，務行心之所是，不欲一毫苟徇於人。兼容博愛，發于至誠。見一人一物不得其所，必怃然，思爲濟之。故平生卹困周急，惟」其力所可爲，如恐不及。見不善蹙額，若將浼己。人有片長寸善，汲汲樂與之，自以爲不如也。盖其德宇淵宏，造詣深邃，誠心直道，貫乎表裏，始終無」間然矣。性篤孝，爲諸生時，李孺人病阽危，齋心祈神祐。姪應第者，弗知也。夜夢神告之曰：“語若叔，而祖母數定矣。”其精誠感通如此。事父宛平公樂」志承顔，備極無方之養。居喪，孺慕有烏鳥數百，旦夕翔集其廬，人以爲孝感所致云。公配李氏，累封一品夫人。子男二人：怡，舉人，娶楊氏；憷，進士，兵」部職方司主事，娶余息女，先公十二日而卒。女二人：長適指揮僉事張恒，次適選貢生張思齊。孫男二：楩、楠。孫女三：一字司務高嶽子起鵬，一字編」修盛訥子以弘，一字知縣張薇子祇若。銘曰」：

　　昔在殷宗，有臣甘傅。迪德襄猷，式弘湯祚。公兼其遇，侍」帝中興。金華初直，玉鉉竟外。左輔神皋，嶽瀆蘊秀。閱年二百，毓公大受。立朝三紀，正色垂紳。清風終始，卓爾名臣。執經旂廈，陳義□晰。讜論格心」，宸聰載懌。視篆秩宗，張陳鴻典。議政于廷，告猷孔善」。聖主深知，寰區繫望。天不憗遺，哲人遽喪。惋彼濟川，中流檝傾。煜煜箕尾，不泯厥靈。在洛之涘，川原窈窕。豐碑崇墉，承」恩建兆。若堂者封，公歸在中。有銘考德，傳信無窮。

萬曆八年三月二十一日安葬
十六年十月二十二日不肖男怡、憷泣血納石」

按

誌主馬自强，《明史》卷二一九有傳。誌所載可與史載互證互補。

撰者張四維，字子維，山西芮城人。明萬曆朝內閣首輔。《明史》卷二一九有傳。

書者姚弘謨，字繼文，號禹門，浙江秀水人。嘉靖三十二年（1553）進士，曾任翰林院庶吉士、翰林院編修、江西參政、國子監祭酒、吏部侍郎。有《寶綸閣集》傳世。生平見申時行《賜閒堂集》卷二五《姚弘謨墓誌銘》。

篆蓋者胡執禮，字汝立，號雅齋，陝西永昌衛人。嘉靖三十四年（1555）舉人，三十八年（1559）進士，曾任保寧府推官、刑部主事、巡撫應天、户部侍郎等。生平見穆文熙《穆考功逍遙園集選》卷十二《送少司徒雅齋胡公在告還陝序》。

645.1590　朱惟焌墓誌

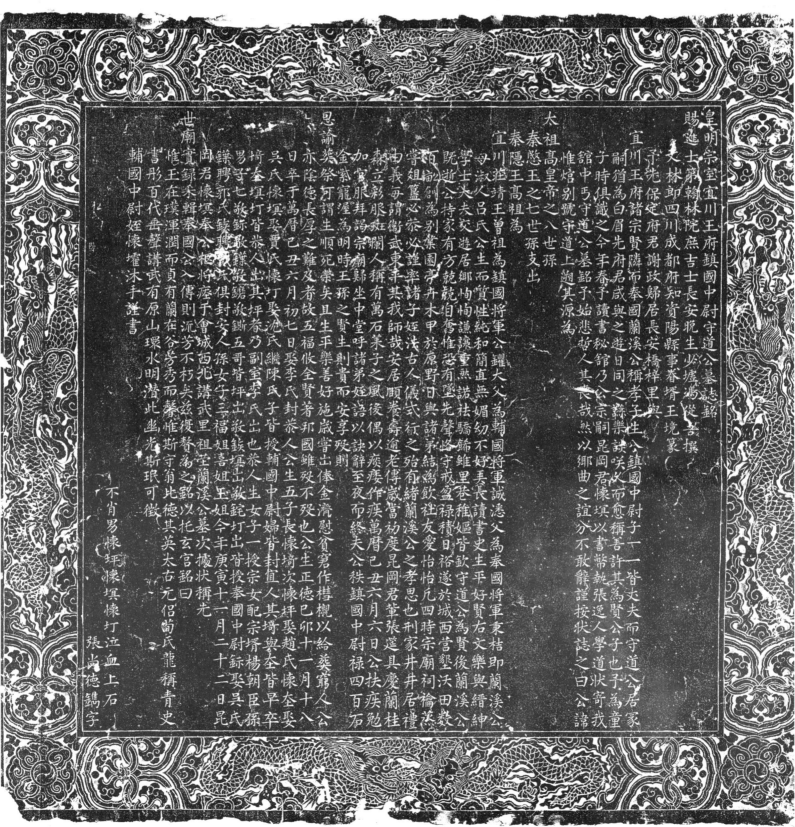

説 明

明萬曆十八年（1590）十一月刻。蓋正方形，邊長75厘米；誌長75厘米，寬74厘米。蓋文4行，滿行4字，篆書“皇明宗室」鎮國中尉」守道君侯」墓誌銘”。誌文楷書36行，滿行34字。馮從吾撰文，朱懷墷書丹，王境篆蓋。蓋及誌四角飾寶相花、四周飾如意及龍紋，其中上下兩邊雙龍相對，左右兩邊均刻一龍，龍頭皆朝上。西安市出土，具體時、地不詳。現存西安博物院。《新中國出土墓誌（陝西叁）》著録。

釋 文

皇明宗室宜川王府鎮國中尉守道公墓誌銘」

賜進士第翰林院庶吉士長安晚生少墟馮從吾撰」

文林郎四川成都府知資陽縣事眷壻王境篆」

予先保定府君謝政歸，居長安橋梓里，與」宜川王府諸宗賢鄰，而奉國蘭溪公稱孝子。生八鎮國中尉，子一一皆丈夫，而守道公居冢」嗣，猶爲白眉。先府君咸與之遊，日同之讌樂談笑，久而愈稱善，許其爲賢公子也。予爲童」子時，俱識之。今年春，予讀書秘館，乃公宗嗣昆岡君懷墷以書幣執張逸人學道狀，寄我」館中，丐守道公墓銘。予始悲哲人其喪哉！然以鄉曲之誼，分不敢辭，謹按狀誌之曰：公諱」惟焻，別號守道。上溯其源，爲」太祖高皇帝之八世孫」、秦愍王之七世孫。支出」秦隱王。高祖爲」宜川莊靖王，曾祖爲鎮國將軍公鑘，大父爲輔國將軍誠漈，父爲奉國將軍秉桔，即蘭溪公」，母淑人吕氏。公生而質性純和，簡直無媚。幼不好弄，長讀書史。生平好賢右文，樂與縉紳」學士大夫交遊。居鄉恂恂謙讓，重然諾，袪驕飾，雖里巷稚嫗，皆欽守道公爲賢。後蘭溪公」既逝，公持家有方，兢兢自奮，惟恐有墜先聲，恪守戒盈，禄積日裕，遂於城西營墾沃田数」百畝，創爲別業。園亭卉木，甲於原野，日與諸弟結爲飲社，友愛怡怡。凡四時宗廟祠禴，蒸」嘗俎簋，必恭必謹，率諸子姪法古人儀式行之，殆有緒蘭溪公之孝思也。刑家井井，居禮」由義，每謂衛武、東平其我師哉。安居頤養，壽逾老傳。歲當初度，昆岡君輩張筵具慶，蘭桂」森立，彩服斑斕，人稱有萬石萊子之風。後偶以痰痿作疾，萬曆己丑六月六日公扶疾，勉」加官服，拜謁宗廟。歸坐中堂，呼諸弟姪，語以訣辭，至夜而終。夫公秩鎮國中尉，禄四百石」，金紫寵渥，爲明時王孫之賢。生則貴而安享，殁則」恩諭葬祭，可謂生順死榮矣！且生平樂善好施，歲嘗出俸金濟慰貧窶，作槥櫬以給葬窮人，公」亦陰德長厚之難及者。故五福攸全，賢著邦國，雖殁不殁也。公生正德己卯十一月十八」日，卒于萬曆己丑六月初七日。娶李氏，封恭人。公生五子：長懷墒；次懷坪，娶趙氏；懷奎，娶」吳氏；懷墷，娶賈氏；懷圢，娶沈氏，繼陳氏。子皆授輔國中尉，婦皆封宜人。其墒與奎皆早卒」，墒、奎、墷、圢，皆恭人出；其坪者，乃副室李氏出也。恭人生女子一，授宗女，配宗壻楊朝臣。孫」男子七：敬鉨、敬鑶、敬鐫、敬鋤、五哥，皆坪出；敬鋏，墷出；敬鈀，圢出。皆授奉國中尉。鉨娶吳氏」，鑶聘郭氏，鋏聘戴氏，俱封安人。孫女子三：福姐、喜姐、玉姐。今年庚寅十一月二十二日，昆」岡君懷墷奉公柩，將瘞于會城西北講武里祖塋蘭溪公墓次。據狀稱：先」《世廟實録》采輯奉國公入傳，則流芳不朽矣。茲復贅爲之銘，以托玄宮。銘曰」：

惟玉在璞，渾潤而貞。有蘭在谷，芳秀而馨。惟斯守翁，比德其英。太古元侶，荀氏龍稱。青史」書彤，百代垂聲。講武有原，山環水明。潛此幽光，斯珉可徵」。

輔國中尉姪懷墷沐手謹書」

不肖男懷坪、懷墷、懷圢泣血上石」

張尚德鐫字」

按

誌主先祖宜川莊靖王、朱公鑘、朱誠漈、朱秉桔等人，見本書606.1556條。

撰者馮從吾，字仲好，號少墟，長安人，理學名家。萬曆十六年（1588）舉人，十七年進士，曾任翰林院庶吉士、山西道監察御史、大理寺少卿、左僉都御史、左副都御史、工部尚書，諡恭定。有《馮少墟集》傳世。《明史》卷二四三有傳。

篆蓋者王境，陝西咸寧人。隆慶四年（1570）舉人。康熙《陝西通志》有載。

1593

646.1590　李震卿暨元配楊氏繼配管氏合葬墓誌

説　明

明萬曆十八年（1590）十一月刻。蓋正方形，邊長69厘米；誌長68厘米，寬69厘米。蓋文6行，滿行4字，篆書“明處士蘭」菴李公元」配楊孺人」繼配管孺」人合葬墓」志銘」”。誌文楷書40行，滿行45字。楊信撰文，宋百祿書丹，尹作賓篆蓋。西安市長安區鮑陂原出土，時間不詳。現存西安博物院。《新中國出土墓誌（陝西叁）》著錄。

釋　文

明處士蘭菴李公元配楊孺人繼配管孺人合葬墓誌銘」

賜進士出身奉直大夫工部虞衡清吏司員外郎前」欽差提督夏鎮等閘兼理河道年家晚生咸寧助我楊信撰」

奉直大夫知河南府陝州事前翰林院待詔年家晚生南鄭光野尹作賓篆」

今上庚寅之歲，不佞信奉」使西蜀，歸過里居。一日，淇縣尹李君手自爲先處士公狀，介南部縣尹黃君謁信，泣而告曰：往孤府君與其妣楊坶也，葬」城東南隅鮑陂原祖塋之次，越四十年所矣，壙虛無誌。兹卜是年十一月二十八日，奉繼妣管以從府君，惟是不朽之」計，以累下執事。信謝不敏，則又泣而請曰：孤不天，藉先君子之靈，管妣所爲育誨也者勤懇，竊叨斗食，以有今日，未嘗」不悲恨，弗克躬閱，得效一日之懽也。且孤待罪淇、滎兩邑，業屬滿考，幸無過，例當請」貤典，先君得贈如其秩，而今且已矣，猶然稱布衣，孤心倍悲惻焉。子其卒寵言之，以不朽地下也。信曰：不佞不能爲不朽」若翁言，固也。然吾與若同年友也，而且相能也，詎可卒以不文辭？按狀：公姓李，諱震卿，蘭菴其自號云。父壽官公鋼，大」父璽，曾大父敏，敏父仕忠。仕忠父先世爲咸寧人。壽官公配牛碩人，以正德庚辰十二月二十九日生公。甫七歲，從塾」師學，能解所授《孝經》句讀，既而曉誦《語》《孟》大義。塾師習知公穎敏，謂可由儒興也。居無何，會壽官公趨時于江淮間，而」大母陳在堂，家政無紀綱之者。公乃廢儒學，躬任其政，咸中理解焉。日薦甘旨於陳大母暨母牛，孝養備至，故壽官公」意得久賈外，無內顧慮者，以有公也。後入貲爲闡司知印。在官精勤於事，斤斤守繩墨，闈君愛重之。第性好徜徉，自恣」以適己，羞爲公家所羈，曰：吾安能效若閭里豪，日屈大人，卑疵纖趨，不自卑而驕稊人爲也。即請罷免，驟與二三知友」飲遊，每飲徑大醉，懽歌樂日甚。久之，坐病酒，得脾疾卒，時嘉靖丁未二月二十七日，享年二十有九耳。元配楊孺人，父」深、母劉，于嘉靖乙酉四月二十一日生孺人，十四歲歸公，迨事陳大母暨舅姑恭謹，褪身莊嚴。而其在中饋也，則以勤」儉。牛碩人始而易其少，已而私謂壽官公曰：“吾婦賢，可無患矣。”歸之明年己亥，生淇縣君。未幾，月坐產疾，卒，實是年十」一月十有八日也。孺人卒，其後配管孺人繼云。孺人少楊二歲，尚未字，於是壽官公傷淇縣君失恃，而重爲處士公擇」配也。時會客憂形于色，客有知其故者，間語公曰：鎮安有管貢士鯉者，其女賢可耦公子。公喜，委禽焉。孺人性簡質孝」慈，諸服飾絕綺華不御，寡言笑，家人終日不聞其聲。事大母與舅姑也，猶之楊。而鞠育淇縣君，猶之己出也。壽官公復」益喜曰：“吾婦賢媲楊，使吾孫忘亡母也。”當處士公卒時，與孺人處僅七年。孺人欲以身死者至再，戚里或勸之曰：“若夫」君以其孤屬若，固亦冀若之能育成立也。若然，則夫君方且瞑目矣。矧尊章老而介特，徒死何爲也。”孺人意少解，牛碩」人素以嚴見憚，意所弗愜，即加譙訶無少假。孺人和顏色順，承之而已。後牛碩人卒，繼許碩人，性亦嚴厲。孺人善事之」，亦如牛碩人，終許碩人無異志焉。初，孺人爲處士公服，已三年而竣，里婦有以他適誂之者，孺人絕不與言。操履愈益」謹飭。室淇縣君者三孺人，咸婦之，其生子姓也，咸子之有成。隆慶庚午，淇縣君舉於鄉。萬曆庚辰，謁選翼城縣學博士」。丙戌，補寧武學，陞滎澤縣尹，孺人俱未之官。己丑，調繁淇縣，迎養孺人，淇縣君子思謙侍行，渡孟津，孺人獨語舟中曰」：“今渡黃河北，第未卜南旋日也。”無何，疾大作，力疾至淇，已不能與淇縣君致永訣矣。舟中之語，若有前知云。孺人生嘉」靖丁亥十一月二十一日，卒萬曆己丑十月十七日，壽六十三。生二女，早夭。淇縣君娶宗室秉樏女，卒。繼盧氏，儀賓」約女，卒。再繼劉氏，庠生應元女。孫男子二：長即思謙，娶劉氏，儀賓葵女；次思恭，尚幼。孫女子十：長適長安學生張我訓」；次適雷起東；三適咸寧學生郭都；四適山陰縣尹王公淑民子廙廷，卒，五適長安學生王再伸；六許聘舉人雷希煥，卒」；七適劉天祐；八未字；九許聘猗氏縣尹黃公道見子運洪；十幼。曾孫女一，幼。思謙出。淇縣君，名呈瑞。嗟夫！余誌李公而」重傷其志云。方公卒時，壽官公業始寖昌，而獨淇縣君在韶齔，惸惸相依，其志能無齎恨乎？後壽官公以壽終，而淇縣」君得爲循吏，功名焱焱颷起，子孫蕃衍，公其可以死哉。銘曰：

蘭宜籾以爲珮兮，胡先秋而殞其芬。昊天其重殲嘉種」兮，誕英發乎後昆。倬彼賢侯宰中州兮，有嘉其績徹帝閽。帝曰明明以礪世兮，佇將予之」綸恩。於維李公九原無憾兮，尚榮被夫龍文。賢哉二孺人兮，生不愧死，死有餘薰。偕彼夫君永藏兮，

此錦　人合葬墓　醫配　配楊孺　恭李公　酬執未蘭

世世奕聞」。

　　通家眷晚生咸寧宋百禄書」

　　不肖男呈瑞泣血上石」

　　張尚信刻」

按

　　撰者楊信，陝西咸寧人。隆慶四年（1570）舉人，萬曆十一年（1583）進士。曾任四川布政司右參議、四川按察司副使。《明實録》、康熙《陝西通志》有載。

　　篆蓋者尹作賓，寧羌衛人，隆慶四年舉人。曾任翰林院待詔、漢南郡通判。康熙《漢南郡志》有載。

647.1593　朱惟焜暨配李氏合葬墓誌

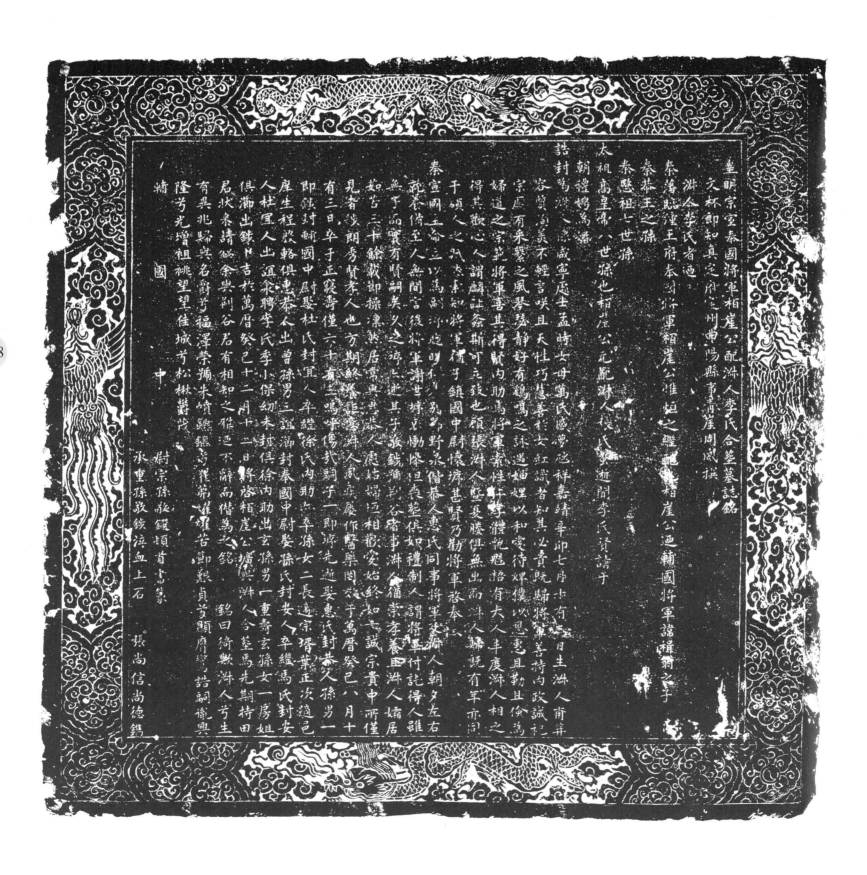

說　明

明萬曆二十一年（1593）十二月刻。誌、蓋均爲正方形，尺寸相同。邊長均65厘米。蓋文5行，滿行4字，篆書“皇明宗室」奉國將軍」栢崖公配」淑人李氏」合葬墓」”。誌文楷書29行，滿行33字。周威撰文，朱敬鑘書丹并篆蓋。誌、蓋四角均飾寶相花，四周均飾如意龍鳳紋，上下兩邊爲龍紋，左右兩邊爲鳳紋。西安市長安區出土，時間不詳。現存西安市長安博物館。《長安碑刻》《長安新出墓誌》著録。

釋　文

皇明宗室奉國將軍栢崖公配淑人李氏合葬墓誌銘」

文林郎知真定府定州曲陽縣事青崖周威撰」

淑人李氏者，乃」秦藩臨潼王府奉國將軍栢崖公惟烜之繼配也。栢崖公乃輔國將軍諱楫翁之子」，秦恭王之孫」，秦愍祖七世孫」，太祖高皇帝八世孫也。栢崖公元配淑人張氏，早逝。聞李氏賢，請于」朝，禮聘爲婚」，誥封爲淑人。係咸寧處士孟時女，母萬氏，感夢虺祥，嘉靖辛卯七月十有三日生淑人。甫笄」，容質洵美，不輕言笑，且天性巧慧，善於女紅，識者知其必貴。既歸將軍，善持內政，誠祀」宗廟，有采蘩之風；琴瑟静好，有雞鳴之詠。遇妯娌以和愛，待婢僕以恩惠。且勤且儉，爲」婦道之宗範。將軍喜其得賢內助焉。將軍素性仁孝，體貌魁梧，有大人丰度，淑人相之」，得其歡心。人謂麟趾螽斯可立致也。顧張淑人暨夏媵俱無出，而淑人歸既有年，亦同」《碩人》之賦。然素知將軍猶子鎮國中尉懷埡甚賢，乃勸將軍啓奉」秦宣國主，命立以爲嗣。埡聰明仁孝，別號野泉，偕恭人惠氏同事將軍及淑人，朝夕左右」，就養備至，人無間言。後將軍謝世，埡哀慟慘怛，喪葬俱如禮制，人謂將軍付託得人，雖」無子而實有賢嗣矣。久之，埡亦逝。其子敬鈔號荆谷者，事淑人猶崇孝養。且淑人孀居」茹苦三十餘載，節操凛然，居常與惠恭人處，姑婦恒相歡愛，始終如一，誠宗貴中所僅」見者。鈔朗秀賢孝人也，方期終養，詎意淑人夙疾屢作，醫藥罔效，于萬曆癸巳八月十」有三日卒于正寝，壽僅六十有三。嗚呼傷哉！嗣子一，即埡，先逝，娶惠氏，封恭人。孫男一」，即鈔，封輔國中尉。娶杜氏，封宜人，卒。繼徐氏，內助，亦卒。孫女二：長適宗壻葉正，次適邑」庠生程殷輅，俱惠恭人出。曾孫男三：誼潹，封奉國中尉，娶孫氏，封安人，卒，繼馬氏，封安」人，杜宜人出；誼湪，聘李氏，季小保，幼，未封，俱徐內助出。玄孫男一，重壽。玄孫女一，房姐」。俱潹出。鈔卜吉於萬曆癸巳十二月十二日，將啓栢崖公壙與淑人合葬焉。先期持田」君狀來請銘。余與荆谷君有相知之雅，乃不辭而僭爲之銘。銘曰：

猗歟淑人兮，生」有異兆。歸與名爵兮，福澤榮號。朱幃鑘鑘兮，翟茀燿燿。苦節艱貞兮，顯膺鸞誥。嗣胤興」隆兮，光增祖祧。望望佳城兮，松楸鬱茂」。

輔國中尉宗孫敬鑘頓首書篆」

承重孫敬鈔泣血上石

張尚信、尚德鎸」

按

誌主祖父秦恭王即朱誠潤，秦安王庶二子，秦定王朱惟㸊曾祖。朱惟㸊初封鎮國中尉，嘉靖二十七（1548）年嗣封秦王，遂追謚其曾祖朱誠潤爲恭王，其事《明史》有載。

撰者周威，陝西人。嘉靖二十八年（1549）舉人，曾任曲陽縣知縣。康熙《曲陽縣新志》、康熙《陝西通志》有載。

648.1597　李真墓誌

説 明

明萬曆二十五年（1597）四月刻。誌、蓋均砂石質，正方形，尺寸相同。邊長均79厘米。蓋文5行，滿行4字，篆書“皇明榮禄」大夫鎮守」陝西總兵」官古臺李」公墓誌銘」”。誌文楷書30行，滿行33字。白棟撰文，姜應熊書丹，張臣篆蓋。誌、蓋四周均飾捲雲紋。誌右上角殘損。出土時、地不詳。現存榆林市紅石峽文物管理所。《新中國出土墓誌（陝西壹）》《榆林碑石》著録。

釋 文

□□□□□□陝西總兵官右軍都督府都督僉事古臺李公墓誌銘」

□□□□□大夫大理寺少卿前翰林院提督四夷館山西道監察御史銀川白棟撰」

□□□□柱國征西前將軍鎮守大同總兵官前軍都督府左都督郡人姜應熊書」

□□□大夫平羌將軍鎮守甘肅總兵官左軍都督府都督同知郡人張臣篆」

□門鄰古臺公第，余獲昕夕相過從，披襟吐臆，莫逆不趨云。今年二月，公家督守備君」走使謁余曰：孤不天，無禄，先子即世。吾子知先子深，願一言以光墓門之石。余別公僅」二載，警聞此訃，搯膺拚摽，傷悼弗已，寧忍以不文辭？按狀：公諱真，字元祥，別號古臺，世」榆林戎籍。曾祖剛，祖景，咸隱德未耀，贈都指揮同知。景配太淑人李氏，公之父母也。公」生而穎異。稍長，嗜弧矢，卓鷙有鋒氣。弱冠，負羽從戎。每戰，擐甲先登，爲巡撫繼津王公」所器重，授千人長。公絶甘分少，得部卒心，而伍符稱娖，所向無前。以手刃首虜如功，令」秩榆林衛都指揮同知。隆慶丁卯，推延綏高家堡守備。辛未，改大同鎮羌里，要害也。萬」曆癸酉，擢遊擊將軍，入衛薊門。乙亥，遷宣府東路參將。丁丑，調萬全。己卯，虜酋青把都」鼓衆犯張家口市，公攔然突出，斬一酋長那害恰，群酋駭奔。乃移公南山，尋移永寧。辛」巳，陞山西協守副元帥。壬午，登大將壇，節鎮三秦。時罷兵款市，公與當事者枘鑿，遂浩」然歸。歸則載酒尋芳，客子雲集，箕踞問月，浮白狂歌，若將終身焉。語人曰：“吾以戈鋋生」死中，竊有今日，官叼一品，爵世後人，茲何幸！脱羈紲，遂偃仰，嬰珊勃窣，不復勞形。耳目」肺腸皆爲己物，吾復何求！奚爲不樂？”庚寅，西虜渝盟，戕我二帥，將達甘泉，河湟炭岌。廷」臣推轂，詔起公甘肅副總兵。公抗旌而往，虜聞之錯愕，扶服請命」。聖皇嘉悦。方倚公爲萬里長城，而玄晏風痺，公孫霜露，鼓儳橫草，易而爲匡牀醫藥矣。丙申」九月初六日，將星西隕，公還造化。距其所生之年嘉靖丙申八月二十日，得壽六十有」一。配賀氏，贈淑人，先公卒。繼張氏，指揮瀛女，封一品夫人。男二：長即崇榮，張夫人出，任」清水營守備，娶梁氏，遊擊繼祖女，繼徐氏，守備光啓女，俱早卒，繼張氏，總兵剛女；次崇」光，側室趙出，尚幼。女四：一適百户趙錦，一適庠生王家相，賀淑人出；一適百户陳愚直」，一適參將王國棟，張夫人出。孫男一，女一，俱幼。守備君卜四月朔日葬公於嚮岔山之」阡，余次第其狀而銘之。銘曰：

猗與元祥，太微天目。吐決意烏，千夫縮朒。摧剛則脆，陵險必夷。遏劉四美，殱暴一奇。詻」詻誓師，洸洸齋斧。老上焚旗，温禺雙鼓。威宣萬里，草木知名。功成身退，鶴侶鷗盟。白眼」看人，金魚換酒。胡馬西嘶，飛來賊走。勳垂竹帛，歲在龍蛇。宵爾神化，中外興嗟。瀚海不」波，西平有子。松月千秋，名存青史」。

按

撰者白棟，生平見本書612.1559條。

書者姜應熊，字周佐，陝西榆林人。嘉靖年間武舉，曾任甘肅副總兵、寧夏總兵、大同總兵、征西前將軍。雍正《陝西通志》有載。

篆者張臣，陝西榆林人。曾任寧夏總兵、都督同知等。雍正《陝西通志》有載。

説　明

明萬曆二十七年（1599）七月刻。額佚。碑高179厘米，寬81厘米。正文楷書23行，滿行62字。黄九成撰文，羅應詔書丹并篆額。碑四周飾水波紋。碑陰爲參與重修工程諸人題名，今已嵌於牆内，故未得見。現存城固縣五門堰文物保護所。《漢中碑石》著録。

釋　文

重修六堰記」

賜進士第中憲大夫四川等處提刑按察司副使前奉」敕署理遼東糧儲户部郎中城固黄九成撰」

儒林郎山西平陽府蒲州同知城固羅應詔書丹并篆額」

漢中爲關陝雄郡，城固爲漢中巨邑。縣西北四十里有高堰，西四十里有上官堰；西北三十三里有百丈堰，三十里有五門堰，二十里有石硤堰；縣北十五里有楊」塡堰。城固陻堰，凡十有九，而六堰之水利居多。六堰之中，五門堰十居其六，工程尤爲浩大。石硤堰在斗山之麓，甚爲緊要；楊塡堰，城、洋二邑均被其利，城固用水」十之三，洋縣用水十之七。凡此六堰，溉田七萬餘畝，誠咽喉之重地，民命所攸關也。萬曆三年乙亥夏，安邑喬侯來令城固，曾一修治，闔縣蒙利，公議比之五□，至」今人歌頌焉。迨今二十餘年，浩流衝盪，舊工漸圮，居民時有艱水之嘆。萬曆二十三年乙未秋，翼城高侯來令城固，與喬侯同一三晋人傑，循良君子也。蒞任以來」，孜孜以民事爲急。每歲春夏，躬履四郊，見民之勤於耕耘者，獎賞之；惰農自佚者，懲戒之。及抵高堰、上官堰、百丈堰、五門堰、石硤堰、楊塡堰，見其舊工漸弛，洞口剥」落，陻垣疎薄，水利愆期也。乃建議重葺修整，區畫精詳，申其議於」漢中太守李公」、欽差兵巡關南憲副今陞分守關内大參張公，貳公咸允其請。侯於是捐俸金及贖鍰，買辦石灰六百餘石，使工鍛治石條八百餘丈，夫役徵諸田户，官不費而民不擾」。檄委主簿李子、典史張子董其役。李子德性和平，臨事謹慎，身任勤勞，不敢荒寧。張子才識敏練，奉委勤謹，躬親督催，勣績懋著。經始於萬曆二十六年戊戌秋九」月，落成於萬曆二十七年己亥春三月。自高堰而下，至百丈堰、五門堰、石硤堰，又西上官堰，又東楊塡堰，修飭嚴密，規制一新，水勢滔滔，沛注七萬餘畝之田，灌溉」無遺利。城固蒸黎，悉沐厚生之惠矣。父老人等感侯之德，屬九成爲文，以紀其勣。九成愧以闇劣，素不能文，然誼安可辭？請敬陳其略焉。嘗讀《書》曰"德惟善政，政在」養民"，《洪範》八政，以食爲先。是食者，民生日用之資，一日不可闕；而農務者，食之所由裕也。今」聖天子御極，宵旰乾翼，惟以安民爲務，一時内外大小臣工，咸竭忠殫力，以副」聖意，海内熙皞，稱盛治矣。若我張公、李公貳公者，俱以名世之才，膺巡守之任，廉察凛凛風采，撫綏肫肫惠愛，真有」先朝顧太康、王三原之風，指日特進崇階，參預機務，弘化寅亮，可坐致也。昔漢南陽守杜詩，政治清平，百姓便之；又修治陂池，廣拓土田。郡内比室殷足，時人以方召信」臣，南陽爲之語曰：前有召父，後有杜母。今吾邑喬侯修堰於前，爲城人樹甘棠之澤；高侯繼理於後，爲城人建無窮之基。頌之曰：前有喬父，後有高母。豈其然乎？侯」誠心實政，賢能卓異，他日遠大功業，可預卜也。請以斯語勒諸貞珉，以垂萬億年之久云。張公名泰徵，山西蒲州人，庚辰進士。李公名有實，山東黄縣人，己丑進士」。高侯名登明，山西翼城人，壬午山西鄉進士。李子名在，山西曲沃人，監生。張子名廷芝，湖廣襄陽人，吏員。諸凡有勞斯役者，例得載之碑陰，以傳後世云。謹記」。

萬曆二十七年歲在己亥秋七月朔日戊申吉旦立」

按

此碑雖立意爲重修城固六門堰水利工程者樹碑立傳，然其所載明代城固水利情況，亦爲研究明代水利之珍貴資料。

撰者黄九成，生平見本書636.1582條。

説　明

明萬曆二十八年（1600）三月刻。碑圓首龜座。通高230厘米，寬100厘米。碑陽額文篆書"修學碑"三字，碑陰額文楷書"碑陰"二字。正文碑陽楷書22行，滿行58字。左側紀年題款毀損，右側題下刻"順治庚子年正月生員王乘乾樹栢二十株"題記。碑陰爲捐資人姓名及數額，共14截，泐飾嚴重。張士佩撰文，吳從周書丹，薛亨篆額。碑額飾雲龍紋，碑身飾如意蔓草紋。現存韓城市文廟。

釋　文

韓城縣學重修記」

賜進士資善大夫督察院右都御史兼户部左侍郎前南京户部尚書邑人濂濱張士佩撰文」

賜進士出身中奉大夫河南布政使司右布政使前兩督三晋學校邑人質亭薛亨篆額」

賜進士出身中憲大夫山西大同府知府前工部營繕清吏司郎中邑人三泉吳從周書丹」

韓之學，建於洪武四年。東瀕城，南臨衢，西北則犬牙民居。云繼建而修之有記可考者，則三也。萬曆辛卯冬，余暨大同守三泉吳公以至日謁先師，見廡」有頹者，乃議修焉，顧無如費鉅。何幸韓之獻若士各捐厥貲，即身宦四遠者，亦以俸餘至，獲七百餘金、粟百石。而赤衷董役，幸有五鄉耆焉，懷仁令仁宇」梁君則監之。歲壬辰，則撤廡鼎建焉，急頹也。癸巳，則易殿梁、楹桷、宮墻、門屏焉。甲午，則飭坊、祠、亭、路焉。乙未，則撤明倫堂而弘新之。時惟齋廊未易，而瑞」洲馬侯至，乃竟其工云。至於俎豆籩簋、樽罍筐篚，煥然與廟學俱新者，則以吾戴侯之樂成也。是工也，役無煩於里甲，金不費乎帑藏，修爲矩矱，競競舊」貫，第偉麗加焉。爾瞻者壯之，以記屬余。余竊惟國家當草昧之初，即星建學校，網羅青襟，董之師儒，優以餼廩，政云鉅矣，繁飾云乎哉？蓋以之造士，以之」育賢，冀成王國之楨，以託股肱之寄，此則創學意也。又慮夫正鵠不設，巧力無所準，乃取士之賢者以端其範，聖者以立其極。於是廟孔子先師於學之」陽，而廡以群賢從之，令士朝夕瞻焉。計其願學之心，必勃然而興國之範圍乎，士者何深以周乎？當二氏之未闢也，生民之害有所歸。今之輔世長民者」，非二氏也，顧政不唐虞若焉。誦法孔子者，即欲辭其責，復誰委乎？雖然，竊見慨時之弊者，多云漢躬行選士，士即勵行應之，故循吏賢相，後世鮮儷」焉。今」文藝校士，士即雕蟲應之，一當論官，率稱材難，故科舉之業，僉云"非世所用也"。雖然，士以業舉進者，不有澤被生民者乎？不有功勒鼎彝者乎？不有因文」見道者乎？學術無異，伊胡若此。探其本，蓋天理人欲之分，不分於行而分於情。同行也，而豎立獨卓焉，彼其識趨獨高也。故明道云："學者須先識仁。"識仁」則民胞物與，宗子家相渾若一體，不以形骸岐而異視之。故親則致其愛，民則擴其仁，而賢則篤其好。故處乎家庭則敦睦洽於族，莅乎郡邑則兆姓寧」於野，位乎廊廟則彦聖萃於朝，此皆識仁之效也，天德王道之真境也。然仁有端而識有機，亦自乍見而察其怵惕，以擴其如天之仁之度爾。蓋天以生」物爲心，人咸得之，以爲心而繼天立極者，則堯舜也，以好生而協萬邦矣。孔子祖述之，則以安百姓，而垂憲萬世焉。今庠序之誦繹，雕龍之潤色，科試之」討論，及夫蒞官之注措，皆是物也。士奚必易業爲哉？第患青紫蔽其明，萬鍾奪其志，不知仁爲行義鴻具，或至違之而侵侔百姓爾。不思國家訓士之意」云何，士之違拂乃至千里，此閱世慨弊者，所以不能無憾也。然憾人可也，見憾於人不可也。乃若吾韓之士，以當仁自勵者，則濟濟也，誰肯見憾於人而」不爲庠宇光乎？行且見天下歸仁矣，敬碑以俟之。馬侯名攀龍，字體純，巴縣人。戴侯名章甫，字子相，銅梁人」。

大明萬曆二十八年歲在庚子三月之吉

韓城縣知縣戴章甫，教諭張自讓，訓導馬應圖、馮三聘，典史吳有光立石」

監修原任懷仁縣知縣梁元，督造鄉耆蘇自東、張三綱、薛同寅、陳大平、李汝煦

白水武應期仝男武元鐫」

韓城縣學重修記

賜進士資善大夫都察院右都御史燕戶部左侍郎

賜進士出身中奉大夫河南布政使司右布政使前

賜進士出身中憲大夫山西大同府知府前工部營

韓之學建於洪武四年東瀕城南臨衢西址則

有頹者乃議修焉顧無如費鉅何幸韓之獻若

梁君則監之歲士辰則撤廡鼎建焉急頹也癸

洲馬侯至乃竟其工云至於俎豆簠簋樽罍篚

賞第偉麗加馬爾瞻者壯之以記屬余竊惟

育賞冀成王國之楨以記股肱之寄此則邢學

陽而廡以羣賢從之令士朝夕瞻焉計其願學

非二氏也顧政不唐虞若馬誦法孔子者即欲

文藝校士即雕蟲應之一當論官率稱材難於

見道者乎學術無異伊胡若此採其本盖天理

則民胞物與宗子家相渾若一體不以形骸岐

柞野位乎廊廟則彥聖萃於朝此皆識仁之效

物為心人咸得之以爲心而繼天立極者則堯

討論及夫莊官之注措皆是物也士奂必易業

云何士之違拂乃至千里此閱世慨弊者所以

不為庠宇光于行且見天下歸仁美敬碑以侯

大

歲在庚子三月之吉韓城縣知

監修原任懷仁縣知

局部

按

據乾隆《韓城縣志》記載，韓城縣學在縣治東。明洪武四年（1371），知縣周吉誠重建。天順五年，知縣王鼎修，河東薛瑄記。成化十八年（1482），知縣吳雄重修，邑人王盛記。嘉靖二年（1523），知縣鄭鉞增修，唐龍有記。萬曆十三年（1585），知縣李攀龍、戴卓甫繼修。

撰者張士佩，生平見本書630.1571條。

書者吳從周，嘉靖四十年（1561）舉人，隆慶五年（1571）進士。曾任工部主事、員外郎、郎中、知府。乾隆《韓城縣志》有載。

篆者薛亨，字道行，號通衢，韓城人。嘉靖四十年（1561）舉人，隆慶五年進士。曾任户部主事、刑部員外郎、山西提學僉事、山東少參、四川參政、山西按察使等。生平詳見李維楨《大泌山房集》卷六七《薛方伯家傳》。

漢諸葛武侯墓碑記

維

欽差總督川湖貴州等處兵部右侍郎兼都察院右僉都御史李化龍奉
命入蜀道經
故漢丞相忠武侯諸葛公墓乃陳牲擊鼓為文以祭其詞曰嗚呼惟公受性忠貞賦才殊絕功
蓋三分名留萬劫昔曹瞞衰炎精霧塞九域橫分三綱湮喪公拾其間裂恥植髮輔漢興劉盡忠竭
節北揭東伏權賊角往乾坤手扶日月太革千尋洪河百折大義精忠干今為烈化龍晚代末
學無能為俊抱痾歸田老巖穴偶值多艱承之授鉞誓銷氛祲以貢疆場瀘水巴山皆公舊國顧
重陰祐綏永綏蒼赤尚

萬曆二十七年歲次己亥五月戊申朔越二十五日壬申

饗

欽差總督川湖貴州軍務兼
萬曆二十九年歲在辛丑五月戊戌朔越五日壬寅
糧餉巡撫四川地方都察院右都御史兼兵部右侍郎李化龍謹以牲醴

之儀致祭於
故漢丞相忠武侯諸葛公之靈曰往歲龍自秦入蜀道經我

公墓下曾醱酒陳牲為文以祭乞靈於
公冀得靖冠援夷黃安西南半壁之天下也今幸而竣事矣以龍之恆怯無謀蜀之頹圮無備而賦
公八百年之盤擴數萬人之武勇十旬而蕆之拉朽摧枯不勞餘力人力豈至於此則
公之陰祐其間而匡我不逮者彰明較著矣龍今以家難歸再經瀘上辛拜

公祠會以荅
神佑廉會而俊尚美公
公終有造於西南而廓清還定之烈與天無極也尚
公庶饗

底大寧長無灰側則是

署縣事本府同知張光宇
馮縣主簿張九貢典史周禧同立石

説　明

明萬曆二十九年（1601）五月刻。碑圓首。通高203厘米，寬97厘米。額文2行，滿行4字，篆書“漢諸葛武」侯墓碑記」”。正文楷書24行，滿行38字。碑額飾雲龍紋，碑身飾捲雲紋。此碑似磨前碑而成，個別地方仍可見原碑之文字。現存勉縣武侯墓。

釋　文

維」萬曆二十七年歲次己亥五月戊申朔越二十五日壬申」，欽差總督川湖貴州軍務兼理糧餉巡撫四川等處兵部右侍郎兼都察院右僉都御史李化龍，奉」命入蜀，道經」故漢丞相大將軍忠武侯諸葛公墓下，乃陳牲擊鼓，爲文以祭。其詞曰：

嗚呼！惟公受性忠貞，賦才殊絕。功」蓋三分，名留萬劫。昔漢中衰，炎精霧塞。九域橫分，三綱湮滅。公於其間裂眦植髮，輔漢興劉，盡忠竭」節。北撻操魋，東伏權賊。身拄乾坤，手扶日月。太華千尋，洪河百折。大義精忠，于今爲烈。化龍晚代末」學，無能爲役。抱痾歸田，□老巖穴。偶值多艱，承乏授鉞。誓銷氛祲，以奠疆場。瀘水巴山，皆公舊國。願」垂陰祐，永綏蒼赤。尚」饗！維」萬曆二十九年歲在辛丑五月戊戌朔越五日壬寅」，欽差總督川湖貴州軍務兼理糧餉巡撫四川地方都察院右都御史兼兵部右侍郎李化龍，謹以牲醴」之儀，致祭於」故漢丞相忠武侯諸葛公之靈，曰：往歲龍自秦入蜀，道經我」公墓下，曾醼酒陳牲，爲文以祭，乞靈於」公，冀得靖寇攘夷，奠安西南半壁之天下也。今幸而竣事矣。以龍之怯無謀，蜀之頹弛無備，而賊以」八百年之盤據，數萬人之武勇，十旬而舉之，拉朽摧枯，不勞餘力，人力豈至於此，則」公之陰佑其間，而匡我不逮者，彰明較著矣！龍今以家難歸，再經沔上，幸拜」公祠，以答」神庥。今而後尚冀公」庇佑三藩，令夜郎千里永底大寧，長無反側。則是」公終有造於西南，而廓清還定之烈與天無極也。尚」饗！

署縣事本府同知張光宇」、沔縣主簿張九貢、典史周禧同立石」

按

拜祭者李化龍，河南長垣人，萬曆二年（1574）進士。曾任川湖貴州軍務總督，以功遷尚書少保。此祭文兩篇，一爲其從秦赴川任過諸葛墓所撰，一爲其從川回秦再過諸葛墓所撰。雍正《四川通志》有載。

652.1601　高陵王氏祠堂後記

祠堂起土于萬曆二十七年己亥十月成于次年四
子奈月又明年為萬曆辛丑翰謁春官不偶應是年四
博羿奉
湖廣羅田令過家拜瞻
嘉高于昊取前記原刻於族譜中者復鎸于石列
于左壁今吾族衆及後之子孫拜掃之暇左右顧視
知建是祠者合族萃渙亦有深意或可感發仁孝之
思儻有傾壞富者捐財資者用力即為修葺而吾族
其世世有厚道也夫
一涇止乙趙村書祖原分祖定三間計地伍分百年以
來管業不便翰與族衆議變價銀壹拾伍兩雖麥成
拾餘石後以麥價謀治地基吾族進士公長孫琰忻
然出庄東南隅地立祠墙外立坊地則養知願出者
雖酌量時值剡絵地價而樂従之美亦不容泯淺也
一祠內地捌分伍厘價銀捌錢西厘墙捌根贇為祠
內與地隣無于門外地壹厘價銀捌錢潤如祠內地
墙南净壹大伍尺外地共計玖分伍厘糧站五户
均灘過割上納
一大房三間門樓一座除南捐太木一根養智捐柱木
一根外費銀叁拾餘兩
地價房值及諸正後之費摠計銀伍拾餘兩悲前麥
田放收息成之族中分文未孤及也
督工勤勞者卿者公王南玉評王養內頗竭心
力共成義舉凡我族衆可不念諸
萬曆二十九年歲次辛丑捌月吉旦寧盧子印翰謹識

説　明

明萬曆二十九年（1601）八月刻。碑長方形。長52厘米，寬41厘米。正文楷書26行，滿行20字。王邦翰撰文。碑四周飾雲雷紋。現存高陵區涇渭街道店子王村小學。《高陵碑石》著録。

釋　文

祠堂起工于萬曆二十七年己亥十月，成于次年庚」子春月。又明年，爲萬曆辛丑，翰謁春官不遇，應是年」揀選，奉」命授湖廣羅田令。過家，拜瞻」祠宇，因思建置之不偶，與二三宗人效力贊成者，實」可嘉焉。于是取前記，原刻於族譜中者，復鐫于石，列」于左壁。令吾族衆及後之子孫拜掃之暇，左右顧視」，知建是祠者，合族萃涣，亦有深意，或可感發仁孝之」思。儻有傾壞，富者捐財，貧者用力，即爲修葺，而吾族」其世有厚道也夫」。

一、涇北元趙村，先祖原分祖莊三間，計地伍分，百年以」來，管業不便。翰與族衆議變價銀壹拾伍兩糴麦貳」拾餘石，後以麦價謀治地基。吾族進士公長孫琰忻」然出莊東南隅地立祠，墻外立坊，地則養知願出者」。雖酌量時值，各給地價，而樂從之美，亦不容泯没也」。

一、祠内地捌分伍厘，價銀捌兩伍錢。四圍墻根，皆屬祠」内，與地鄰無干。門外地臺分，價銀捌錢，闊如祠内地」，墻南净壹丈五尺。内外地共計玖分伍厘。糧站五户」均攤，過割上納」。

一、大房三間，門樓一座，除南捐大木一根，養智捐柱木」一根，外費銀叁拾餘兩」。

一、地價、房值及諸匠役之費，總計銀伍拾餘兩，悉前麦」出放收息成之，族中分文未派及也」。

一、督工勤勞者，鄉耆公王南、王評、王養内頗竭心」力，共成義舉。凡我族衆，可不念諸」。

萬曆二十九年歲次辛丑捌月吉旦
寧虛子邦翰謹識」

按

王氏祠堂在高陵縣馬家灣鄉店子王村學校内，今圮廢無迹，唯明、清時代有關王氏祠堂記世系的石碑數通保存完好。計有明萬曆二十六年（1598）《祠堂記》、明萬曆二十九年（1601）《祠堂記》、明代《王氏合祭先祖祠及世系碑》、清順治十年（1653）《固本莊遷賜記》等。

撰者王邦翰，字凝虛，高陵人。萬曆十年（1582）舉人。曾任合州知州、河間府同知。光緒《高陵縣續志》有載。

説　明

明萬曆二十九年（1601）十月刻。碑圓首方座。高147厘米，寬68厘米。額文3行，滿行2字，篆書"創建」聖親」殿記」"。正文楷書15行，滿行31字。額飾祥雲紋，碑身周飾水波紋。現藏洋县文昌祠。

釋　文

創建」聖親殿記」

夫文昌神也，宿列於九天之上，而精射於九寰之中，□直佑文，抑亦啓胤矣。況洋」邑又洋洋如在之境乎。余張姓，任重名，河南禹州人也。□舉人，授漢中府撫民通」判，于萬曆二十九年四月委署斯邑。此之謁其祠，則見□□南向者，帝君也。依」然東側者，二親也。此衷弗弗乎，靡寧矣。時鄉先生張諱企程方宦太僕卿，而過」梓里也，同弟春元張諱企周，且云：弗妥久矣。托余以別其□，隨卜其址於學宮之」西，建其室於祠殿之後，經始則是年八月五日也，落成則□月二十七日也，迎」神則又九月五日也，勿亟而就當，亦頌其所曰"靈所"矣。斯舉也，縣丞裴學吾，監利」人，監生。典史劉大經，蔚州人，吏員。分司縣務，胥及勤勞。教諭王汝濟，麟遊人；訓導」朱鞏泰，崇信人。各歲貢以其發揚文士，相與日勉勉以贊襄焉。主簿張標，時署南」鄭，通州人，監生。莫非同心其事之雅，上下交濟，人我兩協，此以共成盛事耳。於乎」！甲第盈朝，神功已昭，蟲斯螽螽，秩然足憑，當於福善之家稱償云」。

萬曆二十九年十月上旬吉旦立」

督工典史劉大經」

按

此碑無撰者姓名。由碑文推測，撰者當爲漢中府撫民通判、署理洋縣事張任重。

聖親殿在洋縣文昌祠內。元代封梓潼神爲文昌帝君，司文事，主科舉考試。天下學校亦有祠祀者。洋縣文昌祠在文廟西，萬曆三年（1575）通判劉鉞修。據碑文，聖親殿應是供奉梓潼神二親之殿，此殿的創建顯然是受到嘉靖以來興建啓聖祠的影響。

真人洞記

同州故無真人洞也相後東北隅高衺可洞有道人未泊岸山乃令任興作數起月而
考上改元神像曾如道人以迎道人比以城十真人故已里偕日居衆吉成於令山興
及竣秋大旱戒生也宰伏像俶東北隅真人集露足延日洞內外謀久終於神死曰記今真者能神之來世而
坤詒呼里握粟炎伏道像于金刑月一神絡有方旛坊四婦天子設文之如屏記未民歌者世以使之嗟閒民慶說二大載桂勝定
雲火輪筆民之力當急德焉真暑清美陞而真神而忍子當悟叟史隋深則不矣能能忿默奇而甚菑苦忍定
幹而渾不勝景寒則走鶴而神未訴之可慢視洞之衄鞭令之所應期而至二而王解別之脫縕如賓而能愁直芒而睿君延久而
孝鞭擭已輩不有屏急氣則則周亂隱遠無故時萬窟三十年二月朔珏書道人名象延學久
也沛貴接是真如動家廟走走隄而隱遠太澤子由畝故時萬窟三
道宏敦舉編別民之不能忘也太由無敗時萬屬三十年二月朔

説 明

明萬曆三十年（1602）二月刻。碑高104厘米，寬54厘米。正文隸書17行，滿行33字。馬材撰文，張玶書丹。現存大荔縣文物局。《大荔碑刻》著録。

釋 文

真人洞記」

同州故無真人洞」，今上改元之年，父老相城東北隅高爽可洞，有道人來自華山，乃令住興作，數越月而」役竣。爰肖神像，宫如儼如。道人以華原真人故里，偕居民告成於鑑山，祀所宅神來也」。會秋大旱，千餘人伏道迎神。比及城下，雨集霈足乃已，衆嘩然，頌神功曰：真人能起死」，詎知能裕我生也！率以二月二日，款神如華原期。是日，亡老少繩負者，膝行者，扶筇而」呻吟者，握粟持布，函金刑牲，絡繹方來，詹望裴回于洞内外，久之始去。迄今三十載，而」香火之供愈益㲄。于是，洞之前有殿矣，有坊矣，遵砌而下有總門矣。道人手植二槐，枝」幹輪糾，當景暑，清蔭垂垂若幬，視洞且增而幽矣。馬材爲之記曰：嗟，民哉！嗟，民哉！不勝」虐亦不勝德，冥可契而力不可屈。嗟，民哉！夫吏，天子設之，以爲民者也，使之閲疾苦，究」膏澤，民有急焉，則趨而控訴之，至親也。今匹夫匹婦，畏吏如虎，不欲見之，呼之不來，怒」而鞭箠之，有棄家走耳。神未嘗呼之、鞭箠之，應期而至。而繩負，而膝行，而扶筇呻吟，若」弗獲已，是□□□肅神而忍于倍吏，刑驅之所滋，貳而靈賕之，能默乎哉？昔者，旱而雨」也，沛膏澤而脱哉，□入民之深者也。深則不能解，不能解則不能忘。宜人心之歷久而」罔斁也。按《真人傳》，避周亂，隱太白山，隋唐纍徵不仕，抱康濟之略，而遇不合□□方藥」遺愛無窮。則民之不能忘也，遠矣哉！

時萬曆三十年二月朔日記

道人名□□（下闕）

郡人張玶書」

按

據道光《大荔縣志》記載，真人洞在大荔縣金塔寺東，祀唐孫思邈。

書者張玶，字汝成，陝西大荔人。萬曆二十八年（1600）舉人。道光《大荔縣志》、光緒《大荔縣續志》有載。

1615

655.1602　劉珮暨配權氏繼文氏副陳氏合葬墓誌

説 明

明萬曆三十年（1602）十一月刻。誌、蓋均爲正方形，尺寸相同。邊長均63厘米。蓋文4行，滿行4字，篆書“明太學生」劉公配權」文陳氏合」葬墓誌銘”。誌文楷書40行，滿行42字。程應誥撰文。1984年高陵縣姬家鄉高劉村出土，存村民劉繩德家。《新中國出土墓誌（陝西壹）》《高陵碑石》著録。

釋 文

明太學生渭北劉公配權氏繼文氏副陳氏合葬墓誌銘」

通家眷晚生程應誥撰」

公諱珮，字明德，渭北其別號。□居涇之濱，爲高陵毗沙里地。宋元以來，世爲里人，亦世以富厚禮讓甲里人。元」末，時有從義者，生子安仁，安仁□軀赤面，美髭髯，風裁凜凜，義重一方。李思齊據鹿臺時，盜劫掠兩河，居民逃」亡者十室而九，惟劉氏一族安堵如故。蓋盜以公貌類神人，且高其義，故不加害焉。生子浩，爲邑庠增廣生，治」舉業有聲，以早世，不克大竟，人咸惜□。浩生興，興生漢，漢性勤稼穡，席富饒之餘，刻意勤儉，時嘗與僮僕同甘」苦。數十年間，積貨粟各大千，比上世更加饒裕。時值歲祲，貧者執券集門，悉給之粟。反之券曰：待而便而償耳」，毋期也。比歲饒，償者反其子息，不能者亦無問也。自是仁聲益藉藉赫里中矣。生子長邦寧，次邦禎。寧生二子」，長理、次珠。禎生一子，即太學公也。公生而岐嶷。童時，言動輒類成人。甫志學，即補邑庠弟子員，已而受業於涇」野呂先生，期以大就。時稱博及群書者，公其最焉。既又與伯兄理並遊太學，其一時成均諸雋，往往重公之伯」仲云。歷滿抵家，無何，兄理病故，遺孤在緥褓，公甚痛之。是時家務殷繁，二親春秋高，日承歡左右，功名之念」頓輕矣。比節丁艱，哀毀骨立，幾不起，其喪葬一依紫陽士禮，絶不作浮屠事。時俗侈，婚幣奩貲公悉從儉約，非」大禮筵不舉聲樂。痛戒諸幼，毋得事華靡，少流連。延師家塾，親爲課督。後兩姪一子同附邑庠。邑侯傅公素重」家聲行誼，親至其第觀焉。至則悉召諸幼立庭下，見其恂恂雅飾，又見一切家政井井有條，嘆曰：“美哉雍雍乎」！惜不見之服官也，即江州義門奚讓焉？”後嘗語人曰：“劉氏，邑第一家。其上舍君，亦邑第一人也。”時公以總理内」外，頓覺勞憊。客請曰：“析居異爨，事理之常，何獨苦公一人爲耶？”公不忍姪勇孤幼，竟遲留數歲。後家人屢爲請」，乃畫出上世所遺，與弟姪拈鬮分異，毫無私焉。初，公幼時，其祖母召之私室，遺之數百金，曰：“爾隻身，吾念之，以」此濟他日之不足者。”公固辭不受，祖母義之而止。後祖母洩其語家人，共義之，亦無一人自私者。以故舉巨萬」之產，析之於杯酒談笑間，而毫無間言也。遇有凶歉，其捐粟振貸，亦如大父時。其族人有屢負粟者，乃以所居」倍增其值，爲券而納之公。公如數給之，且諭之曰：“仍爾居，聽爾贖，不爾迫也。”居十餘年，復增值爲券，公亦如數」給之。家人忿不平，公曰：“吾祖吾父，嘗周及異姓，矧伊鄰人乎？且以居見歸乎？奚吝再三也。”其人感服，竟遷之別」所去，公仍厚貲給之，其他長厚類如此。終公之身，族無一人一事訟之官者，蓋始猶質辨於公，後則並爭亦無」矣。及公卒，族人私致祭者若干人，其里閈人咸相謂曰：善人亡矣！倘有緩急，何賴焉？其各負香楮酒肴奔奠者」，旬餘始罷。蓋公生於正德丁丑正月十三日，卒於萬曆庚辰五月初四日，壽六十有四。卒之年冬十一月，葬公」於祖塋之昭三，以權、陳兩夫人祔焉。蓋自公殁，迄今二十有三年間，家務益繁益理，諸息愈蕃愈和，且隻其一」時斌斌，視當年尤覺質有其文者，文氏夫人之力也。夫人生於嘉靖己丑十一月十一日，卒於萬曆壬寅四月」三十日，壽七十有四。公舉三男子：長養性，文出，邑庠生，娶涇陽馬氏，俱卒；次養賢，陳出，藩司掾，娶里王氏，卒；季」養蒙，文出，府庠生，娶里王氏，繼邑邱氏。女二：一適里張守行，權出；一適邑王勳，陳出。孫男子七人：曰之儒，性出」，聘涇陽張氏，殤；曰之佐，蒙出，邑庠生，娶里王氏，繼邑馬氏；曰之儐，娶里王進士業孫女，繼涇陽張氏；曰之佑，娶」邑孫氏；曰之傑、之倌、之健，尚幼，俱賢出。孫女三：一適里王倫，卒，一適里王琥，亦王進士業孫也，俱性出；一適里」王瑚，賢出。曾孫男一，曰增，佑出。曾孫女一，曰翠冠，儐出。是歲冬十一月十五日，季男蒙祔葬母夫人文氏於先」府君太學公壙，前期持狀請銘於不佞誥。誥於季男，橋梓有通家雅誼，誼不獲辭，故銘」。銘曰：

美而韜光，哲人之常。厚而彌昌，作善之祥。我銘不亡，百世之芳。行膺」帝寵於無疆」。

萬曆三十年歲次壬寅冬十一月十五日寅時

不肖男劉養蒙」，孫劉之佐、之儐、之佑」、之傑、之倌、之健」，曾孫增等泣血上石」

富平石工趙希然鑴」

按

誌主劉珮之父劉邦禎墓誌見本書635.1575條。

1617

656.1602　蕭自修暨配王氏合葬墓誌

説　明

明萬曆三十年（1602）十二月刻。蓋佚。誌長95厘米，寬78厘米。誌文楷書43行，滿行55字。耿定力撰文，趙南星書丹，馮琦篆蓋。誌四周飾如意雲紋。1979年高陵縣姬家鄉毗沙村出土。現存西安市高陵區文化館。《新中國出土墓誌（陝西壹）》《高陵碑石》著錄。

釋　文

明中議大夫四川敘州府知府前户部廣西清吏司郎中静菴蕭公暨累配誥累封恭人王氏合葬墓志銘」

賜進士第通議大夫提督操江兼管巡江南京都察院右僉都御史麻城耿定力撰文」

賜進士第奉政大夫吏部考功清吏司郎中高□門人趙南星書丹」

賜進士第榮禄大夫禮部尚書兼學士知」制誥經筵注起居纂修會典臨朐馮琦篆盖」

賜進士第中順大夫山西潞州府知府前兵部武選清吏司郎中子婿劉復初填諱」

故敘州太守蕭君静菴者，吾同寅之望友也。萬曆癸未，余奉」命守益州，而君先以紀録」命守戎州已三載矣。曩時爲莫逆交。亡何，君以直道忤當路，解組而歸，如脱屣也。以丙戌捐館穀，十有三年矣。君幼子拔，卜於今年十二月初十日」啓君之壙，偕君配王宜人而合葬焉，不憚數千里，以狀謁余曰："願徼惠明公一言，異日者可藉手報先子於地下。"余謝不敏。則又曰："惟公長者之」願交於不肖先子也。"先子既易簀，且囑不肖曰："余自待耿公銘以瞑。"余悲其意而不獲辭。按狀：君諱自修，字希善，號静菴，吉菴其再號也。家世爲」高陵甲族。先是君遠祖諱廷禮者，有丈夫子三：曰鼒、曰鼎、曰鼐。鼎最肖，舉」成祖朝鄉進士，給事兩垣，凛凛有直聲，後歷官懷慶□。鼎四傳，是爲君父，贈奉直公、孝潁先生諱韶；贈太宜人母高，其配也。寔生君昆弟四人，君居」仲，而最肖者莫如君。君自爲兒，即岐嶷，異凡兒。五六歲時，口授之《爾雅》、小學諸書，輒授輒成誦，奉直公心奇之，曰："是兒當亢吾宗。"里中人識者，亦」莫不奇之，嘖嘖稱願蕭氏有子。亡何，奉直公背君，君甫十齡耳。□踊瘠毀，一如成人。齒稍長，益務嚮學，不倦不憚，躡屩負笈，遠從諸名儒游。嘗慨」然嘆曰："余褓襁而孤，所撫余孤而甘茹荼，以朝夕惟余者，則吾母。今長矣，不能及時以揚母節，而繼亡志，非夫也！"則發憤滋湛，補博士弟子高等」。乙卯，遂領鄉薦，凡三試南宫，不第。又嘆曰："吾母春秋高矣！奈何以一第而緩吾母養？"就署學官，得真定之元氏，就養焉。君雖游於禄仕乎，然其褆」身務潔白，皭然不淄。其取予析義，至秋毫無苟，諸生有以束贊見者，一切謝絶之，甘旨取具升斗而已。間委視篆，往來三邑，獨身與圖書俱，未嘗」入民片詞。至遇大獄疑訟，有郡長吏累歲所不能決者，或以属君，君立折之，如迎刃解。於是，蕭君名譽藉藉動京師矣。逾年，擢國子學正，再擢禮」部司務。一日，念其先大母、母高兩世稱孀，不獲以節顯，遂具疏乞恩。得請命有司爲棹楔，表其門曰"姑婦雙節"。已奉命致蕭府祭，故事藩邸榮天」子使者，必具金帛而酬之。君獨謝弗受。使人追而送之道，三日竟弗受。後丁太宜人憂，歸，如執奉直公之喪，猶然孺子泣也。服除，補原官，尋擢户」部員外郎，督明智草場。大都諸草場以中貴人、猾商表裏乾没，故稱"弊窟"，往時當事者莫可誰何。君覺察之，商以八百金行賂。君怒，立奏之。或有」以柢牾中貴人爲言者，君曰："若所云，奈何不畏朝廷法，而畏一中貴邪？"上悦其奏，置諸商於法，且命銓曹録君之功。其督儲德州倉也，倉有羨千」六百餘金，久未登籍，執不得問出入。君曰："即錙銖，公帑也。矧以千計乎？"輒籍之，而立上之大司農，毫無私焉。已而君以户部郎中擢守敘州。敘州」接壤蠻夷，編伍錯處。又其民好訟，而俗善訐，豪黠睊睊，扦閎舞文者比肩而是，號稱難治。君至，下令與民更始，廉其不悛者，輒以三尺繩之，人人」奉約束惟謹，不寒而栗，四境翕然大治。而又以其間修明學宫，令進諸生，親課之，拔其尤者。自是所漸皆爲名士，顯者多出其門。先是，敘州疲于」九系之役，十室九罄（罄）。君嘆曰："民不堪矣！"遂爲之罷行市、停里甲，一切供億不以煩民，民鼓舞稱便，若甦生。會烏蒙土酋搆黨爲梗，密使人持千金」爲君壽，嘗君。君厲聲訶曰："若酋以金潤守耶！使守而可以若酋金也潤者，則主藏也謂守何立！"責其人而遣之，酋謀遂寢。君守敘凡五載，前後列」薦剡者，不啻什數。敘之士民德君者，至尸而祝之，縉紳大夫聚族而談，稱良二千石必首君。謂君且有不次之擢，而會邁當道者，以小胥挂誤，睚」眦及君。百計搜君私不得，因撫佗事以中君，君遂免而歸也。越期年，竟以瘝不起矣。君享年有六十。配王漢州司訓夾河公之女，從君爵封宜人」。幼閑廷訓，明通圖史，相君於隱約之年。含冰吃蘗，顯貴入官舍，惟以清白寓箴規。故三篆並視，一塵不染，始終不偷（渝）。其心痛高太宜人之不及厚」禄以養也，每遇佳辰令節，即酸心出涕，西向而悲。自學宫以至佩二千石綬，衣不重帛，食不重肉，儉約視向時無異也。君卻暮夜

1619

徐守戎州巳三載矣袋時為莫逆交也何不以為道竹當踏解廻南船

飲君之墳儈君既玉京人而谷焉為不憚數千里以狀謁余回顧瞬

愿又於不肖先子也先子能易惟貞愿嚳前曰余自詳教乆諳

高陵甲族先是如遠祖諱廷德者有大夫子三曰為曰遇曰為弱墓

愛祖朝鄉進士給仲兩垣凛凛骨直輳後歷官廉慶

仲而最前春莫如君自為兒即坡長髮奔外諳

姜不奇之貴時稱頗蕭民有子乜歲時曰按之淵

殊噗曰余潞㻞而孤阴㻞合孫阴甘菀蓉朝㗋何李道公諱名君南斗齡耳

阝師遂領鄉薦姐三試南誉玄宗又噗曰吾妥春味高矣奈何吕一

身務素向嚛然不㴗其取予斯義至秋毫無萄諸生有臣羔羔費見夜

及民庶詞程遇大獄誣訟有郡長吏景崴㫐不能決者或曰遇君若

齋司務一日念其处大以女高兩世稱煽不篨以碭顯逡其怵 已回

圬使者必具金帛而歛之君敦謝㴗爱使今速西㳂 道三曰麂迻

部負外郎皆明智草墳大都詰草塲曰中雪 攝闁長勲乾没 政縮

之金，宜人大有」力焉。素性嚴毅，雖暑月，夫妻相敬如賓。諸郎婦多出貴族，稍不順，即叱呵之，不少假。後君十年而卒，享壽七十。子四人：長曰挺，殤；次曰捷，娶涇陽」趙御史應元女；又次曰提，娶王副使之弼女；最少曰拔，娶廩膳生王統之女，卒，繼王氏，亦卒，再繼鄭氏。女一，適癸未進士山西潞安府知府劉復」初，贈安人。孫男二：元培，聘郿陽府知府呂師顏子生員炳之女，拔出；元墀，聘廩生張掄之女，捷出。孫女二：一適山東參政劉世昌子、保定訓導劉」珍子監生繼祖，提出；一字涇陽儒士郭珠。余既以次按其狀，感而言曰：“以余觀於蕭君之爲人，負剛略，多慷慨，視義若飴，視不義若浼。其操行何」磊落也！自青衿以至綰二千石符綬，較若一軌然。其他瑰意琦行，不可殫論，而獨卻金辭餽，則十居其六七焉也。最著無如卻商人一事。夫士處」脂膏而靡圉身潤，斯亦難矣！矧絶暮夜之遺，觸貂璫之忌，而罔顧也者，則豈不烈烈大丈夫哉！於是時，人或疑君爲博名高。嗟嗟！人亦有言：三代」而下，士惟恐其不好名。夫滔滔流俗，誰能不波瀾之迴也。砥柱之力，此其致惡可與，與世浮湛齷齪嚇腐鼠者道耶！是宜銘。”銘曰：

衆媱婳兮爾獨」貞，衆貪冒兮爾獨清，衆生有涯兮爾獨超然。其嘗存存者，豈其以爾之形不朽者爾心，不隕者爾名，一丘而千秋兮以篤盟」。

先大夫生於嘉靖丁亥八月初二日酉時，卒於萬曆丙戌五月十八日亥時。先王太恭人生於嘉靖丙戌正月二十九日亥時卒，於萬曆乙未六」月二十九日寅時。謹附」。

萬曆三十年十二月初十日

不肖男拔，孫元培、元墀泣血上石

富平石工趙邦海刊」

按

撰者耿定力，字子健，一字叔臺，湖廣黃安人。耿定向弟。隆慶五年（1571）進士，曾任操江僉都御史、兵部侍郎。《明史》有傳。

書者趙南星，字夢白，號儕鶴，河北高邑人。萬曆二年（1574）進士，曾任汝寧府推官、吏部文選司員外郎、吏部考功郎中、左都御史、吏部尚書。魏忠賢矯旨削籍，戍代州，卒年七十八。崇禎初諡忠毅。《明史》有傳。

篆者馮琦，字用韞，一字琢菴，山東臨朐人。萬曆五年（1577）進士，曾任翰林院編修、禮部尚書。有《北海集》等傳世。《明史》有傳。

皇帝勅諭洋縣智果寺住持及
　　僧徒人等
朕惟佛氏之教具在經典
　　必以尊善類覺善群迷
下諭
聖母慈聖宣文明肅皇太后命
國佑民不為無助益者
工刊印續入藏經四十一
函并鐫刻藏經六百三十
七函通行頒布本寺爾等珍藏
務須莊嚴持誦尊奉珍藏
茉許諸邑人等故行褻玩
致有遺失損壞特賜護持
以垂永久欽哉故諭
萬曆十四年九月

廣運之寶

説 明

明萬曆三十二年（1604）四月刻。碑圓首龜座。通高265厘米，寬111厘米。碑陽額文楷書“聖諭”二字，碑陰額文楷書“永鎮」漢洋”四字。碑陽分爲上、中、下三欄，以單綫邊框分隔。上欄爲“萬曆皇帝敕諭”，楷書15行，滿行10字；中欄爲“御製聖母印施佛藏經序”，楷書31行，滿行18字；下欄爲“申時行撰聖母印施佛藏經讚”，楷書37行，滿行24字。碑陰附刻萬曆三十二年（1604）《敕賜智果寺頒布藏經碑記》，但碑記空白、未刊刻，僅刻僧人法號及臨濟宗法派。碑額飾雙龍戲珠圖案，碑身飾如意纏枝花紋。《漢中碑石》著録。

釋 文

皇帝敕諭洋縣智果寺住持及」僧衆人等」：

朕惟佛氏之教，具在經典」，用以化導善類，覺悟群迷」，于護」國佑民，不爲無助。兹者」聖母慈聖宣文明肅皇太后命」工刊印，續入藏經四十一」函，并舊刻藏經六百三十」七函，通行頒布本寺。尔等」務須莊嚴持誦，尊奉珍藏」，不許諸色人等故行褻玩」，致有遺失損壞。特賜護持」，以垂永久。欽哉。故諭」。

廣運

萬曆十四年九月日」

之寶（以上上欄）

御製」聖母印施佛藏經序」

朕聞儒術之外，釋氏有作，以虛無爲宗旨，以濟」度爲妙用。其真詮密微，其法派閎演。貞觀而後」，代譯歲增，兼總群言，包裹八極，貝葉有所不盡」，龍藏有所難窮。惟兹藏經，繕始于永樂庚子，梓」成于正統庚申，由《大乘般若》以下，計六百三十」七函。我」聖母慈聖宣文明肅皇太后又益以《華嚴懸談》以下」四十一函，而釋典大備。夫一心生萬法，萬法歸」一心。諸佛心印，人人具足。勸善覺迷，諸苦解脫」。一覺一善，皆資勝因。是以聞其風者，億兆爲之」翕習；慕其教者，賢愚靡不歸依。則知刑賞所及」，權衡制之；刑賞所不及，善法牖之。盖生成之表」，別有陶冶矣。先師素王亦云：聖人神道以設教」，善世而博化。諦觀象教，詎不信然。恭惟」聖母濬發弘願，普濟群倫。遂托忠誠誘善，勤侍傳宣」，廣修衆因。乃印禪經，布施净土；兼立梵宇，齋施」僧倫。成修寶塔，立竪於虛空；繪塑金容，散捨於」大地。濟貧拔苦，召赦孤幽。無善不作，無德不備」。證三身於此世今生，明四智於六通心地。普惠」雲興，普賢瓶瀉。大垂玄澤，甘露霑灑于三千；遍」覆慈雲，法雨滋培于百億。無微無鉅，咸受益而」蒙榮；有性有生，盡餐穌而飲惠。俾福利之田，與」人同樂；仁壽之域，舉世咸登。如是功德，詎可思」議。且如來果報，從無量功德生，一切善言之讚」嘆，一切善氣之導凝。我」聖母延齡，如天永永；我國家保泰，降福穰穰矣！於乎」盛哉，大覺之教，宜其超九流而處尊，偕三五以」傳遠也」。

萬曆十四年九月日」（以上中欄）

聖母印施佛藏經讚有序」

少師兼太子太師吏部尚書中極殿大學士臣申時行等奉」敕撰」

臣等竊聞，釋教來自西土，興於東漢。其説主清净出世，帝王所」不道。然而訓化廣大，義旨遐深，要歸于澄徹心性，利濟民物。是」以雖當儒道昌明，宇宙淳和之際，而其書不廢。《大乘》《般若》以來」，祖祖相承、心心相印，卷帙益多，哀爲大藏。總括禪言，武庫莫方」其富；尊函禁地，緇流弗睹其全。非俟」上聖垂仁，曷以播宣斯理，我」聖母慈聖宣文明肅皇太后德冒人寰，功周法界，融最上之真諦，懷」大覺之弘慈，乃印施兹藏，以祝延我」皇上無疆之曆，而推其餘，以佑」國庇民，意甚盛也。臣等因得涉獵，稍窺玄微，似於儒理，亦有相發」明者焉。謹對揚」皇上之休命，奉宣」聖母之德意，拜手稽首爲讚曰：

粵惟聖道，如日麗天。萬有畢照，誕被八埏。亦有釋教」，如月破闇。接引未來，超登彼岸。於皇」聖母，毓成」帝德。治化丕冔，億兆寧一。載弘大願，永拔沉淪。外息諸緣」，内净六根。嘉興衆生，永臻覺路。皈依十方，如寐得寤」。諸佛妙義，如恒河沙。示權顯實，會演三車。若誦一句」，若説半偈。是人功德，盡未來際。況兹大藏，建寺延僧」。成修寶塔，造捨金容。廣施貧苦，普救幽冥。功德無等」，喻如虛空。續焰分燈，灌頂輸露。火宅惠涼，昏衢錫炬」。迷川寶筏，如無盡意。似功德林，廣度有情。四流六道」，咸歸正乘。微塵國土，遍蒙佛力。一一國土，皆」聖母德。微塵世劫，流布施經。一一世劫，皆_聖母

局部

齡。乃惟本願，爲」帝祝釐」。天子萬壽，與天巍巍。我惟本願，爲國祈福」。天子惠民，澤施滲漉。匪民是庇，國祚茂延。助我聖道，日」月並懸。是藏流行，無界無盡。施者功德，亦莫究竟」。

皇明萬曆十六年四月二十四日」

欽差整飭漢羌兵備兼撫民鹽法水利分巡關南道陝西按察司僉事臣郭元柱」

陝西漢中府知府臣由理門」

陝西漢中府洋縣知縣臣李用中立石」（以上下欄）

按

據康熙《洋縣志》記載，洋縣智果寺在縣西，始建於唐儀鳳年間，之後歷代均有重修。

碑文提及慈聖宣文明肅皇太后下令刊印《大藏經》。慈聖宣文明肅皇太后即孝定李太后，神宗生母，直隸漷縣人。隆慶元年（1567）三月封貴妃。神宗即位，上尊号曰慈聖皇太后。萬曆六年（1578）三月加尊號曰宣文。十年（1582）加明肅。《明史》載李太后"顧好佛，京師内外多置梵刹，動費鉅萬，帝亦助施無算。居正在日，嘗以爲言，未能用也"。

《聖母印施佛藏經讚有序》作者申時行，字汝默，號瑤泉，晚號休休居士。直隸長洲人。嘉靖四十一年（1562）狀元，曾任翰林院修撰、吏部尚書等。《明史》卷二一八有傳。

658.1605　賈甫京暨配張氏合葬墓誌

恩榮壽官平川賈公暨配張孺人合葬志銘

賜進士第
兩朝經畧□□□溫純撰
賜進士第太子太保都察院左都御史致仕三原亦□□
五子曰龍白滿曰學曰型型公考也厥子三長時告往東
家世修計然有順之業不必變因袂孤利射四方而籍墓原焉
千金哉諸凡可行藏勇不怯十數縣以指方守□墓斯邀以故指揮辭職而
溢人耳達大家達邑大夫始謂公堪寄鈐鍵也遂以遺人守掖馬職乃辭會
公且春煉高尋奉
為壽官而武共閭君子穜是舉也足償公之什之一公固異議不屈孤而後
受則公之斷實行不斬外炫蓋可知已適時原苦清水忠當事者謀荊厄染
以襄以事出非制滌為心輕財好施者不能事閒
諸豪富率首稟不任勞公年已八十不難身其後而相度之且指已貸百
附務斷變寫營□□□□頌速卓高單弱乃吾行實廬
初蝶丁是嘗內諸甥而歸造歸而壹意偕行其通好蟹証惡至藏卟感熊
燼入變不數年而五子誕生當偶□□者謂高宗雙設說享備其人故神行其
其高於其將能平公生正德庚辰之成月初九卒萬曆癸卯三月初六日
與鬼神合其將能半公生正德庚辰之成月初九卒萬曆癸卯三月初六日
月先公於萬曆庚辰八月初八日卒壽年四十二無出繼段氏子男二增福
得壽公十有四先配張氏原之大家享幽閑貞靜內政以肅生嘉靖丁酉八
增壽始俱業儒以公指實館故襄公業俱段氏福娶鄭氏維李民壽娶孔民
女一未字孫女一未字福業令子萬曆乙巳之嘉平止日合張氏先以長沙
女一未字孫女一未字福業令子萬曆乙巳之嘉平止日合張氏先以長沙
其嘗石梁稔知其行遍許以銘銘曰以居則晉督讓娴派長沙
期甸蜀持狀詣余泣請銘狀迍姻戚博士蔡子張卿為也想最核餘死以
儷策譏前俟德紹餘韻張也幷仁永真蒙寵清浴之瀆過者淚泫血上石
萬曆三十三年歲次乙巳十一月廿日　　　不孝男賈增壽泣血
　　　　　　　　　　　　　　　　　　富平石匠趙冬刊

説 明

明萬曆三十三年（1605）十二月刻。誌、蓋均爲正方形，尺寸相同。邊長均65厘米。蓋文4行，滿行4字，篆書“明壽官平」川賈公暨」配張孺人」合葬墓誌」”。誌文楷書29行，滿行29字。温純撰文，趙邦清書丹并篆蓋。誌、蓋四周均飾捲草紋。三原縣出土，具體時間不詳。現存三原縣博物館。《咸陽碑刻》著録。

釋 文

恩義壽官平川賈公暨配張孺人合葬志銘」

賜進士第侍」两朝經筵太子太保都察院左都御史致仕三原亦齋温純撰」

賜進士第吏部稽勛清吏司郎中乾所趙邦清書并篆」

按：平川賈公者，故晋之绛人，諱甫京，字巨醇，平川其别號云。王父諱志安，生」五子：曰啓、曰龍、曰滿、曰學、曰型。型，公考也。厥子三：長時吉，次時東，公乃其季」。家世修計然、猗頓之業，不少變，因挾弧利射四方，而籍華原焉，即以纖儉致」千金哉。諸凡可行義處，不吝十数緜以捐方守虜輩，斯邈矣。以故聲稱藉藉」溢人耳，達大家，達邑大夫，始謂公堪寄鈐鐸也。遂以遒人事授焉，職乃稱。會」公且春秋高，尋奉」詔爲壽官，而式其閭。君子稱是舉也，足償公之什之一。公固巽謝不居，强而後」受，則公之蕲實行，不蕲外炫，盖可知已。邇時，原苦清水患，當事者議創石梁」，諸豪富率首鼠，不任劳。公年已八十，不難，身董其役而相度之，且捐己貲百」，以襄成事，此非利濟爲心，輕財好施者不能。事聞」撫臺，遂命旌異，至于抗禮有司，而爲恩義壽官焉。先是，公當耳順，旅蕪湖，猶未」衍螽斯慶。竊嘗嘆曰：“吾先世蘩碩，逮吾而單弱，毋乃吾行實虧，不足以延宗」祐與？”于是盡貲内諸甥而歸。迄歸，而壹意修行，冀通肹蠁。詎意至誠所感，熊」羆入夢，不数年而二子誕生，豈偶然哉！説者謂高宗夢説事，猶習其人，故神」其事，形求而惟肖。今以渺茫不可凴之幻蝶，而取應如奇，恐非積德累行，冥」與鬼神合，其將能乎！公生正德庚辰之戌月初九，卒萬曆癸卯三月初六日」，得壽八十有四。先配張氏，原之大家子，幽閑貞静，内政以肅。生嘉靖丁酉八」月，先公於萬曆庚辰八月初八日卒，壽年四十二，無出。繼段氏，子男二：增福」、增壽，始俱業儒，以公捐賓館，故襲公業，俱段出。福娶鄭氏，繼李氏。壽娶孔氏」。女一，未聘。孫女一，未字，福出。今于萬曆乙巳之嘉平廿日，合張葬焉，禮也。先」期匍匐持狀詣余，泣請銘狀，乃姻戚博士弟子張印魯爲也，想最核，余亦以」其督石梁，稔知其行，遂許以銘。銘曰：

以居則秦，以系則晋。魯讓嫡派，長沙遠」胤。策謝前修，德绍餘韻。張也并仁，永奠穸窀。清洛之渚，過者淚汶」。

萬曆三十三年歲次乙巳十二月廿日

不孝男賈增福、賈增壽泣血上石」

富平石匠趙冬刊」

按

撰者温純，字希文，號一齋，晚號亦齋，陕西三原人。嘉靖四十四年（1555）進士，曾任壽光知縣、户科給事中、左都御史。有《温恭毅公集》傳世。生平詳見本書622.1611條。

書者趙邦清，字仲一，陕西真寧人，萬曆二十年（1592）進士，曾任滕縣知縣、吏部文選司主事、四川遵義参議。追贈光禄寺少卿，蔭一子。康熙《陕西通志》、乾隆《兖州府志》有載。

659.1606　王衛暨配李氏魏氏合葬墓誌

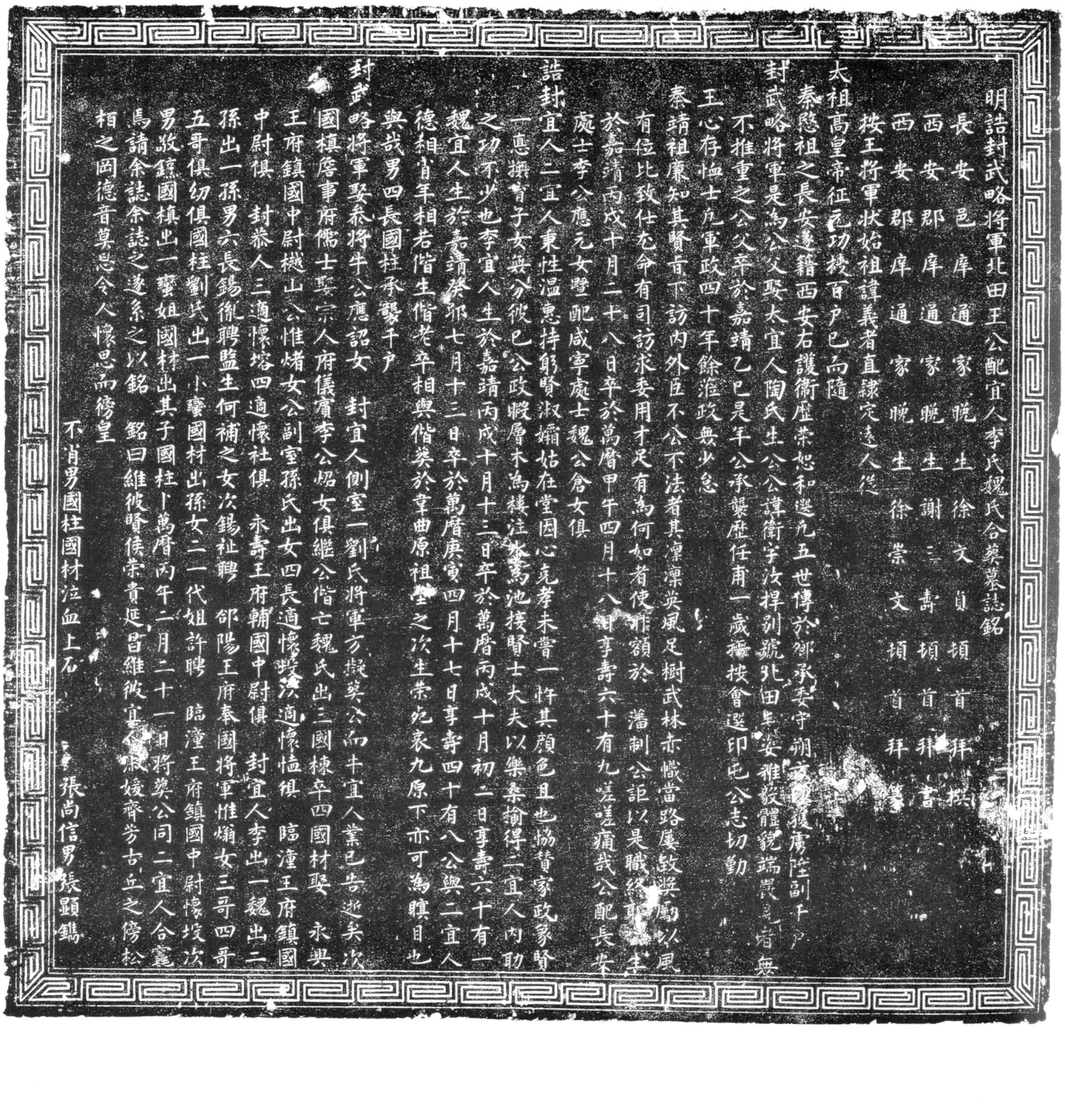
明誥封武略將軍北田王公配宜人李氏魏氏合葬墓誌銘
長安邑庠通家晚生徐文貞頓首拜撰
西安郡庠通家晚生謝三壽頓首拜書
西安郡庠通家晚生徐崇文頓首拜篆
按王將軍狀始祖諱義者直隸定遠人從
太祖高皇帝征戰功授百户已而隨
秦愍祖之長安遂籍西安右護衛歷崇恕和選凡五世傳於鄉承委守朔方獲虜陞副千户
封武略將軍是為公父娶太宜人陶氏生公公諱衛字汝捍別號北田年姿雅毅體貌端嚴見者無
不推重之公父卒於嘉靖乙巳是年公承襲歷任甫一歲擢按會選印屯公志切勤
王心存恤士凡軍政四十年餘涖政無少怠
秦靖祖廉知其賢旨下訪內外臣不公不法者其凜凜英風足樹武林赤幟當路屢敦獎勵以風
有位比致仕尤命有司訪求委用才足有為何如者使非額於　藩制公詎以是職終耶生
於嘉靖丙戌十月二十八日卒於萬曆甲午四月十八日享壽六十有九嗟嗟痛哉公配長安
處士李公應元女暨配咸寧處士魏公倉女俱
誥封宜人二宜人秉性溫惠持躬賢淑孀姑在堂因心克孝未嘗一忤其顏色且也協贊家政多賢
一惠撫育子女無分彼已公政暇層木為樓注水為池接賢士大夫以樂桑榆得二宜人內助
之功不少也李宜人生於嘉靖丙戌十月十三日卒於萬曆丙戌十月初二日享壽六十有一
魏宜人生於嘉靖癸卯七月十三日卒於萬曆庚寅四月十七日享壽四十有八公與二宜人
德相肖年相若偕生偕老卒相與偕葬於韋曲原祖塋之次生榮死哀九原下亦可為瞑目也
與哉男四長國柱承襲千户
封武略將軍娶叅將牛公應詔女　封宜人側室一劉氏將軍方擬葬公而牛宜人業已告逝矣次
國楨詹事府儒士娶宗人府儀賓李公焴女俱繼公偕亡魏氏出三國棟卒四國材娶　永興
王府鎮國中尉機山公惟煯女公副室孫氏出女四長適懷塽次適懷愐俱　臨潼王府鎮國
中尉俱　封恭人三適懷塔四適懷社俱　永壽王府輔國中尉俱　封宜人李出一魏出二
孫出一孫男六長錫徽聘監生何補之女次錫祉聘　郃陽王府奉國將軍惟𤐣女三哥四哥
五哥俱幼俱國柱劉氏出一小鑾國材出孫女二一代姐許聘　臨潼王府鎮國中尉懷坟次
男敬鑾國楨出一鑾姐國材出其子國柱卜萬曆丙午二月二十一日將葬公同二宜人合窆
焉請余誌余誌之遂系之以銘　銘曰維彼賢侯榮貴延昌維彼宜人淑媛齊芳古丘之傍松
栢之岡德音莫忌令人懷思而徬皇
不肖男國柱國材泣血上石
張尚信男張顯鐫

説 明

明萬曆三十四年（1606）二月刻。蓋佚。誌正方形，邊長65厘米。誌文楷書30行，滿行36字。徐文貞撰文，謝三壽書丹，徐崇文篆蓋。四周飾幾何紋。西安市長安區出土，具體時、地不詳。現存西安市長安博物館。《長安碑刻》《長安新出墓誌》著録。

釋 文

明誥封武略將軍北田王公配宜人李氏魏氏合葬墓誌銘」

長安邑庠通家晚生徐文貞頓首拜撰」

西安郡庠通家晚生謝三壽頓首拜書」

西安郡庠通家晚生徐崇文頓首拜篆」

按王將軍狀，始祖諱義者，直隸定遠人。從」太祖高皇帝征元，功授百户。已而隨」秦愍祖之長安，遂籍西安右護衛。歷榮、恕、和、選，凡五世傳於鄉，承委守朔方，以獲虜陞副千户」，封武略將軍，是爲公父。娶太宜人陶氏，生公。公諱衛，字汝捍，别號北田，丰姿雅毅，體貌端嚴，見者無」不推重之。公父卒於嘉靖乙巳，是年公承襲歷任。甫一歲，撫按會選印屯。公志切勤」王，心存恤士。凡軍政四十年餘，莅政無少怠」。秦靖祖廉知其賢，旨下，訪内外臣不公不法者，其凛凛英風，足樹武林，赤幟當路，屢致獎勵，以風」有位。比致仕，尤命有司訪求委用才足有爲何如者，使非額於藩制，公詎以是職終耶。公生」於嘉靖丙戌十月二十八日，卒於萬曆甲午四月十八日，享壽六十有九，嗟嗟痛哉！公配長安」處士李公應元女，暨配咸寧處士魏公倉女[①]，俱」誥封宜人。二宜人秉性温惠，持躬賢淑。孀姑在堂，因心克孝，未嘗一忤其顔色。且也協贊家政，象賢」一德，撫育子女，無分彼已。公政暇，層木爲樓，注水爲池，接賢士大夫，以樂桑榆，得二宜人内助」之功不少也。李宜人生於嘉靖丙戌十月十三日，卒於萬曆丙戌十月初二日，享壽六十有一」。魏宜人生於嘉靖癸卯七月十三日，卒於萬曆庚寅四月十七日，享壽四十有八。公與二宜人」德相肖，年相若，偕生偕老，卒相與偕，葬於韋曲原祖塋之次。生榮死哀，九原下亦可爲瞑目也」與哉。男四：長國柱，承襲千户」，封武略將軍，娶參將牛公應詔女，封宜人，側室一，劉氏，將軍方擬葬公，而牛宜人業已告逝矣；次」國楨，詹事府儒士，娶宗人府儀賓李公炤女，俱繼公偕亡，魏氏出；三國棟，卒；四國材，娶永興」王府鎮國中尉樾山公惟煯女，公副室孫氏出。女四：長適懷坄，次適懷恼，俱臨潼王府鎮國」中尉，俱封恭人；三適懷熔，四適懷社，俱永壽王府輔國中尉，俱封宜人。李出一，魏出二」，孫出一。孫男六：長錫胤，聘監生何補之女；次錫祉，聘郃陽王府奉國將軍惟熻女；三哥、四哥」、五哥俱幼，俱國柱、劉氏出；一小鑾，國材出。孫女二：一代姐，許聘臨潼王府鎮國中尉懷坄次」男敬鐐，國楨出；一鑾姐，國材出。其子國柱卜萬曆丙午二月二十一日將葬公，同二宜人合窆」焉，請余誌。余誌之，遂系之以銘，銘曰：

維彼賢侯，榮貴延昌。維彼宜人，淑媛齊芳。古丘之傍，松」栢之岡。德音莫忘，令人懷思而徬皇」。

不肖男國柱、國材泣血上石

張尚信、男張顯鎸」

校勘記

①暨，當作“繼”。

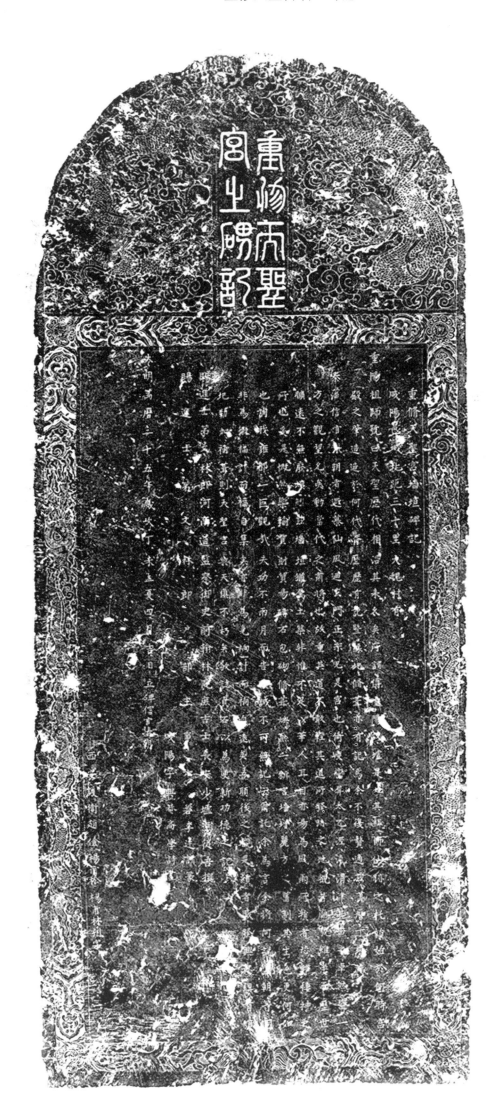

説　明

明萬曆三十五年（1607）四月刻。碑圓首方額。通高159厘米，寬64厘米。碑陽額文2行，滿行4字，篆書"重修天聖」宮之碑記"。碑陰額文2行，滿行4字，楷書"重陽王祖」師仙迹記"。正文楷書16行，滿行36字。碑陰刻張朝等信士家族成員姓名及捐資數額。馮從吾撰文，高學詩書丹，李廷訓篆額。碑額飾雲龍如意纏枝花紋，碑四周飾雙龍祥雲紋，四角飾寶相花紋。原在咸陽市秦都區大魏村天聖宮舊址，1963年移藏咸陽博物館。《咸陽碑石》著録。

釋　文

重修天聖宮墻垣碑記」

咸陽邑城北距三十里大魏村，有」重陽祖師，號曰"天聖"。歷代相沿，其來久矣。所謂傳"重陽故墟"是也。其祖師仙迹之托始，始於何時，宮」殿之肇造，造於何代，胥歷歷有記。暨緣圯修葺，亦有記焉，余不復贅。適兹萬曆丁未歲」，秦藩信官張朝者，遐慕仙風，乃玄門正宗。況是宮也，倚峻巒，屏太乙，淫流渭津其帶之，卓然聳一」方之觀望，允矣動當代之肅將也。故重其道，不敢輕其道所發迹之地。睹昔廟貌雖崇，而歷世」曠遠，不無廢壞。矧兹墻垣猶屬土築，非惟不足以華人耳目，亦易爲風雨所損者，恐非棲神之」所也。爰是慨然樂輸貲財，貿易磚石，包砌修葺，煥然一新。宮墻增麗，方之舊制，其生色更何如」也，詢我雍都一巨觀哉！夫功不兩月而告□，誠不可無記云爾。託余爲言，余將何説？蓋朝等固」非爲徼福計，而福自集矣；亦非爲免禍計，而禍自遠矣。吾願後之覩是績者，感發興起，但有頹」圮，勤加補葺。則天聖宮與天俱不朽矣。敬誌貞石，以爲更新功德之記」。

賜進士第文林郎河南道監察御史前翰林院庶吉士長安少墟馮從吾撰」

賜進士第文林郎户部主事六盤李廷訓篆」

咸陽字興菴高學詩書」

大明萬曆三十五年歲次丁未孟夏四月吉日

立碑信官張朝」

西安護衛趙儉、楊甫松、楊甫林刊字」

按

天聖宮位於今咸陽市秦都區雙照街道西端。天聖宮以道教全真派祖師王重陽得名，咸陽大魏村爲王重陽故里，故稱"重陽舊墟"，後世弟子於此建天聖宮以祀王重陽。

馮從吾，生平詳見本書645.1590條。

李廷訓，陝西固原衛人。萬曆二十三年（1595）進士，曾任博野知縣、户部主事、户部郎中、河南驛傳道僉事。康熙《陝西通志》有載。

重修陳希夷先生祠記

賜進士第文林郎巡按陝西監察御史新安余懋衡撰文

賜進士第朝列大夫陝西布政司右叅議鄞下常守信書丹

先生元氣為糧白雲為糧清風為駕明月為燈紫陌紅塵朱門甲第極人世之紛紛攝攝

不足吕當先生之一瞬而獨息心石室養道蓮峯爐中龍虎卦上乾坤接廣戍之逍遥得

庖羲之正宗啟周世宗以念蒼生之語覺宋諱臣以輔明君之言學兼體用識達天人韜

采韜珍洞天大隱雖曾應詔一應便歸青山無恙玉井常開此其高踪邈舉曰視北山移

父終南捷徑者何嘗冰炭教易學流傳自穆而李至邵堯夫皇極經世潤源所漸先

之力今先生雖去世久而浩氣真風飄飄于閭苑瑶臺間若太華頂下先生生乎所栖運

者而其神何所不在也懋衛觀風三秦遇名巖思高人與少象常君同謁祠下詞瞻堂宇

隘而飀扉淺不稱神君屬華陰朱令經營之而地勢所局不能斥拓僅曰其故址而加葺

焉令羽流朝夕供灑掃之後又改三峯埠漢芳隱士翱翔樊籠摩硏兮煙蘿家鄉

静觀河圖方直見養皇獨立雲表兮下視范范在世出歩少微相將若問巻生兮碧霄

行藏

太明萬曆三十六年季春月廿六日華陰縣知縣巴蜀朱官立石

説　明

明萬曆三十六年（1608）三月刻。碑高135厘米，寬76厘米。正文楷書15行，滿行34字。余懋衡撰文，常守信書丹。四周飾如意捲雲紋。現存華陰市華山玉泉院。《華山碑石》著録。

釋　文

重修陳希夷先生祠記」

賜進士第文林郎巡按陝西監察御史新安余懋衡撰文」

賜進士第朝列大夫陝西布政司右參議鄴下常守信書丹」

先生元氣爲糧，白雲爲幄，清風爲馭，明月爲燈，紫陌紅塵，朱門甲第。極人世之紛紛擾擾」，不足以當先生之一瞬。而獨息心石室，養道蓮峰。爐中龍虎，卦上乾坤，接廣成之逸躅，得」庖羲之正宗。啓周世宗以念蒼生之語，覺宋諸臣以輔明君之言。學兼體用，識達天人，輯」采韜珍，洞天大隱。雖曾應詔，一應便歸。青山無恙，玉井常閑，此其高踪遐舉，回視北山，移」文終南捷徑者，何啻冰與炭哉！易學流傳，自穆而李，至邵堯夫，《皇極經世》淵源所漸，先生」之力。今先生雖去世久，而浩氣真風飄飄于閬苑瑤臺間。若太華頂下，先生生平所栖遲」者，而其神何所不在也！懋衡觀風三秦，過名麓，思高人，與少參常君同謁祠下，顧瞻堂宇」隘而鼪扉淺，不稱神居。屬華陰朱令經營之，而地勢所局，不能斥拓，僅因其故址而加葺」焉，令羽流朝夕供灑掃之役。又從而歌曰：

三峰插漢兮，隱士翱翔；樊籠擘破兮，煙蘿家鄉」。静觀河圖兮，直見羲皇；獨立雲表兮，下視茫茫。在世出世兮，少微相將；若問先生兮，碧霄」行藏」。

大明萬曆三十六年季春月廿六日

華陰縣知縣巴蜀朱官立石」

按

陳希夷，即陳摶，北宋著名道學家。因其常遊歷於華山，不仕朝廷，宋太宗趙光義特賜其"希夷先生"稱號。仙逝後，其弟子賈得升於華山玉泉院建希夷祠以祀。明萬曆三十六年（1608），知縣朱官重新修葺，故有是文。

撰者余懋衡，字持國，號少原，江西婺源人。萬曆二十年（1592）進士，曾任永新縣令、南京吏部尚書。有《關中集》《古方略》傳世。《明史》有傳。

書者常守信，字可行，河南磁州人。萬曆十七年（1589）進士，曾任浙江僉事、陝西潼關僉事、湖廣憲副、陝西右參議、陝西參政、山西參政、湖廣參政。《明實録》、康熙《潼關衛志》、康熙《磁州志》有載。

662.1611　温純暨配李氏繼配楊氏再繼配宋氏合葬墓誌

説　明

明萬曆三十九年（1611）八月刻。蓋佚。誌正方形，邊長112厘米。誌文楷書100行，滿行98字。沈鯉撰文，温予知書丹并篆蓋。誌四周飾雲紋。三原縣出土，具體時、地不詳。現存三原縣博物館。《新中國出土墓誌（陝西壹）》《咸陽碑刻》著録。

釋　文

明故光禄大夫柱國太子太保都察院左都御史贈少保謚　　亦齋温公暨元配贈一品夫人李氏繼配贈一品夫人楊氏再繼配贈夫人宋氏合葬墓志銘」

賜同進士出身光禄大夫柱國少保兼太子太保禮部尚書文淵閣大學士知制誥同知經筵歸德七十九歲年侍生龍江沈鯉撰文」時萬曆己酉秋九月初一」己卯日卯時起草也」

不孝長男予知泣血篆楷」

賜同進士出身資德大夫正治上卿太子少保吏部尚書食陞俸一級侍經筵富平七十七歲眷生立山孫丕揚題主」時萬曆戊申冬十二月二」十九壬午日丙午時也」

賜同進士出身湖廣承天府鍾祥縣知縣三原門生汝信周仕捧主」

賜同進士出身文林郎大理寺左評事三原五十八歲年家眷晚生承涇雒于仁祀神」時萬曆戊申冬十二月二」十九壬午日丁未時也」

陝西西安府三原縣儒學生員門生漢卿來廷對執祝」

明萬曆丁未閏六月初三日，故都察院掌院事、左都御史温公考終于三原里第。訃」聞」，上悼失良弼，輟朝一日。於本年冬十二月十四日早，不鳴鐘鼓，不鳴鞭，不設儀仗。服淺淡顏色衣服，于文華門視事。文武百官各具青素服、黑角帶，朝參辦事。先是，允陝西地方官巡撫顧其志、巡按余懋衡會題」，詔大宗伯議卹典，特加祭至九壇；大冢宰議贈官，官少保；大司空議營葬，遣光禄少卿余啓元往蒞事。尋易名　　。於生榮死哀，備具矣。公之孤予知，猶以爲隧道之石不可無志與銘也，而不惜重繭千里外，即余謀。余與公同乙丑進士，而生平石交也，烏可辭？

按」狀：温以邑爲氏，世傳温公造之裔，而譜牒無可考。公修譜則斷自元興齋公爲始祖，興齋公後有諱敬先者，有諱思敬者。思敬生二子，伯曰顔，仲曰良。公，顔之派裔也。顔生公高祖昌原，昌原配安，生公曾祖勉。勉配劉，生公祖淮。淮配曹，生朝鳳；配王，公之父母」也。自曾祖以下，俱以公貴，贈一品；曾祖母以下，俱贈一品夫人」，予誥命。

公諱純，字希文，初號一齋，尋改“一”爲“亦”。公生有異質，方齔，即凝重寡言笑。稍長，知讀書，即穎悟絶倫，手不釋卷。歷下李于鱗先生關中督學，一試，大奇之。淮海孫文恭公繼于鱗至，復拔冠多士，以精一一貫之學，與爲仁之旨，傳其衣鉢，曰：“吾道在兹矣。”年貳」拾陸歲，舉三秦鄉試第一。明年乙丑，舉進士，釋褐壽光令。壽光，山東巖邑也，俗刁悍難治。又適有巨寇馬天保等蹂踐其邑，人人莫敢誰何。公至，密設計禽之，不煩一鏃，境内以寧，民大説。公乃復闢草萊，勸耕織，定冠婚喪祭儀式，道邑人勤儉，而厚其風俗。往」民間輸賦者，邑令恒厭其冗雜，而付之里書，苟

明故光祿大夫柱國太子太保都察院左都御史贈少保謚莊簡溫公暨元配贈一品夫人李氏繼配贈一品夫人楊氏再繼配贈
賜同進士出身光祿大夫柱國少保兼太子太保禮部尚書文淵閣大學士知制誥同知經筵歸德七十九歲年侍生龍江沈
賜同進士出身資德大夫正治上卿太子少保吏部尚書食一級俸 經筵富平七十七歲眷生立山孫
賜同進士出身文林郎大理寺左評事三原五十八歲年家眷晚生來經纂
明萬曆丁未閏六月初三日故都察院掌院事左都御史溫公考終于三原里第訃
聞
上悼失良弼輟朝一日於本年冬十二月十四日命不鳴鐘鼓不鳴鞭不設儀仗服淺淡顏色衣服于文華門視事文武百官各具
詔大宗伯議卹典特加祭至九壇大冢宰議贈官少保大司空議營葬遣光祿少卿余啓元往位事尋易名於生榮死哀備且矣公之
狀溫以邑為氏世傳溫公造之裔而譜牒無可考公後詩則自元興始公為始祖興齋公後有諱敬先者有諱思敬者思敬生二子伯
也自曾祖以下俱以公貴贈一品曾祖母以下俱贈一品夫人
子誥命公諱純字希文號一齋尋改一爲亦公生有異質方齠齔即凝重寡言稍長知讀書即穎悟絕倫手不釋卷嘗坐下李子鱗先生關中
拾陸歲舉三秦鄉試第一明年乙丑舉進士釋褐壽光令壽光山東巖邑也俗刁悍難治又適有巨寇馬天保等殺其邑人人莫敢詰
民間猾黠者邑令恒嚴其罪而付之理書句且完事奏孔滋多公握其綱于己而以其節目使各自窮第求與吾總相合乃不一計筭
經術潤吏治而衷情與法行之也已遷河道漕政司空鎮山朱公曾疏其淤塞費金錢不可校而言者遂劾其有染指
詔所在撫按勘明其事諸一時爲吏皆首鼠觀望莫敢承委而公獨毅然請行悉心計度諸經費晰如指掌於是朱公之意以得白緣河諸部
良者與爲其邑長邑人方歌舜棠下求一見其人不可得公經益封殖遂繩之嗇相距二百年之間若有爲詰謀繩武者人王今綜□爲
建儲覃恩授文林郎子勅命封父朝鳳如其官母王氏李氏俱孺人敬
覃恩不及令及令自此始又未幾以治行第一徵拜戶科給事中尋轉吏科右戶科左歷兵科都給事中凡三載所建白多不可勝計而諫草
廟誤裁決者亦遂爲永制非虛歷循級塞責也大司禮陳洪所生乞
恩公劾其非法中外皆稍稍懾之遇事譖督有無處而竟其直發其事而明望故司諫沈練叔士材充應之稱侯且將有中卿之擢遷
以當事中國與虜爲婚媾鉄損
國威弛邊備長將吏偷安之習必不可許與高公之議大相反乃出爲湖廣布政司參政人多有爲公不平者公獨無幾微見顏面惟曰忠
交際以行賄公峻卻之乃不敢復言文襄公聞公所敢匪若此則每對人言吾當于以溫生外補雖爲公亦慶之大遇吾至今悔之時公
相雜往分守其地者或姑寬不問或各有偏主慶之多不得其平公與立成規使各相安無相侵冒而又晄長史豪福徵於鄉聖聚廉劉
吏攝他道公不以爲假以爲真也其附紓與南陽府畢古嘗有一夕之居所至必簡者其公之謂乎甲戌陞太僕少卿提督東路馬政聿
慶成宴丁丑以星變自陳着照舊供職四月改太常少卿提督四夷館十一月陞大理左少卿十二月陞光祿卿光祿錢糧惟干步
內庭供億者多不可磨算公與定日折常規俾四署皆得有章程可守諸監局欲假公漁利不可得即
令上大婚禮所節省無名之費亦不可數計
大婚禮成授中大夫
予誥命封贈祖父以下如其官配封贈俱淑人己卯陞太常卿適江陵相公不欲爲三年之喪公與諸部寺規以大義江陵公不說及公回年
書謀士嘗閉關靜俟獨思至不復食慨然有悟時天下□□先生致書江陵曰溫公此歸大拂人望公長者時學漸菴書來亟稱其歸有酒
陵於溫公正是如此溫公終是三秦第一品此後事業蓋不可量吾儕當中大饑爲倡義賑粥以補饑民所全活不可勝計未幾江陵公
誕儲覃恩加通議大夫
予誥命封贈祖父以下如其官配俱仍淑人□□以□爲邑生員陞工部右侍郎巡撫浙江浙天下首藩往巡撫其地者習則折柔則廢緩
而又改漕折減織造條俵與其利而除其積□人情爭欣然稱便焉獨冠軍□營□者也防汛所任既相遇而相官往來奔走兵民
汛爲國家建制如防邊無事召募而有事頒徵調於沿海又不變故欲以防汛之所從治所便非有他冠家乃遣以相安惟老弱
而爲七而兵亦不知其冰也公於茲蓋苦心至矣然猶曰此治人而已非自治之道也所繇兵身不知而能輸諸人者未之有也乃相
訓飭而營之以蒞禮既不習而諸將亦不見其擾且但以象指焉至而撫按期會各道使一往來所需於郡邑幾何公亦曰不免有需索騷
擾替其先以方公孝孺相與有連至累及今人情爲積憤久矣公疏請開釋士林稱快丁亥改戶部右侍郎轉左戊子
上閱定

局部

且完事，弊孔滋多。公握其綱于己，而以其節目使各自報，第求與吾總相合，乃不一計算，而各役無敢爲高下手者，乃事集而民安之，隣邑皆視以爲法。獄久滯不决者，集兩造庭下，讞决如流，幾乎無訟。總皆以」經術潤吏治，而衷情與法行之也。邑並河通漕，故司空鎮山朱公曾疏其淤塞，費金錢不可校，而言者遂劾其有染指」，詔所在撫按勘明其事，諸一時屬吏皆首鼠觀望，莫敢承委。而公獨毅然請行，悉心計度諸經費，晰如指掌，於是朱公之薏苢得白，緣河諸郡且復爲朱公刻石誦功焉，人以是覘公大受矣。丁卯，預分校棘闈，所得多齊魯知名士。壽光當永樂年間，公遠祖之弟曰」良者，曾爲其邑長，邑人方歌舞棠下，求一見其人，不可得。公至，益封殖灌漑之，蓋相距二百年之間，若有爲詒謀繩武者，人至今絃誦焉。

　　未幾，以」建儲覃恩，授文林郎，予敕命，封父朝鳳如其官，母王、妻李俱孺人。故」覃恩不及令，及令自此始。又未幾，以治行第一，徵拜户科給事中，尋轉吏科右、户科左，歷兵科都給事中。凡三載，所建白多不可勝計，而諫草所存者，則有修實政以熙庶績，通章奏以隆泰交，議京營文武提督以贊」廟謨，裁决者亦遂爲永制，非屑屑補綴塞責也。大司禮陳洪爲所生乞」恩，公劾其非法，中外皆肅然憚之。邊疆總督有無處而饋者，公直發其事，而昭雪故司諫沈鍊獄，士林尤灑然稱快。且將有京卿之擢，適俺答納款，求並邊開馬市。時首揆爲高文襄公，以爲可乘此閒暇以修吾邊備，且將許之。而公爲高公之門人，獨抗疏言」：“以堂堂中國與虜爲媾，徒鍥損」國威，弛邊備，長將吏偷安之習，必不可許。”與高公之議大相反，乃出爲湖廣布政司參政。人多有爲公不平者。公獨無幾微見顔面，惟曰：“患不能盡職耳，官內外何擇焉。”公一至楚，藩署司篆數月積羨金無算，毫不肯私取爲用。楚武岡王謀繼大宗，而使人假」交際以行賄，公峻卻之，乃不敢復言。文襄公聞公所剚歷若此，則每對人言：“吾當年以温生外補，雖爲公，亦處之太遽，吾至今悔之。”時公已請告得歸矣。文襄公既謝事，公復起河南布政司參政，分守南陽。南陽爲唐王封國，其護衛官校與民間縣賦」相雜。往分守其地者，或姑置不問，或各有偏主，處之多不得其平。公與立成規，使各相安，無相侵冒。而又脫長史袁福徵於難，雪孝廉劉黄家冤獄。南陽縣令有爲宗人齮齕者，公折以大義，宗人皆唯唯而退。尋計禽大盜段武等，散其餘黨，境內以寧。或」更攝他道，公不以爲假，以爲真也。其拊綏與南陽無異，古蓋有一夕之居，所至必飭者，其公之謂乎！

　　甲戌，陞太僕少卿，提督東路，馬政聿修。丙子，侍」慶成宴。丁丑，以星變自陳，着照舊供職。四月，改太常少卿，提督四夷館。十一月，陞大理左少卿。十二月，陞光禄，即光禄錢糧惟干涉」內庭供億者，多不可磨算。公與定日折常規，俾四署皆得有章程可守，諸監局欲假公漁利不可得。即」今上大婚禮，所節省無名之費，亦不可數計」。大婚禮成，授中大夫」，予誥命，封贈祖父以下如其官；配封贈俱淑人。己卯，陞太常卿。適江陵相公不欲爲三年之喪，公與諸部寺規以大義，江陵公不説。及公同年相知有巡按楚中者，爲難其送葬，輒引疾歸，江陵公疑出公意也，益大恚。適公請告，遂許之。

　　公歸，建學一草堂，日讀」書課士。嘗閉關靜存獨思，至不寢食，恍然有悟。時天臺耿先生致書江陵曰：“温公此歸，大拂人望，公長者。”時李漸菴書來，亟稱其歸有洒然意，又得伊山中論學語寄覽，江陵終不釋也。後天臺先生復漸菴公書曰：“人只是邊見，故本來貞明遮蔽，有時自明，江」陵於溫公，正是如此。溫公終是三秦第一品，此後事業蓋不可量者。”值秦中大饑，爲倡議煮粥以哺饑民，所全活不可勝計。未幾，江陵公歿，起太常卿，尋轉大理卿，以」誕儲覃恩，加通議大夫」，予誥命，封贈祖父以下如其官，配俱仍淑人，廕子予知爲恩生。尋又陞兵部右侍郎，巡撫浙江。浙，天下首藩。往巡撫其地者，剛則折，柔則廢，稱職爲難。而公又當兵民兩變之後，其難又倍之。公至，著《齊民要書》，獎忠義，褒孝廉，禁淫祀與諸弊俗相沿者，以道民歸厚」。而又改漕折，減織造，修陂塘，與興利而除其積蠹，人情舉，欣然稱便焉。獨冠軍團操會城者，距防汛所在既相遠，而將官往來奔走，兵民居處相雜，其中尤多有不便者。惟悍卒之安此久矣，將稍有更易，而汰其老弱，則怒目而起，不得不慮有激變。公語以防」汛爲國家舊制，如防邊，然無事居會城，而有事煩徵調，於若等反不便。故欲以防汛爲家，從若所便，非有他。冠軍乃遂以相安，惟老弱不堪，及久故而虛糜公帑者，尚難以明示裁減。公默爲設法，惟待其疾病物故，及前久故者，俱不更僉補。自是，乃九營并」而爲七，而兵亦不知其汰也。公於兹，蓋苦心至極矣，然猶曰：“此治人而已，非自治之道也。”所藏乎身不恕，而能喻諸人者，未之有也。乃相約諸直指使者，於諸凡交際禮文，俱一切從省，如禮不可廢，而有先施者，必彷彿古人還贄之遺意，各貯於公所，以待有」酬酢而答之。蓋禮既不費，而諸屬亦不見其擾，且俱以象指焉。至如撫按期會，各遣使一往來，所需於郵遞幾何。公亦曰：“不免有需索騷擾之爲害。”自是，但發傳亭長遞報，蓋曰：“省一事則即有一事之益，日計不足，月計有餘，烏可謂小善不爲也。”浙故有楊、任」諸姓，其先以方公孝孺相與有連，坐累及今，人情爲積憤久矣。公疏請開釋，士林稱快。丁亥，改戶部右侍郎，轉左。戊子」，上閱定」壽宮，奉」敕守崇文門」，賜綵幣。己丑，陞右都御史，總督倉場。則請停新增供應，劾監督主事王顯先不職，諸屬吏皆肅然奉法。未幾，丁內艱」，予馳驛」，賜祭葬如制。公居廬哀毀逾禮。既設縣而色養，太翁年逾艾矣，猶日爲孺子慕，以代萊綵，承歡膝下。太翁好弈，公每當退食，必設局侍弈以娛太翁，太翁爲欣然加爵。邑故有清峪河貫城中，其橋以木。邑令欲易木爲石，而力不能繼，公慨然曰：“此吾家大人未畢之」緒也，予小子其何敢讓焉。”自是，乃積貲累年，盡輸爲橋。橋成，而可方六軌，如履康逵，四方之人欣然稱便，因遂以溫公名橋，刻石林立。其他所濟人利物者，皆此類。

壬辰，劉哱反西夏，公從千里外，建坐困、火攻二策，密劾於督府魏公、中丞葉公，卒以戡亂，人莫」知也。蓋先是劉哱之逆節已萌，當事者猶不知所處，惟一意裁損，不虞激變。公知其不可，則寓書執政，急宜易西夏開府，以安反側。而執政不能聽。及有變，始服公先見云。公禫除未久，輒奉」詔起南京吏部尚書，主癸巳京察。人服其公與明，近所創見。未幾，陞工部尚書，乞終養，得請。太翁歿」，賜祭葬如制，母王淑人亦並祭。公居廬三年，朝一溢米、夕一溢米，不群立、不旅行，鄉人之覩其容色者，或至泣下。蓋公天性至孝。當少時，太翁商蜀，公勸勿往，太翁不從，繼之以泣，必得請乃已。母性嚴，或偶有不說，必率其妻子跪而請荆，不得其一笑不起。

戊戌，起」都察院掌院事、左都御史。秉國成者爲四明沈蛟門公。公雖每事不依阿，及有所咨訪，必殫竭忠赤，惟恐不盡。如播酋亂，則勸其亟請天討，勿養寇殃民，至不可制。復以其所製火器與利器解納之師中，以助一臂，人莫知也。已而薊遼東關堡被」圍急，居民數萬家哭聲震天。公火器適至，兩發而虜皆辟易，東關得安堵如故。遼撫當事者欲上其功，公力辭乃止。

已，又主己亥京察，人心說服，與癸巳無異。及請下考選命，不報。又請停礦稅，請寬釋被逮諸臣，疏十餘上，俱不報。乃約諸大」臣扣閤待命」。上震怒，欲加罪首事者以懲後。諸大臣皆曰：

“無太激。”遂不敢與同往。公毅然請行：“有罪則不肖當之。”衆乃隨行，於是皆伏闕大哭，自巳及申」。上遣中官怒問曰：“誰爲首？”公慨然對曰：“臣純也。爲社稷生靈計，不敢愛死」。”上知其無他，亦稍霽威嚴，宣旨尉藉曰：“徐當檢發。”公等皆叩頭呼萬歲。辛丑，當考核入覲外寮，當事者密有所授指，公不肯從，人頌服公與明視。癸巳京察，如出一口。尋二品，三年考績」，予誥命，贈祖父以下如其官，配俱贈夫人。遣中官贈寶鈔、羊、酒，改予知爲官生。公雖以直諫忤」上意，而」上獨知公若此。三月，充殿試讀卷官。時」建儲之命久不下，公抗疏屢請，每請必齋宿露禱，冀有感格，或至出涕。人謂古社稷臣，如公近之。公初秉臺憲，既著爲憲紀，頒布諸司，各循職掌，與共由蕩平之道。而又以法行自近，於御史回道考察，及有差遣，尤秉公加嚴，人皆悚栗，而詭銜躍冶者不」便，乃滃滃訑訑乘之矣。是年」，皇太子册封禮成。又四王冠禮成，公奉旨宣戒四王。壬寅閏二月日」，上偶違和，公率衆問安，俱賜綵幣。忽有」旨罷礦税，釋幽繫，下行取考選之令。中外欣然，謂太平可指日待也。公慮有中變，則與大司農陳公蕖、大冡宰李公戴謀，宜即」頒詔天下。趣行，取諸臣到任謝」恩，而大司寇蕭嶽峰公獨以出幽繫俟再請。明日」，上體安，果收回成命，獨私喜大司寇，而深怒奉行諸臣。乃罷大司農爲民，其不説公與太宰可知也。

公每當冬寒，則約與同志者共捐俸濟饑。或自公有暇，又相約蕭寺中共講説精一一貫與爲仁之旨，或相和詩歌以適情性。當事者弗善也，每聞而冷笑曰：“部院」乃相得如是哉？”時有一御史與一給事中大干憲紀，而俱當事者私人也，人謂：“此兩人不除，國家當陰受其禍，向所著憲紀之謂何？”當事者大不説。及四陽之月，日有食之，而御史劉九經因抗疏指陳時政，有“七月南山，皇甫卿士”之語，侵及當事。而九經秦」人也，當事者疑出公，又疑出李給事應策、蔡翰檢毅中，俱先後處之，爲其兩私人釋憾。久之，猶深求未已，則曰：“臺長與次輔同年，太宰與次輔同鄉。此舉欲推轂次輔爲首相，而少宗伯郭公正坐域尤次輔臺長密交也。”於是當事者疑公不可解，而大難從此燎」原矣。始公糾臺省于永清、姚文蔚二君，疏三上，皆不報。臺省二君亦假辯劾公，公略不與較，惟閉户吟哦，俟得請歸耳。乃自春徂冬，疏二十餘上，皆不報，以故公論大不平。而湯御史兆京、喬御史應甲等，俱爲公白心事而並糾二君」。上乃以御史調外任，給事中姑策勵供職，仍勉公亟出視事，公不得不出。及出，而臺徑蓬蒿没人矣。

未幾，乃遂有妖書四布，以動搖國本爲言。其書發之夜，凡内外各衙門無一不密布殆遍。而省臣爲當事腹心者，遂抗疏，激」上怒，蓋大發動搖國本之意，如波浪滔天。當事者亦乘此票擬至數十百言，有“使」朕父子相抱而哭”等語。公讀而慨然太息曰：“古社稷臣固多有憂治世而危明主者，今當事大老日目擊天變民災不可勝窮，曾不聞一言半辭有所匡救，獨奮拳雞肋不遺餘力，豈欲以一鳴驚人乎？”當事者聞之益大怒，而妖書」旨意下，乃大懸賞罰，有隱匿罪人者族，訐報者賞千金、侯萬户。遠邇騷動，人人皆不寒而栗。公與余獨恃」高皇帝在天有靈，内省不疚，何憂何懼？日飽食穩卧，自如耳。或謂當事者初意欲嚇公與余，皆恐懼自裁。已，見事不成，則此説終不可無歸着。乃以向年《憂危竑議》有被黜生員皦生光者曾與其事，又曾得罪於戚畹鄭君，可因爲鄭君釋憾以致慇懃，而生光夜被」逮。逮至，乃諭意生光，俾誣攀都督周嘉慶以自解脱。而嘉慶與太宰桑梓有連，太宰遂因之去國矣。公心知太宰無罪，欲上疏請留，當事者力沮之。未幾，楚藩假王事起，連及少宗伯郭公，而腹心當事者極論郭，遂欲以妖書歸并焉。公奮然謂當事」者曰：“天下後世謂公何？論者愈甚。及郭出國門去，論者猶謂郭潛余舍，密授意巡捕參將陳汝忠，發健卒密圍之數層，及五城兵馬指揮劉文藻等亦各有兵番圍繞，夜而聚，及曉而散處余寓之左右，余亦弗知也。”公上疏請與九卿科道會議，又上言」：“皦賊自當死，第不應服上刑；楚宗實未嘗謀反，蓋當事者受楚王重賂，欲爲出力而文致其罪耳。”俱不報。是冬，復力疾求去，歷數月不奉旨。時吏部缺冢宰總憲，復不出。

甲辰大計，乃無與主筆者。及除夕，命忽下，以公主大計事，公茫然無」所措。不得已而拮据襄事，人亦甚心服。三月，廷試進士，公監試。已，復充讀卷官。四月，以二品再考」。上褒公資深勞多，特恩加太子太保，階光禄大夫、柱國，予誥命，贈曾祖以下如其官，配俱一品夫人，遣中官賜寶鈔、羊、酒。四月，主議妖書與楚獄，弗盡如公請。公復閉門請告，疏屢上，不報。時乙巳京察屆期，訪单四布。當事者以」給事侯君慶遠掌吏科事，條陳六款，威震一時，人莫敢議。凡所欲擯處者，俱業有定評矣。乃期前三日，命始下，使疾雷不及掩耳，且託公知友喻指曰：“此番大計，凡舊嫌夙怨，一切姑署。”蓋假公以庇其所私也。公曰：“察典簡不肖以黜惡，天日在上，疇得而」私。”當事者怒，知所私不得免，而緩頰少宰楊公時喬曰：“凡各屬俱各長自主之，閣臣與部院皆不得侵越職事，聽明主裁奪，即爲至公。”公竊嘆：“此所謂挾天子以令諸侯也。”乃復持去就，與爭。余猶望公與少宰姑寬貰錢夢皋，勿黜，俾得改過自新。公曰：“雖」君子長者之道，非三代直遵而行也，亦付之公論而已。”乃力與吏科爭，謂：“夢皋不黜，可黜者孰爲魁？此所謂不能三年之喪，而緦小功之察也。”於是黜夢皋等數人，而又黜不説夢皋而有疵者，以安其若。有爲夢皋等報復者，且是時河南被黜者十餘人，兩浙」一中秘賷郎而已，非公部院意也，人益爲不平甚。及疏上，調旨出自內閣，復特留夢皋與鍾兆斗、張似渠等，一時益喧傳，不勝咤異，謂：“自有察典以來，不聞此事。”公去志乃益決，而言者復論公左祖楚犯宗。賴」上聖明，深知公，不報。公力乞休，當事者曰：“此騎虎之勢也，當斷不斷，反受其亂。”乃票擬致仕去。公出春明門，行李瀟然。諸士紳餞送者皆咨嗟太息，贈詩歌盈懷袖，皆舉二疏以相況。

歸里，以聖母徽號覃恩，詔例歲給夫廩。公北面稽首曰：“臣無以報」陛下，惟倡率諸弟子講明聖學，俾有德有造，爲社稷作福而已。”暇則約里中高年，爲耆英會，而公弟遊擊將軍編有才識，亦使預會。公友愛篤至，有司馬兄弟之風焉。族屬之待公舉火者數十人，婚嫁者數十人，迎於滇南者紀母子二人。設義田壹百畝，立大宗」、小宗廟，以時致祭。著《雅約》爲後學宗式，三原之俗爲之一變。創建尊經、文昌二閣於學宮內外，重修李衛公祠於邑城西門內，各爲詩紀其事，其他尤不可勝紀也。公惻隱滿腔，胸次悠然，超乎物外，宜享算不可計，而僅僅若此，豈平治天下之志鬱抑不遂而」一旦及此乎？不然，何生平無恙，而疽忽發，居以卒也。臨終與家人訣，而無一語及家事，獨諄諄言：“境內旱荒，宜畢力拯救，以終予篤念鄉曲之情。”語畢而瞑。

於乎！余溯公自縣令以至爲總憲，諸所施設，覘知其經濟宏猷；於其挺然孤立，歷凌風震雨而意氣安閒」、百折不回者，覘知其節概；於其無恩怨報復，覘知其器量。若其他內行醇備、温潤而栗者，則皆公緒餘耳，豈無本致是？蓋公生平學問所致力於精一一貫與爲仁之旨者，余不能盡知，惟據其傳授門人者曰：孔之一貫，孟之踐形，正是精處一則不二。在《大學》」，自身心意知以至慎獨潔矩，則精而一之矣；在《中庸》，自性情、飲食、夫婦以至祖述，則精而一之矣。若以人心爲私心，欲絕而求道心，則二矣。故欲知《學》《庸》微旨，必識人心道心而後可。又論知行曰：《學》《庸》就行以言知，知行必不可分。陽明“致良知”之説，本孔子言」致知，孟子言良知，但《大學》致知必曰“格物”，《孟子》良知必曰“親親、長長”，説得無内、無外、無滲漏，則宋諸儒之所未發也。其論仁則曰：凡横逆之來報者受，不報者不受。余三復斯語，蓋孔孟忠恕與自反真傳乎？其廓落舊聞、獨有一見，而行誼橐鑰、勛業根柢，其在」斯乎！其在斯乎！夫江河之水發源崑崙，第僅可濫觴耳，極而灌九河，浮百川，滔滔東注，至於尾閭，洩之不能盡。則仲尼川上之嘆，而子輿之所謂有本者，其是乎？觀公之學者，而欲窮其源，兹亦可窺見一斑矣。當事者亦能抑阻公，而使之不遇乎！

公不留意」於詩文，亦未嘗不工於詩文。文步趨馬遷，詩模倣少陵，各得其精意。今其書所傳者，除《歷官疏草》《學一堂全集》，則又有《杜律一得》《大婚禮彙紀》，其他所旁通如天文、地理與風角、占卜諸家，亦皆有精詣，各術師反有不知者，或就公請益焉，公不以爲貴也。

公生」於嘉靖己亥六月二十五日寅時，距其終，享年六十有九。元配李氏，邑處士李公鑛女，生於嘉靖辛丑十月二十六日　時。有婦德，事舅姑以孝聞。當窮約時，親操井臼，至貴封孺人、進淑人，兩面恩」皇太后、皇后，而不自知其貴，疏布甘苦如故也。公常勸毋自苦，曰：“知君清約節縮，爲兒女婚嫁計耳。”故公一切交際，倚辦於夫人。不幸春秋方四十遽殁，爲萬曆庚辰十一月十六日，贈一品夫人。繼配楊氏，臨潼文學楊公濩女，生於嘉靖甲子正月十五日。亦」善事公父母，甫逾年而殁，時方二十歲，爲萬曆癸未二月初三日，亦贈一品夫人。再繼配宋氏，耀州壽官宋公昌女，生於隆慶戊辰正月二十六日，性嚴介聰慧，歸十二年而終，爲萬曆甲午九月初五日，得年僅二十七歲，贈夫人。俱已隨太翁暨母先後」諭葬西郊舊塋，公自爲志。及是，又啓入西北新塋，俱奉敕建者，其合葬以萬曆三十六年戊申十二月二十九日午時，子山午向，其副配趙，有母德，稱未亡人，涇陽處士尚千女。公生丈夫子三：長即官生予知，取臺長涇陽李敏肅公世達女，副安，壽官寵女，又」副靳，處士思敬女，李出；次日知，聘太宰富平孫立山公丕揚女，殤，繼取本邑王儒官雲鴻女，又次自知，取馬審理正守元女，俱趙出。女六，壻：諸生仇汝宥、儒士段可成、諸生張夢綵、監生秦詠、廩生辛志諤，俱李出；馬復初，趙出。孫男樹瓊，聘南京户部雲南司」主事王光乾洪顯女，予知出。銘曰：

西嶽降神，篤生甫申。聞道淮海，精一傳真。知行妙合，反躬實踐。忠清正直，溫而能斷。三犯時宰，拂袖歸田。斑衣舞綵，樂而忘年。三起田間，南北總憲。秉正嫉邪，秋霜日鑑。定策國本，羽翼商山。功成身退，鴻漸九天。得正而歸」，爲寢樂墅。斯文在兹，有傳無語。馬鬣崇封，麟趾來遊。子孫千億，永奠皇州。

大明萬曆三十九年歲次辛亥秋八月十五日

不孝男予知、日知、自知，孫樹瓊泣血上石」

按

墓誌銘一般只在序文與銘文間分段。因此誌文較長，爲便於讀者，故作分段處理。

該誌撰於萬曆三十七年（1609），刻於萬曆三十九年（1611）。據《明史》記載，溫純謚“恭毅”，爲天啓初年追謚，故墓誌銘中謚號空缺。誌主溫純，《明史》卷二二零有傳。誌記述其生平事迹更詳，可與傳互補互證。

撰者沈鯉，字仲化，號龍江，河南歸德人。嘉靖四十四年（1565）進士，曾任左贊善、吏部左侍郎、禮部尚書、東閣大學士，謚文端。有《亦玉堂稿》《文雅社約》傳世。《明史》有傳。

奉
天承運
皇帝勅曰治才以更踐益昭司敗以近幾爲重乃若閱歷之煩而奏甸服之績此其當雄異豈不更倍諸令哉爾直隸真定府
真定縣知縣李聯芳安和尔履朗歲才諳人對宸迁出司花字以歆爲之優浴東煩劇之簡掄益厲恪勤明允董薀薆牘
載閱愷悌勞來鳩集流移間閭絕去繭絲士庶恬於春煦政成兩地釐卓一時朕甚嘉之茲以歲閱授爾階文林郎錫之
勅命傳稱民勞則以寬施無良則以猛科然必平之以和而後政優百祿可道今幾朝諸邑涛饑奸益蠹發其汔康式過
調於政以底和則惟汝庸益懋勉哉朕所簡畀何言百祿

勅曰士有如賓之配定徵於風夜而後綴學能業官官成是故錄邑勛而賁及室媛非但以體之當齊亦以庸有可酬也
爾直隸真定府真定縣知縣李聯芳妻井氏悟靜淑姿幽閒令度奉尊章必底怡豫主中饋而克勤勞伴讀操機怡焚膏
以繼晷從官服綸俾約已以裕民聴茲撫字之令歙昭爾賢裹之懿矩是用封爾爲孺人祗家華於象服益勵儆於燕私

萬曆三十九年九月十七日

説 明

明萬曆三十九年（1611）九月刻。碑高260厘米，寬85厘米。正文楷書17行，滿行46字。四周飾祥雲龍紋。現存大荔縣文物局。《大荔碑刻》著録。

釋 文

奉」天承運」，皇帝敕曰：治才以更踐益昭，司牧以近畿爲重。乃若閲歷之煩，而奏甸服之績，此其當旌異，豈不更倍諸令哉！爾直隸真定府」真定縣知縣李聯芳，安和行履，朗茂才諝，入對宸廷，出司花宇。以猷爲之優裕，更煩劇之簡掄。益勵恪勤，明允董釐，案牘」載閲，愷悌勞來，鳩集流移。閭閻絶去繭絲，士庶恬於春煦。政成兩地，聲卓一時。朕甚嘉之，茲以歲閲授爾階文林郎，錫之」敕命傳稱。民勞則以寬施，無良則以猛糾。然必平之以和，而後政優，百禄可遒。今畿輔諸邑洊饑，奸盜竊發，其汔康式遏」，調於政以底和，則惟汝庸益懋勉哉！朕所簡畀，何言百禄」。

敕命」

初任河南開封府洧川縣知縣」

二任今職」

之寶」

敕曰：士有如賓之配，交儆於夙夜，而後綴學，學就；業宦，宦成。是故録邑勳而貴及室媛，非但以體之當齊，亦以庸有可酬也」。爾直隸真定府真定縣知縣李聯芳妻井氏，恬静淑姿，幽閑令度，奉尊章以底怡豫，主中饋而克勤勞。伴讀操機，恒焚膏」以繼晷；從官服縞，俾約己以裕民。睠兹撫字之令猷，昭爾贊襄之懿矩。是用封爾爲孺人，祇承華於象服，益勵儆於燕私」。

敕命」

萬曆三十九年九月十七日」

之寶」

按

李聯芳，字同春，陝西朝邑人。萬曆三十五年（1607）進士，曾任洧川縣令。康熙《陝西通志》有載。

664.1611　王維英暨配張氏合葬墓誌

説 明

明萬曆三十九年（1611）十二月刻。蓋佚。誌正方形。邊長67厘米。誌文楷書41行，滿行39字。郭珂撰文，張光耀書丹，張三汲篆蓋。誌中間斷裂，個別字損毀。1984年華縣蓮花寺鎮出土。現存渭南市華州區文物管理委員會。《新中國出土墓誌（陝西壹）》著録。

釋 文

明故驃騎將軍肅齋王公合葬墓志銘」

國子監監生貢士郭珂撰」

國子監監生舉人張三汲篆」

國子監監生舉人張光耀書」

予往在濟寧，嘗受命作肅齋公墓志銘。越明年辛亥，淑人張氏又卒。厥子化溥等手其父母狀，泣曰："先」君即世，曾以不朽事相托。今無禄，母氏又歿，敢以合葬銘重累先生。"言訖，淚簌簌下。郭子珂重哀諸子」之戚，又以其父肅齋公乃四十年莫逆之交，于是抆淚爲志，志曰：王公其先諱巖，字敬夫，別號肅齋，世」華州羅汶里人。生而卓犖多膂力，韶齓時與群兒嬉戲，群兒皆俛首出其下。稍長，知讀書，一成誦輒終」身不忘。甫十八，以文爲學使書川公所賞識，擢爲學官弟子。厥後，屢試高等不第。淑人張氏，耆民張廷」金次女也，儉約婉順，躬紡績以勸公就學。乃公顧天性嗜學，然又豪宕自喜，每興至，輒拉一二知友入」酒肆，據胡床劇譚酣飲，旁若無人。又時與同社諸友理釣竿于郡東之蓮花池，科頭跣足，不睆睆于綸」繳之中。每讀書，有會心處，即閉户掩卷而笑，故一時知名之士皆樂與之遊。一日，攘臂謂郭子曰："丈夫」負七尺之軀，既不能以詩書起家，將斤斤槁項黃馘與草木同腐朽乎？吾觀漢史，見班仲升投筆封侯」，不覺技癢，吾將履戎行，投名幕府以立功塞上，于公何如？"維時郭子聞其言，壯之曰："此豪傑之概也！"公」于是彈劍擊楫，昕夕講馬上之業。歲甲午，棘圍又不第。至十月，遂易名維英，入武場，三試之，騎射合式」。□□□論博洽□肆，爲北海曹公所器重，擢第一。明年會試，擢第十二。當事者以公有將才，用公守備」寧越。寧越，番漢雜處，鄉兵素弱，士心懈惰。公至，以嚴法繩之，軍實以振。時又有採木之令。令下，民逃匿」山谷中不肯出。公至，設方略，于木得完，而于民又不擾。馬應龍，土酋也。一日，以爭印作亂，公行部至富」林營，賊黨陡至，若謂公書生，不閑軍旅，以兵脅之，必得志。乃公飲血誓衆，下令軍中曰："賊衆我寡，于勢」不敵。我天子守臣，如不勝，頭可斷，節不可奪！"于是揚鞭麾左右，伺其懈，以奇兵撓之。又使健兒夜斫其」營，賊遂遁，民賴以寧。後陞公雲南僉書都司，明年八月，值」皇太子立，例得封其祖父母、父母暨其妻。于是祖鸞、父萬交俱贈昭勇將軍，祖母武氏、母武氏俱贈淑人」，妻張氏封淑人。吾郡自汾陽王而後，以武功封三代者，自公始。吁，亦偉矣！無何，陞陝西掌印都司。陝西」，公桑梓地，去華僅二百里。其所屬多近親，于法難行。公至，馭衆以寬，糾吏以嚴。又檄其屬繕城隍，謹防」衛，汰浮冗，剔奸蠹弊，法令一新。三年，威行郡國，軍民不敢犯。丙午，陞蘭州參將。蘭州，古金城地，一望沙」漠，至永泰城，則延袤四百里，防禦最難。又況畫地爲城，難與慮始。公至，披霜露，斬荆棘，任勞任怨，期以」數月襄厥事。當是時，有將無兵，有兵無餉。公不憚拮据，以從事于畚鍤之間者凡數月。于是不堪勞苦」，遂遘疾，枯其丰體。是年十月請告歸。明年己酉，遘痢疾，醫藥罔效。一日，郭子往候之，公曰："家世貧賤，今」以一介領大將符，受」國厚恩於布衣，極矣。即死何憾！獨吾慕班定遠之爲人，而今齎志長畢，于吾投筆心不無遺憾。"於戲壯哉」！公爲人，大抵先氣節，重然諾，遇事沉毅能斷，有忠孝大節。淑人張氏垂髫配公，貧而能勤，富而不驕。痛」公之歿，哭日夜不絶，竟至以身殉之。所謂維德之行，非歟？嗟嗟悲乎！公生嘉靖三十六年十二月十八」日辰時，卒萬曆三十七年九月二十三日辰時，得年五十三歲。淑人生嘉靖三十三年四月二十一日」巳時，卒萬曆三十九年

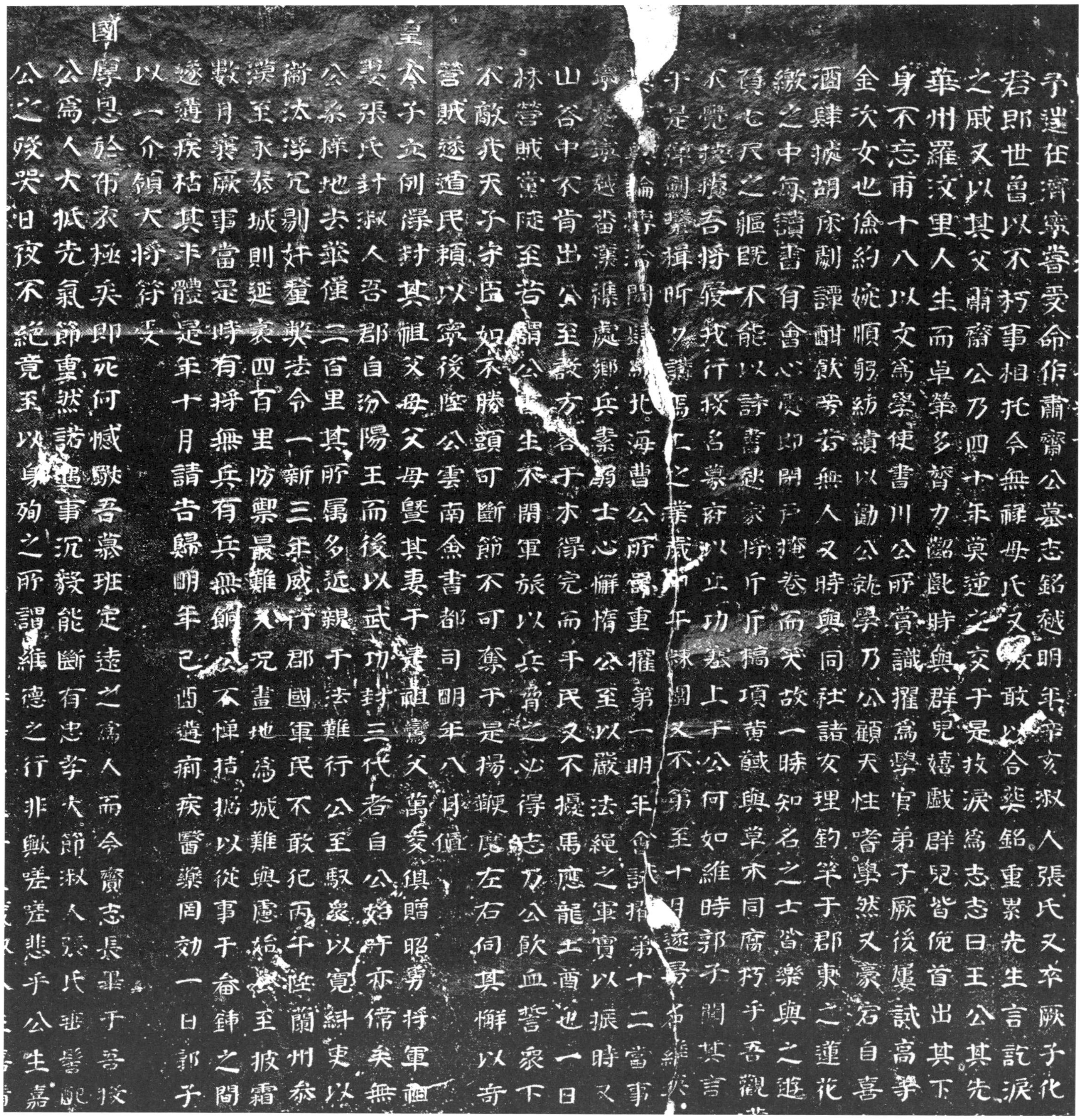

皇
國公
娶太
衛公子

予選往清寧營受命作蕭齋公墓志銘越明
年辛亥淑人張氏又卒厥子化
華州羅汶以其父乃四十年莫逆母氏又敢以合葬銘
之戚郎世曾以不朽事相托今無禪重累先生言託淚下
身次女也亦甫僑人生而卓犖多智嘔公逼之就學乃識與
金肆之撼胡牀讀書既剛開戶牖時賞識弟子皆倪首試高爭自喜
酒肆之撼胡牀讀書會飲笑即開家將卷時與父同社諸友省樂與之遊花
繳之之劇割縈吾將歿不能行以校詩書慕府以立功於是練園又上于公何如維父欲
于是覺七尺剔之軀不有我行以殺校名慕諸一時知名之士同席講黃蕨與草木同腐朽間其遊蹤
林營谷中賊堂陷至若公至教方容北海曹士心懈惰重擢第一明年會試指揮救十二當事又
山谷賊逐遁道民賴以眾祖父母暨其妻于武功封祖鳴年又萬委俱贈照勇將軍畫
不敵我天子守臣如不勝顯可斷節以兵之必得應龍玉酉也一日遂血警眾下其懈以奇
公張氏計地剝則奸蠹二百里一新三年最難銅年已酉遺痾疾醫藥周效一日郭子
公太子文倒例浮封其祖父汾陽王南龠後以親于郡國軍民不敢犯丙午涉蘭州泰霜之間
數月疾枯枯其事半符受是年十月請告歸明年己西遺痾疾醫藥周效一日郭子
漠至襲城剝則奸蠹延衷法令一防禦有兵無銅最難行公至馭象以覺紆胥吏以
以一介領大將夾即死何憾歡吾慕班定遠之為人而今寶志長罪于哥牧
厚恩於布衣兗氣節然而諸遇事況殺能斷有忠孝大節人及今淑人張氏悲乎公生嘉
國公之殘哭阳夜不絕竟至以身殉之所謂維德之行非歟差悲乎公生嘉

七月初六日酉時，得年五十八歲。生子三：長化溥，娶侯氏，省祭官侯朝宰女；次」化博，娶郝氏，生員郝應穀女；季化淳，咸寧縣生員，娶張氏，耆民張希曾女。女子四：一適生員郝應穀子」鍾瑞，業儒，一適通判張士度子世才，生員，一適廩生吉三重子夢斗，四聘三重子夢庚，俱業儒。孫男三」：一名勤民，化溥嗣子；一名建泰，一名振泰，俱化博子。公卒之二年，與其妻淑人合葬西南之兆，銘曰：

于」惟王氏，世有潛德。于時弗利，耕也罔獲。敬夫肇生，萬夫之傑，四十投筆，五十仗鉞。西蜀建屏，有碩其□」。白旗南飛，應龍授首」。帝曰欽哉，用錫爾祉。殫力邊關，星隕而死。於戲！孰臣殉國，孰婦殉夫。佳城鬱鬱，後食其福」。

大明萬曆三十九年歲次辛亥十二月十七日

不孝男化溥、化博、化淳泣血上石」

説 明

明萬曆四十年（1612）八月刻。碑高130厘米，寬75厘米。正文楷書，分上下兩欄：上欄爲"建修記"，共18行，滿行23字；下欄爲善士題名。楊梧撰文。現存西安市鄠邑區大王鎮龍臺坊。《户縣碑刻》著録。

釋 文

大明國陝西承宣布政使司西安府鄠縣興仁里龍臺觀建修」

嘗聞佛生西域，祥光照於周朝，宣威三界，統御萬靈，護持天」下士庶，保釐東土安寧。佛之廣大靈感，有自來矣。今能感動」我」鄠邑一方善士共有六十餘人郭世元等，各發虔誠，喜捨貲財」。始而擇地基，果得」古唐朝吳道子龍臺觀，風脉蕪蕪，土地美矣。既而卜，云其吉，建立」大雄慈悲寶殿三間，棟宇峻起，允爲一邦具瞻，廟貌成矣。其功」浩大，且不日而成，非人力也，意者我」佛聖默佑之力居多也。惟神有靈，必保佑命之爾等修理。奚啻」一廟，神之福爾不止一身，蓋錫爾以戩穀馨宜未已也。俾爾」子孫繩繩蟄蟄兮，亦非全福也。復使聖子賢孫，要皆穆穆皇」皇焉，此作善之大效驗也。又恐久而泯泯無聞，予以諸姓名」勒諸石，正垂千載於不朽，萬代於不磨，芳聲名譽，殆與廟貌」而俱永矣。豈溢美哉，豈溢美哉」！

維」萬曆歲次壬子八月吉朔旦

鄠杜庠生慎吾楊士吉徒楊梧撰」

監修人」：郭世元、郭世乹、申伯暹、史克己、趙思誠、姚會仕」（以上上欄）

爲首壹十二人：申伯暹、郭世乹、郭世元、史克己、姚會試[①]、趙思誠、刘應寧、靳仁、刘添庫、趙息、靳克顯、刘元表

宋文興、張仲坤、單准、李仕务、康進禮、郭孟朝、馮文達、宋惟謹、李滕益、郭廷珮、靳信、王子珮、姚邦春、史守懷、刘秉益、王仕利、趙元金、趙奉木、楊聚珊、陳言、魏添祥、趙橘、趙根、馮進江、刘添金、刘應秋、樊邦遂、刘三聘、胡進恭、刘講、趙思寅、刘久崗、靳克行、靳克謹、靳克益、宋惟木、郭孟水、郭世威、靳梅、靳花、張進威、李得寅、司進友、司宗营、刘從柰、馮進安、郭孟知、張邦文、楊起鴻

主持僧法琴、徒勝□

富邑人高克勤、高克儉鎸」（以上下欄）

校勘記

①姚會試，上欄監修人有"姚會仕"，當爲一人。

按

龍臺觀，原在今西安市鄠邑區大王鎮龍臺坊，已不存。據宋敏求《長安志》記載，鄠縣龍臺觀在豐水西北。又載："龍臺澤，在縣東北三十里。周二十五里。有唐馬祖壇在其中。《十道志》：'上林有龍臺觀，《上林賦》曰登龍臺掩細柳是。'《方興記》在豐水西北，近渭。"文中所記"果得古唐朝吳道子龍臺觀"，待考。另，碑文末有"廣福寺深平，元光寺自强、自會"題名，字體與内容不類此碑，似爲後人所加。

666.1612　劉扶墓誌

明壽官八十翁承渠劉公墓誌銘

明壽官承渠劉公墓誌銘
賜進士第中憲大夫奉
勅整飭荊西等處兵備兼管分巡道湖廣按察司
副使眷生李仙品譔文
鄉貢進士都察院司務前工部司務國子監學
正眷晚生來于廷篆額
里人郡庠眷晚生馬復元書丹
萬曆丁未五月二十二日承渠劉公卒于家越
壬子正月其孫諸生同仁將卜葬焉持公從弟
邑學生譜狀泣而請曰先君子不可作矣惟是
生有令德幸托信史以垂不朽無何同仁一疾
不起公次子行仁以今年嘉平八日塟公及同
仁于祖塋東南復申前請余素知公且不欲背
盟也因呵凍誌焉按狀公諱扶字汝立承渠其
別號也其先西安之乾州人
國初徙居高陵遂占籍為高陵人數傳生湏湏生
成成生景景生廷彩是為近渠公配孺人李氏
生公兄弟七人公居四焉生有異資垂髫從學
于東橋李學博李即公舅氏爰以大器許公卒
以家貧不能舉火遂棄去修計然之業拮据捺
作如淡衣疏蓮之有絲出之有度不數年家嶪
嶪起矣已而負貲從父近渠公入廣陵寓居東
廓時值倭寇勢甚猖獗百姓趨城者如市而城
門已閉百姓啼號莫知所之公叱守者曰數千
人命在旦夕坐視不救禁暴謂何守者因啓門
衆乃得入數千人賴以全活寇去百姓保舉當
道當道欲　奏聞授以職公力辭不受然名已
籍籍廣陵矣因是彼中巨室多與公往還至出
數千金相托曾不覓簡子尺寸之間盖公素性
介直恥與世俗齷齪者伍非有所勉也一日近
渠公病發立槐公為侍湯藥籲天祈以身代衣
不解帶頭不入口者數日稍安即扶而歸歸數
年近渠公不祿矣公哀毀如禮歲時修祀必躬
必慤無怠也李孺人垂白公不欲遠遊乃事在
兩淮者未竣又以李孺人命不得不復權子母
然每歲必歸省去必拜其配甯且屬其子諄諄
以承顏順志為念故李孺人于七子中施鍾愛
公云其誡二子有曰兩剛相砥未有全者也兩
柔相盪未有缺者也守其口勿以訾人欽其才
勿以先人可以長存小子識之至其鄉鄰爭者
咸恥公知有就質於公者即為剖析其曲與直
莫不忻忻帖服一時推重比之王彥方焉長女
適甯者早[illegible]遺子佐堯尚在繈褓公即收養教
之讀書長為擇配娶予侄孫生女其厚意嫁女
及女之女不少異同居人有貧不能婚不能葬
者亦量為之助且曰吾行吾志非敢望報也先
時蘭谷鄧公高其義與之頃盖授以冠帶仍表
其門邑侯汝南彭公廣川謝公無以賓禮延公
三君子皆當世之人望也其優禮如此是豈易
得哉嗟嗟行決于鄉評論定于蓋棺公自少而
壯自壯而老無一事不可與天知無一事不可
對人言即閭巷三尺童子莫不知公重公也真
所謂存順歿寧矣公生于嘉靖戊子十一月二
十日卒年八十生丈夫子二長同仁邑庠生娶
予兄腆之女次行仁娶涇陽張登選女女四一
適里人甯成芳一適予甥庠生石三俊一適里
人李傑一適武生李[illegible]孫男六明經未聘同仁
出明泰聘三原太學生孫燦女明鑑明慧明俊
五明俱幼行仁出銘曰
蔭蔭而宮有屹其封協氣鬱葱孫子繩繩福祿
其來崇
孤子劉行仁孫明泰明鑑明慧明俊明[illegible]
承重孫明經仝泣血上石
石匠[illegible]

説 明

明萬曆四十年（1612）十二月刻。誌、蓋均爲正方形，尺寸相同。邊長均64厘米。蓋文4行，滿行4字，篆書“明壽官」十翁承渠」劉公墓志」銘”。誌文分上下兩欄，每欄均楷書32行，滿行18字。李仙品撰文，馬復元書丹，來于廷篆蓋。誌四周雙邊欄。1991年高陵縣通遠鎮唐家窑村出土，同時發現劉扶買地券、劉扶妻寧氏墓誌。現存西安市高陵區文化館。《新中國出土墓誌（陝西壹）》《高陵碑石》著録。

釋 文

明壽官承渠劉公墓誌銘」

賜進士第中憲大夫奉」敕整飭荆西等處兵備兼管分巡道湖廣按察司」副使眷生李仙品撰文」

鄉貢進士都察院司務前工部司務國子監學」正眷晚生來于廷篆額」

里人郡庠眷晚生馬復元書丹」

萬曆丁未五月二十二日，承渠劉公卒于家。越」壬子正月，其孤諸生同仁將卜葬焉，持公從弟」邑學生諶狀，泣而請曰：“先君子不可作矣，惟是」生有令德，幸托信史，以垂不朽。”無何，同仁一疾」不起。公次子行仁以今年嘉平八日，葬公及同」仁于祖塋東南，復申前請。余素知公，且不欲背」盟也，因呵凍誌焉。按狀：公諱扶，字汝立，承渠其」別號也。其先西安之乾州人」，國初徙居高陵，遂占籍爲高陵人。數傳生湏，湏生」成，成生景，景生廷彩，是爲近渠公。配孺人李氏」，生公兄弟七人，公居四焉。生有異資，垂齠，從學」于東橋李學博。李即公舅氏，每以大器許公，卒」以家貧不能舉火，遂棄去，修計然之業。拮据操」作，茹淡衣疏，運之有經，出之有度，不數年家嶽」嶽起矣。已而負貲從父近渠公入廣陵，寓居東」廓。時值倭寇勢甚猖獗，百姓趨城者如市。而城」門已閉，百姓啼號，莫知所之。公叱守者曰：“數千」人命在旦夕，坐視不救，禦暴謂何？”守者因啓門」，衆乃得入，數千人賴以全活。寇去，百姓保舉當」道，當道欲奏聞，授以職，公力辭不受，然名已」藉藉廣陵矣。因是，彼中巨室多與公往還，至出」數千金相托，曾不窺窬于尺寸之間。蓋公素性」介直，耻與世俗齷齪者伍，非有所勉也。一日，近」渠公病，幾立槐，公爲侍湯藥，籲天祈以身代，衣」不解帶，漿不入口者數日。稍安，即扶而歸。歸數」（以上上欄）年，近渠公不禄矣。公哀毀如禮，歲時修祀，必躬」必愨，無怠也。李孺人垂白，公不欲遠遊，乃事在」兩淮者未竣。又以李孺人命，不得不復權子母」。然每歲必歸省，去必拜其配甯且囑其子諄諄」以承顏順志爲念，故李孺人于七子中犹鍾愛」公云。其誡二子有曰：“兩剛相砥，未有全者也；兩」柔相盪，未有缺者也。守其口，勿以訾人；歙其才」，勿以先人。可以長存，小子識之。”至其鄉鄰爭者」，咸耻公知。有就質於公者，即爲剖析某曲某直」，莫不忻忻帖服。一時推重，比之王彦方焉。長女」適甯者，早折，遺子佐堯，尚在襁褓，公即收養，教」之讀書。長爲擇配，娶予姪萲生女，其厚奩嫁女」及女之女不少異。同居人有貧不能婚、不能喪」者，亦量爲之助，且曰：“吾行吾志，非敢望報也。”先」時，蘭谷鄒公高其義，與之傾蓋，授以冠帶，仍表」其門。邑侯汝南彭公、廣州謝公僉以賓禮延公」。三君子者，當世之人望也，其優禮如此，是豈易」得哉！嗟嗟！行決于鄉，評論定于蓋棺。公自少」而壯，自壯而老，無一事不可與天知，無一事不可」對人言。即閭巷三尺童子，莫不知公、重公也，真」所謂存順歿寧矣。公生于嘉靖戊子十一月二」十日，卒年八十。生丈夫子二：長同仁，邑庠生，娶」予兄映之女；次行仁，娶涇陽張登選女。女四：一」適里人甯成芳，一適予甥庠生石三俊，一適里」人李傑，一適武生李惇。孫男六：明經，未聘，同仁」出；明泰，聘三原太學生孫燦女；明鑑、明慧、明俊」、五明，俱幼，行仁出。銘曰」：

窿窿而宫，有屹其封。協氣鬱葱，孫子繩繩，福禄」其來崇」。

孤子劉行仁，孫明泰、明鑑、明慧、明俊、五明」，承重孫明經仝泣血上石」

石匠富平趙邦海刊」（以上下欄）

按

撰者李仙品，字雲卿，陝西高陵人。萬曆二十三年（1595）進士，曾任長治知縣、承天府知府、湖廣偏沅巡撫，贈兵部右侍郎。康熙《陝西通志》有載。

篆者來于廷，字覲光，陝西高陵人。萬曆二十二年（1594）舉人。曾任梧州知府、順天府通判。萬曆《順天府志》、光緒《高陵縣續志》有載。

1651

667.1612　劉扶買地券

五帝主者律令

知見神

月直符登明神

主吏自當歐禍主掌內外存亡悉吉息息如

日直符太乙神

丰直符大吉神

付河伯今以牲牢酒醴共為信誓財地相交各已

遞路將軍齊肅阡陌若輕干犯詞禁將軍即行勑

至玄武內方勾陳分掌四域立丞墓伯謹肅界封

西澗一十六炎左至青就者至自完前至朱雀後

彩徙致信幣買刊墓地一方南北長一十八炎東

光安曆備銀錢九萬九千九百九十九貫文燕五

□從卜皆習吉擇于住宅西北乾字子山之原宅今電篆

神大癸亡人劉扶伏緣已身奄逝禾小茔墳今電篆

陝西安府高陵縣西吳里見在甫留村居住奉

酉安癸今擇

四日甲午大吉之辰立券後用十二月初八日丁

大明萬曆四十年歲次壬子十一月辛卯朔越初

維

説 明

明萬曆四十年（1612）十二月刻。長39厘米，寬38厘米。券文豎寫自左至右，楷書17行，滿行19字。1991年高陵縣通遠鎮唐家窰村出土，同時發現劉扶墓誌、劉扶妻寧氏墓誌。現存西安市高陵區文化館。《高陵碑石》著録。

釋 文

維」大明萬曆四十年歲次壬子十一月辛卯朔越初」四日甲午大吉之辰立券，後用十二月初八日丁」酉安葬」。今據」陝西西安府高陵縣西吳里見在甫留村居住，奉」神大葬亡人劉扶，伏緣己身奄逝，未卜莹墳。今龜筮」叶從，卜皆習吉，擇于住宅西北乾字子山之原宅」北安厝，備銀錢九萬九千九百九十九貫文，兼五」彩礼、致信幣，買到墓地一方，南北長一十八步，東」西闊一十六步。左至青龍，右至白虎，前至朱雀，後」至玄武。内方勾陳，分掌四域。丘丞墓伯，謹肅界封」。道路將軍，齊肅阡陌。若輒干犯訶禁，將軍即行敕」付河伯。今以牲牢酒醴共爲信誓，財地相交，各已」分付，令工匠修營安厝，永保無咎。若違此約，地府」主吏，自當厥禍，主掌内外，存亡悉吉。急急如」五帝主者律令」。

知見神：年直符大吉神、月直符登明神、日直符太乙神」

1653

説 明

明萬曆四十一年（1613）七月刻。碑圓首。通高180厘米，寬70厘米。額文2行，滿行3字，篆書"重新廟」學碑記」"。正文楷書18行，滿行68字。張輝撰文，郭如泰書丹，陳諭篆額。碑額飾仙鶴祥雲紋，碑身飾纏枝花紋。現存華陰市華山西嶽廟。《華山碑石》著録。

釋 文

重修華陰學記」

入關首邑曰華陰乎！名山大川皆在其地，而學惡乎縱傾頹？前明府令是邑者，初攘失省葺，而攘至於莫之能省葺。亦屢請，檄下，止云"仰縣查議"，而縣且民瘦財虛，□非數百金不」可。然數百金竟何所出？屢難之而屢罷，而時固有所待也。萬曆辛亥，明府王公起鄧穰來令華陰，躬儉素、清化源、課農桑、開水利、均田賦、復常平，振耻□□□□□□□敢有□公」三尺者。越明年壬子，遂有重修學廟之役。先是，公謁」先師，見殿廡齋舍蕭條狀，諸弟子熒熒立草莽間，乃惻然曰："誰令是邑而令蕭條若此？如陋巷席門，第遇屋有漏、壁有孔，思補與塞，且暮不能待，而茲且所棲何神？所鑄何人？令聖道塵」翳而無光，人心悽婉而不寧乎！其何以崇明祀、育才良也？吾且先其易者。"泮池涸，先引水自華山麓達於學，尋即有異魚。公説。漸及修東西廡，名宦鄉賢祠，不月餘乃竣。是時，公入」覲，三月復邑，從此有事于」大成殿、明倫堂及兩齋舍，皆次第舉。工不求速求其固，木不求美求其堅。費不煩增賦，民不苦征役。吉月乃告成功。視昔增亢爽，是爲顛末。先是，不佞輝自丁未冬杪來諭是學，尚未至」，諸弟子泥風水，先去不佞宅，移之而西，以士貧不能竣。及不佞至，藉陳生纘虞宅，居六載，且多病，無所事事。同寅胡巽菴先生，西蜀人，獨先力成尊經閣之路，修」敬一亭，補闕文，正方向。不佞自愧無功，扁中亦得以姓名附。癸丑，不佞移都下，已，復移鄖陽。述兩功尚無記，而二三子諄諄以筆問也，乃統屬云。二三子皆知以修學歸明府矣，抑知自」修其學以報明府乎？今明府且聞其昕夕講聖學，而二三子又皆誦法孔子。然孔子之學，聖學也，明德新民，止至善之學，而非二氏、百家、虛玄局曲之學也。居此者謂之廣居，立此」者謂之正位，行此者謂之大道，而修此者謂之真修。二三子從茲而入，前且拱太華，脫去凡近，以游高明，毋自卑其仰止。後且瀕渭水，溯流窮源，直透淵泉而時出，毋自濁其心神」。遠且控崤函，扃心如戶，防意如城，毋自開其慾竇。近且稽世三公，一物猶不欲傷生，非義皆不爲我有，毋自慚于天地爾。我之知況巽菴先生又不書予言於屏乎？天之視聽在此」，人之表率在此，道之明晦在此，世之隆替在此。二三子北面即無不見，此言慎，毋負師，以負明府，期增重於名山大川。公聞之，復進諸弟子而告之曰："是誠二三子自修之學也，不」煩奮鋪，不費工役，不算銀錢之多寡。今予之修已矣，而二三子之自修，固無已時也。如其然，則又光予修多矣。勉夫！"公名九疇，字子範，號叙吾，河南鄧州人，萬曆乙酉進士。按，正統」間，令是邑者，亦王姓，名貫，字一德，亦鄧州人。曾修是學，亦壬子歲，後先作合，蓋邑中一大奇云」。

萬曆四十一年歲次癸丑秋七月之七日

奉政大夫同知鄖陽府事前國子監助教蒲坂張輝撰

教諭隴上郭如泰書

訓導伎陵陳諭篆」

縣丞曹嘉祜、主簿金至剛、典史劉應舉同立石」

按

據乾隆《華陰縣志》記載，華陰縣學在縣治之東："洪武二年，縣丞黃文明改創，闊三十七步，長一百二十步。明倫堂六楹，左博文齋，右約禮齋，各四楹。號房翼列，各十間。前爲儀門。知縣晁進孝、簡仲宇、王九疇繼修，堂後爲敬一亭，直達尊經閣。閣自萬曆中始，王令直行等因邑士民捐貲、採堪輿而建者也。教諭宅一，居堂右；訓導宅一，居堂左。學門二，夾文廟東西。"

撰者張輝，乾隆《華陰縣志》作"張輝"，曰："張輝，山西蒲州人，舉人。（萬曆）三十五年任。博文講學，範士以禮，擢助教。"

郭如泰，湖南寧遠人。曾任華陰知縣、華陰學正。乾隆《華陰縣志》有載。

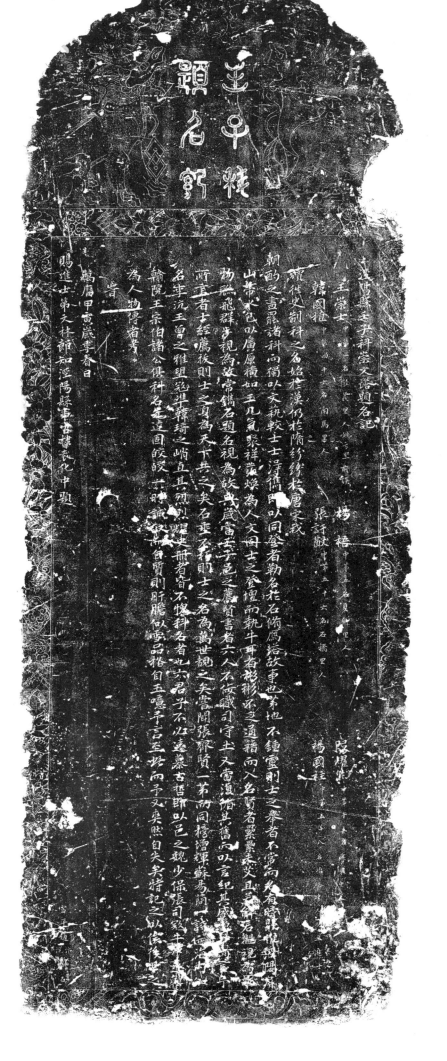

説　明

明萬曆四十二年（1614）三月刻。碑圓首方座。通高224厘米，寬80厘米。額文2行，滿行3字，篆書"壬子科」題名記」"。正文行書14行，滿行52字。袁化中撰文。碑額飾雙龍戲珠圖案，碑四周飾寶相如意花紋。現存涇陽縣崇文塔文物管理所。《咸陽碑刻》著録。

釋　文

涇陽縣壬子科崇文塔題名記」

王崇士，中第一名，敬義里人。姚方里，前誤。

楊梧，中第五名，夏鄉里人。

段耀然，中第十五名，縣東里人」。

韓國植，中第四十六名，南馬里人。

張訏猷，中第五十六名，石橋里人。

楊國柱，中第五十八名，冶峪里人，癸丑進士」。

讀往史，制科之名，始於漢，仍於隋，紛紛於唐宋。我」朝酌之，盡罷諸科，而獨以文藝較士。士得儁，即以同登者勒名於石，修雁塔故事也。第地不鍾靈，則士之舉者不常，而名有時歇。惟涇陽屏」山帶水，包以廣原，橫如玉几，氣聚祥發，焕爲人文。固士之登壇執牛耳者，彬彬不乏；通籍而入名賢者，纍纍未艾。且若解若魁，視爲故」物；聯飛群步，視爲故常；鑴石題名，視爲故典。歲當壬子，邑之薦賢書者六人。不佞職司守土，又當復循其舊，而以言紀其盛。噫！予可言。予」所言者，士經薦拔，則士之身爲天下共之矣；石垂不朽，則士之名爲萬世覩之矣。嘗聞張齊賢一第，而同榜增輝；蘇易簡一試，而海内知」名。李沆、王曾之雅望，寇準、韓琦之峭直，其烈烈耀史册者，皆不愧科名者也。六君子不必遠慕古哲，即以邑之魏少保、張司寇、牛中丞、韓」翰院、王宗伯諸公，俱科名先達，固皎皎一時，誠取而自質，則肝膽似雪，品格自玉。噫！予言至此，而予又爽然自失矣。特記之，以俟後世之」爲人物傳者考」。

時」萬曆甲寅歲季春日」

賜進士第文林郎知涇陽縣事古棣袁化中題

富平趙汴、趙浣刻石」

按

撰者袁化中，字熙宇，山東武定人。萬曆四十年（1612）舉人，曾任涇陽縣知縣，卒祀名宦。乾隆《涇陽縣志》有載。

1657

670.1614　孫塏暨配薛氏薛氏墓誌

説　明

明萬曆四十二年（1614）十一月刻。誌、蓋均爲正方形，尺寸相同。邊長均64厘米。蓋文3行，滿行4字，篆書"壽官仰田」孫公薛氏」合葬之墓」"。誌文楷書37行，滿行35字。盛訒撰文，陳所志書丹，盛以恒篆蓋。蓋及誌四周均飾纏枝花紋。個別地方磨泐，有傷文字。1985年潼關縣十里鋪村出土。蓋、誌分别爲村民姚本成、李宏軍收藏。《潼關碑石》著録。

釋　文

明壽官仰田孫公暨配室人薛氏薛氏墓誌銘」

耆壽孫公，諱堦，别號仰田，先世山東鄒平縣人。一世諱雄者，以武功奉」文皇帝命，陞授本衛指揮使，俾世守我金陡，爲北門之鎖鑰云。雄生鑑，鑑生真，真生廉。廉生大」經、大縉，經舉孝廉，仕至光禄卿；縉補衛庠弟子員，以文學爲太學生，生承寓，配周氏、姚氏。寓」生三子，仲氏即仰田公，周出。聞公生而貌状岐嶷，頭角不類常兒。承父命就學，以早失怙恃」，不克卒業，遂居東十里鋪，率僕耕疇。前後皆娶薛氏。兩薛，堂女兄弟也，俱有令德，以勤儉相」夫，生計益就饒裕。更佩雞鳴親賢之風，凡文武士過其家，輒具酌痛飲，必洽賓主情而後别」。常乘驊騮，飾以紫纓金勒，邀友人飲肆中，其酒資獨傾囊出，弗靳也。於余家有世講誼。初會」陳渠尊人與先君壽官府君爲莫逆交，公不勝色喜。觀公廣顙方面、虬鬚長身，古史所稱樊」舞陽、尉遲鄂公，當不壯於此。後遂遣其孫顯芳，受《毛詩》於余，蓋追慕孝廉公、太學公先烈，思」所以覬揚之，而不欲以武事、農業竟世傳已耳。嘗值公華誕，余携罇酒爲公壽。是時公尚驍」健，乃即出壽具以示。少選，賓客滿座，諸桂蘭以次勸飲，其宗孫仰川萬户代行酒政，修家人」歡，鄉人皆以爲公榮，而余獨心賞其曠達，有古視死如歸之風焉。昨歲夏，遇先繼慈之變，公」賜吊，視精神旺甚，心卜其期頤，當目覩厥孫之九萬里而南也。至冬，乃搆疾床褥間，時以顯」芳考試之殿最爲計。比春暮，聞芳獲游泮林，悲喜交集，更數日，而遂捐館舍矣。余始爲公悼」，既爲公幸，悼其年之不及喬松，而以壯軀倏尔化去；幸其年近古希，不爲不壽。兒孫滿眼，耕」者可以嗣業，讀者可以承志，又不爲不昌且熾也。嗚呼！公可瞑目於九京矣。會公長即仲銑」携顯芳詣余，且拜且泣，持状求誌。余竪儒，言何足爲長者重？第以交誼最深，不忍負子若孫」之請，姑實録其事如左云。按，公生於嘉靖丁未十一月初七日，卒於萬曆甲寅三月三十日」，得壽六十八歲。前薛室人生於嘉靖乙巳五月二十五日，卒於萬曆癸未六月初七日，得壽」三十九歲。後薛室人生於嘉靖丁未十一月十六日，卒於萬曆丁酉五月初七日，得壽五十」歲。子男六：長仲銑，娶關氏，次仲鑰，娶湯氏，次仲鎰，娶黃氏，再趙氏，次仲鉆，娶劉氏、杜氏，俱前」薛氏出；次仲銘，娶楊氏，次仲鯮，娶湯氏，俱後薛氏出。鯮先公卒。子女二：長適指揮舍余姚熙」□，次適指揮舍余陳良策，亦前薛氏出。□□三，一顯英，娶張氏，一顯勳，尚幼，俱銑出；一顯芳」，□□□□出，即余門下士也。孫女八：一適舍余藍自登，一適舍余孔儒俊，餘皆幼。重孫一，之」□□□，重孫□二，尚幼。二薛皆先公卒，葬於村東南之崗下，今卜吉萬曆甲寅十二月十二」□□□葬公於舊塋焉。故述其状而爲之銘」，銘曰」：

孫氏閥閲，世顯文武。桓桓仰田，慷慨肖古」。我瞻鶴姿，方卜百齡。誰期限至，半嶽摧峰」。聯輝淑女，勤儉其德。母儀婦道，式我内則」。子孫繩繩，時孝時享。耕讀嗣業，奕世流芳」。

時」皇明萬曆歲次甲寅十一月初七日

潼關衛儒學廩膳生員盛訒撰」

潼關衛儒學增光生員陳所志書」

潼關衛儒學廩膳生員盛以恒篆」

孝男仲銑等泣血勒石」

按

撰者盛訒，字伯仁，號鳳墅，一號洽素，陝西潼關人。貢生。曾任鹿邑知縣。《新中國出土墓誌（陝西壹）》收録其墓誌。

篆者盛以恒，字勉南，陝西潼關人。萬曆四十三年（1615）舉人，曾任商城縣知縣，贈按察司僉事。康熙《陝西通志》有傳。

671.1616　張堯年母陳氏墓誌

明故勑封孺人陳氏張母合葬墓誌銘
賜進士第文林郎兵科給事中前翰林院庶吉士北地孫俉[illegible]文
賜進士第奉政大夫吏部稽勳清吏司郎中　交河趙邦清篆額
賜進士第文林郎山西平陽府臨汾縣知縣　金明張廷玉書丹
孺人故南京鳳陽府古亳大夫余友張翊明公之元配也生加靖甲寅年六月廿
六日至萬曆四十四年五月廿六日告終享壽六十有三卜是歲九月廿二日合
翊明公之壙而合葬焉往歲癸丑翊明公卒余爲撰其墓誌其表其神道碑[illegible]
余次第載之於稽其時去今僅三歲耳方幸翊明公服胡使倉降若是之殃又
令孺人不旋踵而云亡也余何忍銘然又有不得不銘者按於孺人姓陳氏清豐
士陳公啓高別號[illegible]之女也當未娫時曾與封君西池翁指腹爲盟後果任之
成得諧秦晉而[illegible]貴人夫爲夫入事亦奇矣再照孺人與翊明公生同年先翊明
公六月以幼失慈[illegible]養於十之有五歸公當其時翊明公尚窮弱綿力處家甚窘
孺人惟知勉力事以學雖敝衣糲食宴如也其事封君公與田太孺人最孝當面
被呵斥輒怡然順受畧無難色即遶之姑叔就是也其其善類如此數越歲翊明
公方出仕授仇猶郡大尹孺人乃以夫貴顯被寵榮乃孺人封号夫實佐之矣嗣
是翊明公陞雲南阿迷知州歷任平定亳州孺人隨在與之俱周旋於宦途者殆
十餘年所乃知功助之功隱乎溥矣翊明公多副室孺人咸加体恤畧無妬忌非
婦道中之萬萬難及者以故諸媵妾誦淑女小星之歌稱爲女中堯舜云清先是
無丈臣命婦有之自孺人始蓋二百年來奇遇孺人實首被之且也與公生同年
而享壽又過之宅如文武二子崇祿養而舞班衣聚百順以歡愛日桂子蘭孫種
種繼盛孺人殆以一身而備諸福之隆也天眷有德寧從夫夫然哉孰李子謂古
婦人無誌然余讀碩人之詩非所以贊淑勵俗耶碩陳孺人者容可弗誌乎余特
採其行實之大者謹著如此孺人生子二長堯年爲千兵娶庠生惠公濟泉女次
堯卿庠生娶大尹馬公如龍女女一適保安縣弟子員王生名世孫二一如清堯
年出一慧清堯卿出女孫四長許聘單樺使在襲百次幼未許聘皆年出其二則
堯卿出也尚在稚負例得備誌之因銘焉
銘曰
於維淑媛質直其醇壽等綿延令德彌敦有女賢徽孫子成群目可瞑矣永封[illegible]
祀
孝男堯年堯卿立

説 明

萬曆四十四年（1616）九月刻。蓋佚。誌砂石質。誌長64厘米，寬63厘米。誌文楷書30行，滿行31字。麻僖撰文，張廷玉書丹，趙邦清篆額。1991年靖邊縣新城鄉羅家窑子村出土。現存靖邊縣文物管理委員會。《新中國出土墓誌（陝西壹）》《榆林碑石》著錄。

釋 文

明故敕封孺人陳氏張母合葬墓誌銘」

賜進士第文林郎兵科給事中前翰林院庶吉士北地麻僖撰文」

賜進士第奉政大夫吏部稽勳清吏司郎中交河趙邦清篆額」

賜進士第文林郎山西平陽府臨汾縣知縣金明張廷玉書丹」

孺人，故南京鳳陽府古亳大夫余友張翊明公之元配也。生加（嘉）靖甲寅年六月廿」六日，至萬曆四十四年五月廿六日告終，享壽六十有三。卜是歲九月廿二日，啓」翊明公之壙而合葬焉。往歲癸丑，翊明公卒，余爲撰其墓誌，其墓表、神道碑記，悉」余次第裁之。於稽其時，去今僅三歲耳。方幸釋翊明公服，胡彼蒼降若是之殘，又」令孺人不旋踵而告變也。余何忍銘？然又有不得不銘者。按狀：孺人姓陳氏，靖處」士陳公登高、別号鳴岐之女也。當未誕時，曾與封君西池翁指腹爲盟，後果俱立」成，得諧秦晋，而爲貴大夫、命夫人，事亦奇矣。再照，孺人與翊明公生同年，先翊明」公六月，以幼夫愁親，遂於十之有五歸公。當其時，翊明公尚屬弱綿力，處家甚窘」，孺人惟知勉夫子以學，雖敝衣糲食，宴如也。其事封君公與田太孺人最孝，常面」被呵斥，輒怡然順受，略無難色，即達之姑叔，犹是也，其其善類如此。数越歲，翊明」公方出仕，授仇猶郡大尹，孺人乃以夫貴顯，被寵荣乃孺人封号，天实佑之矣。嗣」是，翊明公陞雲南阿迷知州，歷任平定、亳州。孺人隨在，與之俱周旋於宦遊者，殆」十餘年，所乃知劝助之功，隐哉溥矣。翊明公多副室，孺人咸加体爱，略無妬忌，犹」婦道中之萬萬难及。及以故，諸媵妾誦淑女小星之歌，称爲"女中堯舜"云。靖先是」無文臣命婦，有之，自孺人始。蓋二百年来奇遘，孺人实首被之。且也與公生同年」，而享壽又過之。它如文武二子，崇禄養而舞班衣，聚百順以歌愛日。桂子蘭孫，種」種繼盛，孺人殆以一身而備諸福之隆也。天眷有德，寧独丈夫然乎哉？李子謂"古」婦人無誌"，然余讀《碩人》之詩，非所以贊治勵俗耶！顧陳孺人者，容可第誌哉。余特」採其行实之大者，謹著如此。孺人生子二：長堯年，爲千兵，娶庠生惠公濟衆女；次」堯卿，庠生，娶大尹馬公如龍女。女一，適保安縣弟子員王生名世。孫二：一如清，堯」年出；一慧清，堯卿出。女孫四：長許聘單撝使应袭吉，次幼，未許聘，皆年出；其二則」堯卿出也。尚在襁負，例得備誌之。因銘焉」，銘曰」：

於維淑媛，質直其醇。寿算綿延，令德弥敦。有女賢淑，孫子成群。目可瞑矣，永慰幽」魂」。

孝男堯年、堯卿立」

按

撰者麻僖，字立軒，甘肅慶陽人。萬曆三十五年（1607）進士，曾任兵科給事中、太常寺少卿。康熙《陝西通志》有載。

書者張廷玉，陝西延安人。萬曆三十八年（1610）進士，曾任山西副使。嘉慶《延安府志》有載。

672.1617　孫振基墓誌

説　明

明萬曆四十五年（1617）八月刻。誌、蓋均長方形，尺寸相同。均長95厘米、寬90厘米。蓋文5行，滿行5字，篆書“明故奉議大」夫山東按察」司僉事原任」户科給事中」孫公墓志銘”。誌文楷書51行，滿行46字。南師仲撰文，盛以弘書丹，張經世篆蓋。1959年潼關縣沙坡村出土。現存潼關縣東門博物館。《潼關碑石》著録。

釋　文

明故奉議大夫山東按察司僉事原任户科給事中孫公墓志銘」

賜進士第奉議大夫右春坊右庶子兼翰林院侍讀前司經局洗馬國子監司業纂修國史記注起居管理制誥官」渭上南師仲撰」

賜進士第朝列大夫國子監祭酒關門盛以弘書」

賜進士第嘉議大夫奉敕整飭赤城等處兵備分巡口北道山西提刑按察司按察使渭上張經世篆」

萬曆丙辰季春下旬四日，肖岡孫公卒於里。其時，冢嗣進士君方得雋，訃聞，徒跣歸。哀少定，策杖過余曰：“先君子長已矣」，所不朽者，幸先生之言在，敢以銘請。”余聞之，淚簌簌下，曰：“公剛方寡合，世人欲殺。宜矣造化胡爲者。且知公莫余若，曷可」辭？”志曰：公孫姓，諱振基，字爾構，肖岡其號。上世三原人，七世祖諱大者，始徙居潼關。大生讓，讓生壽官全，全生太學生璟」，璟生庠生元。元生二子：長重光，儒官；次承光，選貢，仕爲沔縣令。配謝，生二子，公其長也。孫氏世儒術，至沔縣公，始以經術」顯。往謝孺人生公時，夢金甲神繞其室，故公生而倜儻卓犖。四五歲即日誦數百言，解大義。十齡能綴文，十六補博士弟」子員。既廪，時督學丹陽姜公開館正學，試必冠諸士，深爲器重。甲午舉於鄉，兩上春官不第，嗜學倍篤。庚子偕計，值道有」贖罪鬻女者，割資斧以贈。明年成進士，除黄縣令。黄蕞爾近海，公至，擒巨盜數十人，釋誣死者數人。又黄俗輕生，曲諭嚴」禁，民風丕變。時璫使開採，豪莫敢向，公逮礦官抵法。璫怒，脅以危言，恬不加意。是秋大旱，公議賑設廠，且單車馳封内，盡」活其饑羸者，毋敢冒。治黄逾歲，以卓異調安丘，黄立石紀德。安丘疲劇倍黄，公移令黄者，令安丘臚列興革，出詢士民，調」劑適宜，其它瑣斂，歲入約三千金，咸報罷。丁未，考三載績」，封父文林郎，母孺人。邑故盜藪，有劇盜柳姓者，挺爲衆亡命，倡青、齊、臨淄之墟，烏合雲擾，漸且縛官兵、據陁塞，聲言屠城。當」事者猗違，議同築舍，致賊突逼境上。公奮不顧身，提部卒百餘人往剿之，賊勢遂潰。公益修實政，出俸貿粟，爲常平兩倉」，又覈侵冒曠鍰，緝學宫、城池，不名民間一錢。歲蝗蝻蔽野，民不堪命，摘文虔禱，鴉遂逐蝗亂吞之，誠應如此。其他緝賢祠」、濬水利、招流移、明趙翰、撰匿盜之誣種種，未易殫述。無何，以近例擬補儀部主事。壬子，授户科給事中，即焚香自矢，務以」正直忠厚爲進。言本首陳用人圖治，謂：“廢棄諸臣摧敗，業已過半，而高風勁節，尚自有人。俱令伏在草莽，趑趄自效，臣竊」惜之。”已而巡視光禄，即覈寺臣狥情濫支，出納不明。雖左中貴意，第自是請托悉杜，諸商息肩矣。會科場噴有煩言，公即」慷慨論列，得」旨會議。衆或譙或黑，公執論愈激，竟推其至隱，人服公氣識。稅監馬掌權天津，復營攝江左，公借故璫魯保爲喻，言：“維揚稅鍰」，撫按業力任之，堂可拱手以待。今堂已抵徐境，計必憑寵縱暴，不至搜括殆盡未已者。魯保物故，遺鍰至三十餘萬，方物」不貲。堂饕餮兇橫，更非保比，法宜倍治。”報至，堂恐，旋撤天津矣。江南督學使杖斃青衿，按其土者奏，謂殺人媚人。御史大」夫主勘，人分左右袒，公獨憤憤，謂：“不勘不足以覈情實、慰幽魂。”人已稍稍側目公。會沔縣公家居抱病，公忽心動，日攜俸」錢，飯貧人，長跪禱，損己算益父，瞻雲之思倍切。而孅趨阿附者，睹公忠義勃發，略無環忌。且所摘一二事議論正紛，恐於」時不便，遂囑主爵者，出公山東憲僉以杜口。既得」旨，公拜疏浩然歸，以承歡爲幸。而臺省骨鯁之士彈文肆出，論主爵者狥私媚時，非忠於國者。公歸，沔縣公猶善飯。亡何，病且」篤，晝夜侍湯藥，涕洟不少離。洎歿，痛哭嘔血，且素患恇忡，疾亦轉劇。迨冢嗣必顯成進士，報至，猶伸紙娓娓數千言，咸持」躬涉世之法，以訓必顯。乃一夕，溘焉長逝。人咸曰：“孫伯子死於孝矣。惜哉！”公敦倫自天性，當王母見背也，沔縣公哀毁嬰」疾，一切皆公爲政。送終之具，犁然畢備。兩令所積常俸，盡以奉父，橐無一錢。泊析箸，僅取磽确，豐腴者咸爲弟讓，至鞠諸」侄如子。舅氏覃指揮通帑藏千金，當塗督且急，公遂貸三百金。覃感，割舍以酬，公曰：“貸金原不冀報，乃圖舍邪？”謝不受。夜」有挾多金丐開説者，公嚴四知辭。既聞其非罪，復脈爲之地，彼不知也。關門故不條鞭，公慨民窮賦重，率士紳敷陳當事」，創均徭法，大釐宿弊。千户陳應祥被内監索賄，幾自縊，公予錢二十千，祥得不死。其周急類如此。至居室不蔽風雨，又稱」貸以

明故壽肅大夫山東按察司僉事原任戶科給事中陳府君墓誌銘

緝。平生究心字學，一探原委。讀史考古，質今質覿，僉邪得志。忠良去國，掩卷太息，不啻身與其事者。家居，門足羅雀」，而外侮頻仍，第怡然順受，略無嫌怨。久皆愧，謝去。自少不耽聲色，愛人好施，即睿甚不倦。所著有《掖垣献納》《掖垣紀事》《安」民實務》《綱鑑纂要》《等韻直指》諸書，藏於家。大歸公志剛氣夷，不能忍不平事，而所過輒化，不念舊惡。歿之日，遠近聞者又」莫不曰：“正人死矣。”詎生隆慶己巳孟春三日，年纔四十有八耳。元配劉」，贈孺人；繼覃」，封孺人。兩孺人懿行生卒，載公自志中。繼賈，今稱未亡人。男子二：長即必顯，萬曆丙辰進士，娶於張渭南山西按察使經世」女，繼景蒲州庠生封犖女；次必茂，聘於盛國子監祭酒以弘女。女子二：長適盛昭之，後軍督都府經歷以達子①；次聘朝邑」李調鼎戶部郎中樸子。必顯等卜歿之明年八月十日，厝公關東湯家灣新兆，兩孺人合。余惟西京直諒之氣，代不乏人」，文章功業，咸有根柢，至孤忠耿耿，九死不回，尤其天性云。往亡論矣，即近歷臺諫者，公及史義伯氏指佞鋤奸，有聞必奏」，意氣激烈，真天下非之不顧者。勘迎合交關之巧，而盡知畢誠，可稱一□直臣者矣。今義伯遭忌投閒，詠先王而狎鷗鳥」，公乃遽返亡何，有之鄉人忌之，天亦忌之邪！嗟嗟！河嶽氣散，賢喆數□□□容而退，退而天復收之者，又不翅公一人已」也。余因有感於時運興衰之會矣。銘曰」：

　　直木匠顧，利鍔鋒摧。美服人指，良玉身蕾。爲時難必，維天足恃。天道□□，懋衍後祉。晶忠凜凜，令聞孔昭。遺愛蠧蠧，棠陰」載饒。吁嗟乎！邦國殄瘁，國士淪亡。孰得孰失，孰短孰長。象賢紹軌，奕葉其光。匪比世好，匪睢鄉邦。朱闌嫭節，徒竭枯腸。閟」雲黯霮，我心方皇哉」。

　　孝男必顯、必茂泣血勒石」

校勘記

①督都，當作“都督”。

按

誌主孫振基，《明史》有傳。誌與傳可互補互證。

撰者南師仲，字子興，陝西渭南人。萬曆二十三年（1595）進士，著有《元籠堂文集》《集杜詩》。康熙《陝西通志》有載。

書者盛以弘，陝西潼關人。萬曆二十二年（1594）舉人，二十六年（1598）進士。曾任國子祭酒、吏部侍郎、禮部尚書。著有《紫氣亭集》《鳳毛館帖》。康熙《潼關衛志》有載。

篆者張經世，字惟才，陝西渭南人。萬曆二十三年進士。曾任大理評事、戶部尚書。道光《重輯渭南縣志》有載。

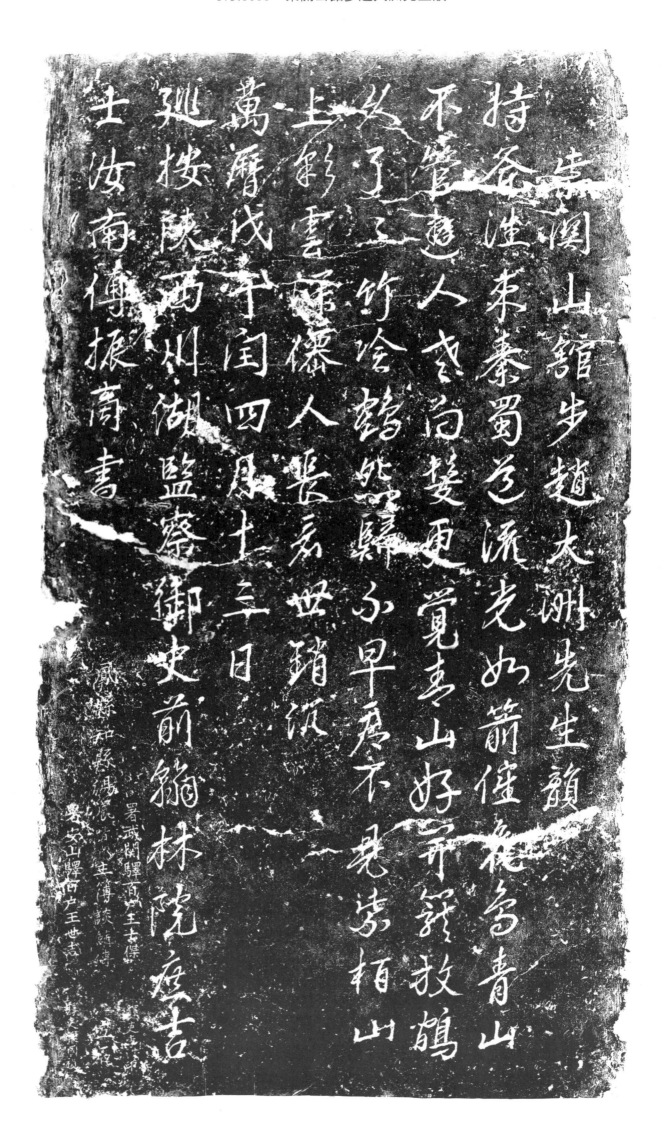

説　明

明萬曆四十六年（1618）四月刻。碑圓首方座。通高225厘米，寬84厘米。正文行草書8行，滿行16字。傅振商撰文并書丹。現存留壩縣張良廟。《留壩廳足徵録》《漢中碑石》著録。

釋　文

柴關山館步趙大洲先生韻」

持斧往來秦蜀道，流光如箭催花鳥。青山」不管遊人老，白髮更覺青山好。開籠放鶴」久了了，竹冷鶴怨歸不早。君不見，紫柏山」上彩雲深，儴人長看世銷沉」。

萬曆戊午閏四月十三日」

巡按陝西川湖監察御史前翰林院庶吉」士汝南傅振商書

鳳縣知縣湯鳳嗒、主簿談麟傳、署武關驛百户王士傑、署安山驛右户王世吉、驛吏李□印、驛吏張國禎立石」

1667

按

《留壩廳足徵録》并未録詩題、落款，個別文字有誤。

撰書者傅振商，字君雨，號星垣，河南汝陽人。萬曆三十一年（1603）舉人，三十五年進士，曾任江西道監察御史、右僉都御史、大理寺丞、南京兵部右侍郎，贈太子太保，謚莊毅。著有《愛鼎堂集》。雍正《河南通志》有載。

674.1618　尹伸書張子《西銘》碑

張子西銘

乾稱父坤稱母予茲藐焉乃混然中處故天地之塞吾其體天地之帥吾其性民吾同胞物吾與也大君者吾父母宗子其大臣宗子之家相也尊高年所以長其長慈孤弱所以幼其幼聖其合德賢其秀也凡天下疲癃殘疾惸獨鰥寡皆吾兄弟之顛連而無告者也于時保之子之翼也樂且不憂純乎孝者也違曰悖德害仁曰賊濟惡者不才其踐形惟肖者也知化則善述其事窮神則善繼其志不愧屋漏為無忝存心養性為匪懈惡旨酒崇伯子之顧養育英才潁封人之錫類不弛勞而底豫舜其功也無所逃而待烹申生其恭也體其受而歸全者參乎勇於從而順令者伯奇也富貴福澤將厚吾之生也貧賤憂戚庸玉女於成也存吾順事沒吾寧也

橫渠張夫子為關中第一大儒此篇為理學第一文字乃西安學宮碑碣如林而不及此真是缺典馮仲好先生欲予正書刻石以示多士余雖楷法未工而所傳不在書也姑附萬曆戊午季冬蜀後學尹伸敬書

說 明

明萬曆四十六年（1618）十二月刻。碑長方形。長100厘米，寬62厘米。正文楷書22行，滿行17字。宋張載撰文，明尹伸題跋并書丹。碑斷爲四，文字有泐損。原立於眉縣橫渠鎮學堂。現存西安碑林博物館。《西安碑林全集》著錄。

釋 文

張子《西銘」》

乾稱父，坤稱母，予茲藐焉，乃混然中處。故天」地之塞，吾其體；天地之帥，吾其性。民，吾同胞」；物，吾與也。大君者，吾父母宗子；其大臣，宗子」之家相也。尊高年，所以長其長；慈孤弱，所以」幼其幼。聖，其合德；賢，其秀也。凡天下疲癃、殘」疾、惸獨、鰥寡，皆吾兄弟之顛連而無告者也」。于時保之，子之翼也；樂且不憂，醇乎孝者也」。違曰悖德，害仁曰賊，濟惡者不材，其踐形惟」肖者也。知化則善述其事，窮神則善繼其志」。不愧屋漏爲無忝，存心養性爲匪懈。惡旨酒」，崇伯子之顧養；育英才，穎封人之錫類。不弛」勞而底豫，舜其功也；無所逃而待亨，申生其」恭也。體其受而歸全者，參乎。勇於從而順令」者，伯奇也。富貴福澤，將厚吾之生也；貧賤憂」戚，庸玉汝於成也。存，吾順事；沒，吾寧也」。

橫渠張夫子爲關中第一大儒，此篇爲理學」第一文字。乃西安學宮碑碣如林，而不及此」，真是缺典。馮仲好先生欲予正書刻石，以示」多士。余雖楷法未工，而所傳不在書也，姑附」橫渠以不朽耳」。

萬曆戊午季冬蜀後學尹伸敬書」

按

此碑書法結體勻整，方正穩健，肥瘦適宜，優雅可人，堪稱明代楷體精品。

書者尹伸，字子求，四川宜賓人。萬曆二十六年（1598）進士，曾任西安知府、陝西提學副使、河南右布政使等職。《明史》卷二九五有傳。

675.1619　盛厚予暨配趙氏合葬墓誌

明故才厚予盛公暨配趙顧孺人合葬墓誌銘

説　明

明萬曆四十七年（1619）三月刻。誌、蓋均爲正方形，尺寸相同。邊長均65厘米。蓋文5行，滿行4字，篆書"明茂才厚」予盛公暨」配趙碩人」合葬墓誌」銘"。誌文楷書32行，滿行34字。王之寀撰文，孫必顯書丹，王之臣篆蓋。誌、蓋四周均飾回形紋。1976年潼關縣萬家嶺出土。現存潼關縣東門博物館。《潼關碑石》著錄。

釋　文

明茂才厚予盛公暨配趙碩人合葬墓誌銘」

賜進士第文林郎原任刑部河南清吏司主事眷會弟王之寀撰」

賜進士第河南開封府知府眷侍生王之臣篆」

賜進士出身户部浙江清吏司主事年家眷晚生孫必顯書」

茂才盛公以丁巳之夏月卒然捐館舍。卜有兆葬有日矣，長子善之等執歲進士鳳墅盛」君所爲狀，並揚陓盛太史書，請誌若銘於余。余與鳳墅君爲姻親，與太史諸昆爲會友，又」曷敢以不斐辭。按狀：公先世定遠人，祖聚，從」高皇帝征戰有功，補燕山護衛旗。子瑄有靖難功，晋府軍指揮，改潼關衛，遂家焉。四世祖昭勇」公以延綏斬首功晋級指揮使。七傳爲都尉公，以忠烈秩祀鄉賢。有子四人，仲子讓，由武」科起家，贊畫軍門，爲人善騎射，有古任俠風，而又長於文墨。再聚李碩人，得茂才公。公生」而面帶丹沙字文，相者卜其非常。早歲習句讀，一見能記。十歲從父固原，會贊畫公病卒」官舍，扶襯（櫬）歸里。伶丁孤苦，煢煢在疚。於是豪右讎家且睥睨圖報復，而一二臧獲皆有二」心。賴李碩人矢心家政，勤督奴僕，而扞其外侮。公與妻趙氏昕夕奉命，内外蕭然，家業稍」稍振矣。公率九訓，敬從叔父太史公家教，誦習麟經。乙卯入庠序，爲督學使者翼軒李老」師所甄收。歲試，遇敬庵許老師，取上等，食諸生廩，時聲稱藉甚，人以大魁期公，即公自期」許，視取青紫如拾芥耳。坐數奇，屢困場屋。癸卯，中副卷，竟外孫山，是命也夫，是命也夫！歲」丙辰，公從叔鳳墅君」廷試西歸，一日語公曰："大才小就，亦屈而能伸一機會也。"公笑而遜謝之。蓋公負奇有大志」，若不欲托迹明經一途也者。居家，事李孝，遇節遇壽，情禮尤篤摯。殁後葬祭如禮，雖公意」哉。内外拮据，齋心盥手，碩人之力實居多。碩人習女紅，孝嫓姑，睦族親，内德亦茂，而逝先」公。公後一年，而與碩人同歸泉室，豈同室者，速欲同穴。百年之願，兩地共遂耶，何去之驟」也！公以嘉靖庚申十月初五生，以萬曆丁巳四月十八卒，得壽五十有八。碩人生於嘉靖」癸亥七月初三，卒於萬曆丙辰七月二十四，得壽五十有六。男三：長善之，娶劉氏，指揮僉」事一元女，繼娶王氏，華州庠生新德女；次容之，娶靈寶許文簡公孫知縣茂栜女；次光之」，娶華州劉督撫男庠生胤華女。女二：長適季守備子指揮僉事季國柱；次適李指揮承芳子」應襲躍鷗。孫男二：長庭相，聘中所趙千户之棟女；次庭礎，幼。孫女二，未字。善之等將以萬」曆四十七年三月十三日，合葬關西十里鋪之新阡。於戲！公已矣，蓬山未冠，兔丘早營，謂」壯志何？竊嘆物之精華，天地所秘惜，故蒙金以砂，韜玉以璞。夫金玉之爲天下寶，尚矣！其」蒙且鋼也，或有識之者。其終于蒙且鋼也，又孰識之者？公奇不見售，而老死牖下。余悲其」志，爲之誌而銘之，以俟識者」。銘曰：

人如玉兮文成矩，狀志未伸氣未紆。吁嗟所就竟如許，西原佳城封訏訏。而偕而婦」千秋侣，後有識公际斯語」。

按

撰者王之寀，字蓋甫，又字心一，陝西朝邑人。萬曆二十九年（1601）進士，曾任無極知縣、大理左評事、刑部主事、刑部侍郎。康熙《朝邑縣後志》有傳。

篆者王之臣，陝西潼關人。萬曆十九年（1591）舉人，二十三年（1595）進士。曾任諸城知縣、彰德府推官、河南開封府知府、光禄大夫、太子太保。康熙《潼關衛志》有載。

書者孫必顯，生平見本書672.1617條。

1671

奉
天承運
皇帝制曰朝臣在國如盾於幹患害所先盾報先至遼甚苦虜而須防倭一盾之任左右交杵自非材武
就圖吾國爾整飭遼束開原等處兵滿山東按刷而按察使劉卿薰明倜出懷慨英多牛繩格物而
無松于令發刪而必劉屢吏劃匕核靈天曹民以豪恩道固茲連解綬河洛則庶盜永徜滁方邑已蜀
則壞材糜至朕用委以疆事樵靈要衡以瀬紛之餘武番方振之難虜外虞隣露內擁爾廣桑椎懷
其好善糞慕為之不承茲以單恩接雨皆通議大使錫之誥挙枝戎心難嗇漢道不先栗因畏以
生貪會戀貪而滋畏矢養麤苗先淳糜舛蠢菥呀紛鼹爾南興兒茁士卒以保隴平歟蛤刪歐豐功
敬需渙命

萬曆三十七年正月十一日

天啟二年二月

庚子科舉人闔巷　賫賞　　基
監生　堂卷　儒士　　
全勒石

説 明

明天啓二年（1622）二月刻。碑螭首龜座。通高255厘米，寬94厘米。正文楷書12行，滿行38字。現存安康市漢濱區屈家河村劉家墳前。《安康碑石》著録。

釋 文

奉」天承運」皇帝制曰：材臣在國，如盾於身。患害所先，盾輒先至。遼甚苦虜，而復防倭。一盾之任，左右交扞。自非材武」，孰固吾圉？爾整飭遼東開原等處兵備、山東按察司按察使劉卿，廉明獨出，慷慨英多。準繩格物而」無私，斤斧發硎而必割。屢更劇邑，拔置天曹。民以愛思，道因直迮。鮮繩河洛，則虓盜冰消；採木巴賨」，則璆材麇至。朕用委以疆事，徙置要衝。以靡孑之餘民，當方張之雜虜。外虞隣震，内撫羈縻。桑椹懷」其好音，藋黎爲之不采。茲以覃恩，授爾階通議大夫，錫之誥命。於戲！戎心難啓，漢禍不先。曩因畏以」生貪，今懲貪而滋畏。夫養羸者先淖糜，幹蠱者改絃轍。爾尚嬰兒其士卒，以保障乎黎甿。酬厥豐功」，敬需焕命」。

制誥」

萬曆三十年正月十一日」

之寶」

天啓二年二月」

男庚子科舉人開基、生員原基、監生重基、儒士長基全勒石」

按

碑主劉卿，字孔源，陝西金州人。隆慶四年（1570）舉人，萬曆八年（1580）進士，曾任吏部考功司員外郎、河南按察司副使、四川按察司副使、山西布政司右參政、山東布政司右布政使。《明實録》、康熙《興安州志》有載。

677.1623　李時茂墓誌

明誥贈中憲大夫貴州按察司副使襄義李公墓誌銘

賜進士第太子太保兵部尚書年弟趙彥譔文
賜進士第翰林院編修年家晚生南居仁書丹
文林郎饒陽縣知縣春侍教生王之紀篆額
　　　　　　　甥宋昌運書額

誥贈貴州按察司副使襄義李公者余同年友也當守都與時衡國保民犯難捐軀於茲次亥秋午也至是卜
吉葵有期矣子光祿丞滋喬奉狀述詣余請銘余與公同舉於鄉墓交安得以不文辭
按狀公諱茂字子育別號蒙生之先始祖諱文遠者卜居於乾世為名家譜系世遠不可詳矣五
世祖真生顯嗣生華生叢桂生好施生懷仁淬志力學十九而按國學系世家師而課子配開冝人年十四補
聲配馬氏有女德為公之王父母也是生贈君慈和愷悌克勤倫以興家擇廉師而孝廉平雍少里中賢豪
勤紈繼出齊睺以奉姑嫜燈以督子誦讀夜分不寐生長子時秀及公與公妹為時秀為山陰垣曲
訓為山之東長諭妹適松江府同知子生員宋一范繼冝人撫養不殊所生訓誨有如先母主公
弟時英時苗考累贈進及恭公生而警敏雅不好弄懷發乎不輟萬曆己卯舉於
博士弟子七何食縣官廩豐雖少里中賢豪長者爭延致公入則伊吾指授發乎不輟萬曆已卯舉於

此之力保孤城犯難捐軀其所謂一死而萬全也於古社稷臣美泰焉倫按上其事
家人民兵部落攜難肆掠諸降郡色相望逃遁如不及城陷於袞幾過其半公盟志匪躬一鼓作氣果
首連各司部洛攝難肆掠諸降郡色相望逃遁如不及城陷於袞幾過其半公盟志匪躬一鼓作氣果
而政最難治公於此寬賦稅省文學以儲豪傑色素乡村而廉平
平興疆之副盧之副酶政無私民亦無販賄如向之監司可鑑也公僑不為之黷當事者忌公旦拂衣尋
以治行超群擢蜀之愛州二府尋進黔之安順太府可鑑也公僑不為之黷當事者忌公旦拂衣尋
民捐最稱難治公於此寬賦稅省文學以儲豪傑色素乡村而孝廉平雍少里中
鄉業名蓝起五上春官輟不利冝自謂回翰苑文重何殊民社仁牧乃謁吏鄉之鄉室縣地府越三載
天子嘉其繡誥贈為貴州按察司副使公生於嘉靖三十六年十二月二十六日卒於天啟三年七月二
十四日享壽六十有七配馬氏贈奉訓大夫宿州知州女累封冝人子一滋喬為光祿寺署丞娶禮泉韓
指揮女繼娶與平王知縣女二長適卭州知州趙御史子監生趙孔基次適西安前衛禄寿署丞娶禮泉韓
員余慶孫一繩祖生員娶奉訓大夫宿州知州孫女外孫男四趙贊明趙勤明俱生員趙
世襲百戶子喬卜於十二月二十日於祖塋之東南隅塋新兆也余為之誌明天下其德乃豐治則雍熙化理亂
修之身其德乃眞粹王精金修之家其德乃譽從兄事親修之鄉邦讓德絕域讓功鄉祠宦祀遠通
則保大定功是以生為茂德元則如喪考妣元則如喪母元則如喪考妣死哀生榮是以鄉邦讓德絕域讓功
收同茲將伏　　余不能不悲焉快焉於公也而納詞墓中以為之銘
廟讓　　余不能不悲焉快焉於公也而納詞墓中以為之銘
天感旦夕平定以品第勳封余不能不悲焉快焉於公也而納詞墓中以為之銘

不肖男滋喬泣血謹上石

石匠馬君寶鐫

説　明

明天啓三年（1623）十二月刻。誌、蓋尺寸相同，均長80厘米、寬75厘米。蓋文5行，滿行4字，篆書"明誥贈中憲」大夫貴州」按察司副」使蓼莪李」公墓誌銘」"。誌文楷書34行，滿行39字，趙彦撰文，南居仁撰狀，宋昌運書丹，王之紀篆蓋。誌、蓋四周均飾寶相如意花紋。早年出土於乾縣。現存乾陵博物館。《新中國出土墓誌（陝西壹）》《咸陽碑刻》著録。

釋　文

明誥贈中憲大夫貴州按察司副使蓼莪李公墓誌銘」

賜進士第太子太保兵部尚書年弟趙彦撰文」

賜進士第翰林院編修年家晚生南居仁狀文」

文林郎饒陽縣知縣眷侍教生王之紀篆額」

儒學生員甥宋昌運書丹」

誥贈貴州按察司副使李公者，余同年友也。當守都勻時，衛國保民，犯難捐軀於癸亥孟秋日也。至是，卜」吉葬有期矣，子光禄丞滋喬奉南編修狀，涕泣詣余，請銘。余與公同舉於鄉，爲莫逆交，安得以不文辭」。按狀：公諱時茂，字子育，別號蓼莪。李之先始祖諱文進者，卜居於乾，世爲名家，譜系世遠，不可詳矣。五」世祖真生顯，顯生華。華生叢桂，敦睦好施。生懷仁，淬志力學，十九而拔國學，壯歲擢新安尹，而綽有政」聲。配馬氏，有女德，爲公之王父母也。是生贈君，慈和愷悌，克勤儉以興家，擇嚴師而課子。配开宜人，日」勤織紡，出膏腴以奉姑嫜，篝燈以督子誦讀，夜分不寐。生長子時秀及公與公妹焉。時秀爲山陰、垣曲」訓，爲山之東長清諭。妹適松江府同知子生員宋一范。繼張宜人，撫養不殊所生，訓誨有如先母。生公」弟時英、時蕃，考累贈皆如公官，妣累贈進及恭人。公生而警敏，雅不好弄，憤發下帷如成人。年十四，補」博士弟子。亡何，食縣官廪。年雖少，里中賢豪長者争延致公入，則伊吾指授，竟夕不輟。萬暦己卯，舉於」鄉，業名益起。五上春官輒不利，因自謂曰："翰苑文章，何殊民社仁牧？"乃謁吏部選，得晋之鄉寧縣，地瘠」民獷，最稱難治。公於此寬賦税，與民休息。興文學，以儲豪傑。邑素乏材，而孝廉甲第相繼而起。越三載」，以治行超群，擢蜀之夔州二府，尋進黔之安順太府。公勤苦節儉，更化善治，一如鄉寧時。安順雜夷而」平塏，驛之往來多阻，因而爲羈留，如向之監司可鑑也。公獨不爲之羈，當事者忌公，而公且拂衣矣。尋」而改長蘆之副，醛政無私，民亦無私販，商人悦而國税足。垂三載，進守都勻。勻地雜夷，虜倍安順。會安」酋連各司部落搆難肆掠，諸隣郡邑相望逃遁如不及，城陷於夷，幾過其半。公盟志匪躬，一鼓作氣，率」家人民兵嬰城拒敵。解橐金五百以給軍餉，冒矢石而摧賊鋒，殲厥醜而賊驚駭，若天神驅而遠遁矣」。此之力保孤城，犯難捐軀，真所謂一死而萬全也，於古社稷臣奚忝焉。撫按上其事」，天子嘉其績，誥贈爲貴州按察司副使。公生於嘉靖三十六年十二月二十六日，卒於天啓三年七月二」十四日，享壽六十有七。配馬氏，贈奉訓大夫、宿州知州女，累封恭人。子一，滋喬，光禄寺署丞，娶醴泉韓」指揮女，繼娶興平王知縣女。女二：長適邠州趙御史子監生趙弘基；次適西安前衛余總兵子應襲生」員余慶。孫一，繩祖，生員，娶奉訓大夫、宿州知州孫女。外孫男四：趙賛明、趙勸明，俱生員。趙　　、余光遠」，世襲百户。子喬卜於十二月二十日，於祖塋之東南隅塋新兆也①。余爲之銘，銘曰」：

修之身，其德乃真，粹玉精金；修之家，其德乃馨，從兄事親；修之鄉國天下，其德乃豐，治則雍熙化理，亂」則保大定功。是以生爲民之父母，死則如喪考妣，死哀生榮。是以鄉邦讓德，絶域讓功。鄉祠宦祀，遠邇」攸同。兹將仗」廟謨」天威，旦夕平定，以品第勳封，余不能不悲焉、快焉於公也！而納詞墓中，以爲之銘」。

不肖男滋喬泣血謹上石」

石匠馬君寶鐫」

校勘記

①於前當脱"葬"字。

按

撰者趙彦，陝西膚施縣人。萬暦十一年（1583）進士，曾任山西左布政使、以僉都御史、山東巡撫，進兵部尚書，加太子太保。《明史》有傳。

撰狀者南居仁，字思敦。天啓二年（1622）進士，曾任詹事、經筵日講，卒贈禮部右侍郎。著有《通修堂集》。康熙《陝西通志》有載。

篆蓋者王之紀，陝西興平人。選貢，曾任饒陽縣知縣。乾隆《饒陽縣志》有載。

1675

奉
天承運
皇帝敕曰昔東漢陳咸藏律令文書於壁以俟明主而其敕子讓法當無重此一何平恕者也朕惟有司能持一
國之平浮之庭訓亦如是已爾王應遴乃直隸廣平府推官徵之父規言矩行樂善敦倫迨壁圖書人習考方
之敕一腔慈誥鄉標通德之門讀感應之靈文長思惠迪書陰騭于洪範用徽衷從邪乃弼祥刑威良吏雷霆
自斷騰肺石之能清氷鏡孤懸識丑硎之初蘗用以剖愆封爾為文林郎直隸廣平府推官爾與益贅乃子明
清辜功永臻咸中之休以夔無謹之慶
敕曰古人斷獄平反多奉毋訓乃有悲心服念至報平
推官王徵之母柔嘉婦德聖善母儀躬井臼以相夫不堪澗鬢標荻凡而課子將欲腐腸未見鹿鳴之詩登捐
烏哺之養是用贈爾為孺人龍章鷹膺一命之榮馬鬣煥百年之賁
不穫為雋母之喜悲可知已爾張氏乃直隸廣平府

天啟四
年三月十九日

廩監臣尚應昌謄黃

説　明

明天啓四年（1624）三月刻。碑螭首龜座。通高370厘米，寬92厘米。額篆書“敕令”二字。正文楷書12行，滿行42字。額飾雙龍戲珠圖案，碑身四周飾寶相、龍、如意花紋。現存涇陽縣龍泉鄉王家村。《咸陽碑刻》著録。

釋　文

奉」天承運」，皇帝敕曰：昔東漢陳咸藏律令文書於壁，以俟明主，而其敕子議法當無重比，一何平恕□者也。我□有司，能持一」國之平，得之庭訓，亦如是已。爾王應選，乃直隸廣平府推官徵之父，規言矩行，樂善敦倫。四壁圖書，人習彦方」之教；一腔慈藹，鄉標通德之門。讀感應之靈文，長思惠迪；書陰隲于《洪範》，用儆從邪。乃弼祥刑，式成良吏。雷電」自斷，睠肺石之能清；冰鏡孤懸，識刀硎之初發。用以□恩，封爾爲文林郎、直隸廣平府推官。爾其益贊乃子明」清辛功，永臻咸中之休，以受無疆之慶」。

敕曰：古人斷獄平反，多奉母訓，乃有悉心服念，至報平□，□不獲爲隽，母之喜悲可知已。爾張氏，乃直隸廣平府」推官王徵之母，柔嘉婦德，聖善母儀。躬井杵以相夫，不堪澗鬢；操荻丸而課子，時欲腐腸。未見鹿鳴之詩，早捐」鳥哺之養。是用贈爾爲孺人，龍章脣一命之榮，馬鬣煥百年之賁」。

天啓四年三月十九日」

廩監臣尚應昌謄黃」

按

王徵，字良甫，又字葵心，陝西涇陽人。天啓二年（1622）進士，曾任登萊監軍僉事、直隸廣平府推官、山東按察司僉事等職。著有《兩理略》《遠西奇器圖説》，其致力於傳授西方學術，爲最早的陝西籍天主教徒之一。《明史》、乾隆《涇陽縣志》有傳。

679.1624　天啓四年涇河撫院明文碑

説 明

明天啓四年（1624）十一月刻。碑圓首方座。通高228厘米，寬74厘米。額文2行，滿行2字，楷書“撫院」明文」”。正文楷書23行，滿行45字。四周飾祥雲紋。碑下部泐蝕較重，個別地方文字有人爲挖摳痕迹。1963年涇陽縣王橋鎮出土。現存涇惠渠管理局張家山水庫管理處。《咸陽碑刻》《引涇記之碑文篇》著録。

釋 文

欽差巡撫陝西等處地方贊理軍務都察院右僉都御史孫，爲勒碑杜禁以垂永利事：創興水利爲民生第一，開濬乃地」方首務，自非念切牧民，鮮不委之故事。據按察司沈呈稱：洪堰一渠，久被淤塞。按修堰故事，每年自冬徂春，四縣委之」省祭，及各渠長、斗老，糾聚人夫，以千萬計，饋送糧米，玩日愒時，吏胥冒破，甚深□躬。春耕人夫散去，而渠依舊未濬也」。年復一年，吏書以修渠爲利藪，小民以修渠爲剝膚，非一日矣。今職委用□□□□□□捐俸募工，徹底修濬一番」，宿弊盡洗，水勢汪洋。欲杜往日弊竇，惟于增添水手，時時疏通，所費□不過萬分之一，而小民得受全利矣。因查本渠」舊有水手七名，今外增水手二十三名，共三十名，督責專官□□□□修濬，但有衝崩淤塞，即令□□□不時點□」修濬，務期全水通行。庶民無修堰之費，而水無河伯之蠹。果自天啓二年設立水手之後，二年三年内，涇水大漲，水高」數十丈，自龍洞至火燒橋，泥沙淤塞幾滿，該縣申呈、水手結狀可查。賴□□不分□□挑濬渠中小石，本司仍捐俸□」石工碰破，水得通行。此法立而其效彰，彰之券也。以□非石岸崩圮大工，該申請另議繕修外，凡小有淤塞，水手□□」因循。其水手工食，每名每年給銀陸兩。復查本渠兩岸官地，自白屋一斗，上至野狐橋，可以耕種，久被豪右霸占，仍□」令□□□請丈明白。每名給種無糧官渠岸地，準抵工食銀貳兩伍錢，外給銀叁兩伍錢，共該工食銀壹百伍兩。此□」銀兩應在涇、三、醴、高四縣受水地内照畝數均攤。查得四縣受水地共七百伍十伍頃伍十畝，每頃該派銀壹錢叁分」捌厘九毫捌絲零。其涇陽縣受水地陸百叁拾柒頃伍拾畝，該派銀捌拾捌兩伍錢九分九厘九毫八絲；高陵縣受水」地四十頃五十畝，該派銀五兩六錢二分八厘七毫五絲；三原縣受水地四十六頃五十畝，該派銀六兩四錢六分二」厘七毫三絲；醴泉縣受水地三十一頃，該派銀四兩三錢八厘九毫三絲。自天啓三年起，另立一簿，徵收完日，關送涇」陽縣類貯，分爲上、下半年支給。據議，深於水利有裨，誠恐日久，各官遷轉不一，新任未諳，妄自裁革；或各役朦朧告□」，致已效之良法偶替，斯民之永利無賴。合擬將水手名數及四縣地畝、應派工食銀數，勒之于碑，永爲遵守。檄專官□」□□，毋始勤終怠。仍按季申報本院并各該管衙門，庶本之最殿，并各役之功罪，稽查有憑，而洪堰永賴，不負沈□□」設立之美意矣，須至碑者」。

天啓四年歲在甲子長至日」

西安府知府鄒嘉生」

涇陽縣知縣苗思順、主簿劉進瓏，催工人徐盈、涇陽張齋仁」

三原縣知縣姜兆張、主簿孫文炤、三原姜仕俊」

醴泉縣知縣梁一瀾、主簿包大圭、醴泉高建烈」

高陵縣知縣聶溶、典史　　　　、高陵黃梦其」

石匠王充」

按

此碑爲明末修濬管理涇陽廣惠渠水利設施的制度性文件，對於遏制官員貪腐、減輕百姓負擔、更好地利用水利爲民造福，特別是對於各地的水利設施建設與管理具有重要的借鑒意義。

碑首行題“右僉都御史孫”，應是右僉都御史孫居相，字伯輔，山西沁水人。萬曆二十年（1592）進士，曾任恩縣知縣、南京御史、光禄寺少卿、都察院右僉都御史、兵部右侍郎。《明史》有傳。

680.1626 劉養性暨元配王氏繼張氏王氏合葬墓誌

説 明

明天啓六年（1626）十一月刻。蓋佚。誌長方形。長108厘米，寬63厘米。誌文楷書，分上下兩欄，每欄78行，滿行22字。劉養性自述，秦東周補述，王珍書丹，李思恭篆蓋。出土具體時、地不詳。現存西安博物院。

釋 文

青門生述」

青門生者，劉姓，長安漢城東之青門人。父雙溪翁，母胡氏」。以嘉靖壬子八月二十八日之巳生，視盤取書，因名書，後」易曰樞。七歲，父攜之淮，師山陽楊社師承恩。母胡病，畏人」聲。生歸，即不敢呼，或徑去不食也。再師南昌王生宗元，每」秋冬病嗽，遇道人崔道光，并母不藥愈之，更今名養性。十」三，父聞生夜讀，喜，令師潘茂才維臣，始學文習禮。聞羅明」經士英教嚴，更令之師羅，文乃日進。二十冠，迎妻王於江」都，則師淝鄲陳生志學，還關中。戊寅，試於縣令任丘張公」、學使京山李公，皆第一。遂補廩，收正學書院，始知有正學」。如淮，迎父母歸。己卯，落副榜，乃就姚右史宗堯，西席姚子」昇，張子正業、正蒙及王憲副子景先，皆受學。壬午，領鄉書」。甲申，執贄問學於德清許敬庵先生，字之曰“孟直”，仍留衣」爲別。丙戌，入國學。當是時，承具慶，有五女一子，天倫甚樂」也。長安令宜賓陳公最知生，謂青門召平種瓜地，則號之」曰“召田”。己丑，喪母，葬，王熙宇先生志焉。乙未，又喪父，合葬」，秦含我先生志焉。戊戌，落乙榜，用揀選，授太原府同知。喪」妻王。撫南樂魏公委賑平定，遂委之署，許以幼子女從，蓋」異數云。署五十日，會稅監孫朝来，乃改署陽曲，爲議建署」、議供應、議稅銀。少定，監橫索潞紬，機户逃。又改署潞安府」，爲議招安、議紬價。兩月，稅監就約束。而新守吉安曾公至」，始還於太原。太原理劉生白公數勸繼娶，始繼以張。張歿」，再繼以王。嫁妹於同年榆社令楊豐原。癸卯，生有收掌之」役，院司議題生陞寧武兵備，會汾守崔告老，又議補汾守」，生皆辭之。而本府周、黃、張三守相繼與兩院左去。越明年」，生因以拾遺閑住矣。事詳載別記。實糜俸五年踰八月，凡」四叨薦剡，父母、妻、繼妻幸」恩誥，贈封如制。再署陽曲，一署平定，三署本府，一署潞安，三」委查閱，兩刷卷，一審編。清源、陽曲及三衛，詳辯斬罪，屈道」士等三名。辯絞罪，劉三才等十一名。釋稅監安峚平人郭」省祭等七名，而奉按院峚問投充稅監李士元等二十三」名。奉撫院允解稅監無碍一萬七千兩，爭用府法省庫銀」二千餘兩。至觸監誣逮，復幸留中，亦載別記。竟無他表樹」。於時其三守去來，諸安置費多金，悉責辦於月餘之署，是」以俸薪都盡。既歸，而繼妻王、次兒晋又物故。有遺房一區」，田百畝，僅共饘粥。爲兒光行冠禮、娶婦，嫁第五女，皆草草」成禮。更娶今張氏，司米鹽，人間苦厄蓋備嘗之也。杜門無」事，尋舊盟於寶慶寺，於關中書院，亦竟無所聞道。三學諸」生屢以清捐琴鶴，望重斗山，呈舉鄉飲，生皆辭。辛亥，兒克」光補郡庠生。壬子，生孫世廉及孫女。諸婚姻辱不棄於縉紳」家。己未，兒光補廩膳，時又以廩禄甘旨。生搆小齋，自署“炳」燭”，琴書爲侶，不啻願足也。時出片言隻字，一無可傳者。而」鳳翔張公心虞、咸陽韓令念東、潼關張公覺庵謬錫之華」弁，亦足羞哉。居常空谷足音，則濁酒藜羹，聊共談笑，花朝」燈夕，有召者亦逞獨，不復滿引。至天啓壬戌，西安守武進」鄒公下車，先貽生書，啓獎借過情。屆冬，舉鄉飲，遂用諸生」呈請於學臺江浦陳公詳，清風滿袖，碩望高評，生充正賓」焉。生不得辭，乃三四赴，竟謝免。自念蜉蝣斯世，今無異於」昔，後當無異於今。雖有名字，不足入君子齒頰。惟生乎青」門，乃曰“青門生”，并述其顛末如右。若官階，則我」顯皇帝恩，誥授奉政大夫也。懼弗稱，然不敢弗述」。

明奉政大夫山西太原府同知召田劉公暨元配誥」贈宜人王氏繼張氏封宜人王氏合葬補述」

青門生者，余岳舅郡丞召田劉公自號也。青門生述者，公」自述其生平歷履也。公姓劉氏，諱養性，字孟直，別號召田」，長安望族，世居青門。歷漢唐来，傳自高祖諱貳，貳生大王」父諱泰，泰生王父諱顯。顯生父太醫院冠帶醫士贈奉政」公諱緒，別號雙溪。配母贈宜人胡，生公，英物崎嶇。年韶，雙」溪公鹽販秦准，跨鶴而南。公隨鶴亦南，讀書維揚。日不下」帷，雙溪公奇，延師擇友，從傅者七學。因從傅益進，文聲大」震。遂擔笈歸陝，爲督學京山李公重，試第一，選青衿餼廩」。越明年，歲試，復第一。至萬曆壬午，以《大戴禮》魁於鄉。六上」春官不第，公嘆曰：“己丑、戊戌兩試乙榜，天門咫尺，翼生復」折，此數也，詎再汲汲求進哉？”遂謁選，授山西太原府同知」。蒞任，分佐黄堂，執掌清軍事，理繁治劇，百務肅清。時平定」刺史缺，屬公署篆。抵平定，詢民利害，片言折獄，案無留牘」，民安厥業，吏畏厥法，不數月，平定稱治。尋陽曲令缺，復移」公署陽曲篆，平定民慌慌如失所天，攀轅卧轍，弗舍。公返」陽曲，治陽曲如治平定。時晋陽疫作，公命醫修藥餌，並獄」中疾苦者，悉治之，全活甚衆。晋風氣寒冽，獄中凍餒者夥」，公捐俸易炭燠之，陽春融酥，覆庇囹圄，陽曲又稱治。時」聖天子欲榷採天下，遣璫孫朝入晋。朝至，兩臺俱弗面，下司」府並縣議處。公斟酌事宜，裁省它餘費充稅，不以絲毫累」及商人。由是晋稅較諸省最減者，公力也。有奸民告朝，五」□山木助大工。朝上其事」。□□命朝稅木，朝入五臺。兩臺命公尾其後，百凡議處，竟不」□五臺民害，大忤朝意。尋奸民郄某以鬩墙釁，禍延厥弟」□□伐木事。朝怒於公，曰：“無木何盜？無盜何呈？”公不狥，着」（以上上欄）力讞訟洞燭，郄某奸竟抵以法，晋民大悦。朝心」銜，疏奏中」丞及公阻撓稅事。章上不下，中丞見泉魏公、直指含章趙」公兩重其才，交薦於朝。三年考績稱最」，寵錫綸綍，贈封公父母妻繼如制，由是公賢能益著。尋太守」周公、補任黄公俱以事去，公兩署府篆，勞心勞力，幾成大」悉。越期，太守張公至，甫謝篆。潞安守缺，復移署潞安篆。抵」任，罷樣紬，明餘費，不五月而潞安又稱治。是時公賢聲於」朝，恩沛於野，清風滿道，在在稱最，兩臺復薦。會以汾陽守」擬公，無何，才高難容，人心弗古。疑忌生而含沙出，妻菲興」而貝錦成。甲辰，拾遺罷閒，晋民弗平，詣關留者若而人，豎」碑者若而人，醵金建祠者又若而人。公歸，行李蕭然，舊屋」數椽，僅避風雨，薄田數畝，僅供饘粥。蔽車羸馬，走青門，拉」田父，話桑麻，自號青門閒人。屋傍築室一楹，讀書其中，號」曰“炳燭”。書餘，端默究心理淵，與學士、大夫講學關中書院」。每會必到，寒暑弗輟。方抱林泉雅興，忽爾山頹木折矣。嗚」呼痛哉！距生於嘉靖壬子八月二十八日，卒於天啓乙丑」十一月二十三日，享壽七十有四。配贈宜人王氏，爲贈廣」東高州推官東莊公女，母孺人吳生宜人於廣陵。時王與」劉居同邑，業同鹽，遂令郡丞公委禽焉。于歸，柔順賢淑，勤」井臼，勞中饋，修瀡精良。衣弗華，言弗饒，家務弗奢。事翁姑」以孝，侍夫以敬，御下以寬。佐郡丞公讀書，興戒雞鳴，身同」甘苦。祖姑張及姑胡病

1681

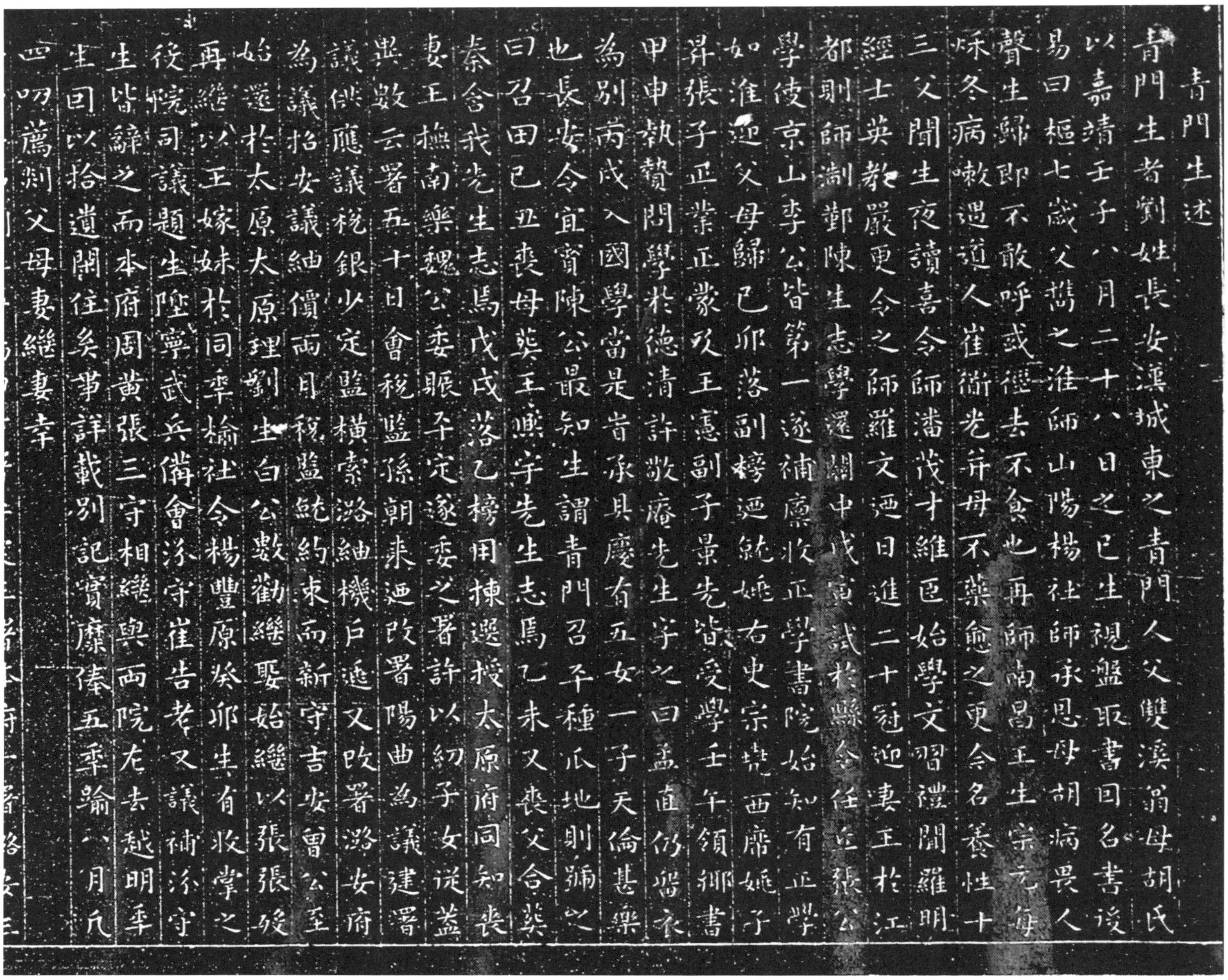

青門生述

青門生者劉姓長女漢城東之青門人父雙溪翁母胡氏
以嘉靖壬子八月二十八日之巳生視盤取書曰名書語
易曰樞七歲父聞之淮師山陽楊社師承恩母胡病畏人
聲生歸即不敢呼武徙去不食也再師南昌王生崇元每
妹冬病嗽遇道人崔衛光幷母不藥愈之更令名養性十
三父聞生生夜讀嘉令第一遂補廩收正學校刊正學書
士英教嚴令之師羅文酒迴二十冠迎妻王於江
都邹師湔鄭陳生志學還關中戍富武社右史宗燮西席迴鄉書
經師鄭陳生志學中戍富武社右史宗燮西席迴鄉書子
學使京山李公皆第一遂補廩收正學正學壬午領鄉書子
如淮迎父母歸巳卯落姝收正學宗燮西席姓子
昇張子正業正蒙又王憲双子景先受學壬午領鄉書
甲申執贄問學於許敬廉庵先生謂青門召子天倫甚樂
也長安令宜寶陳公最知生謂青門召子不種瓜地則彌之
曰召田巳丑喪母葵王嶼宇先生志馬乙未又喪父合葵
秦舍我先生志馬戊戌落乙榜用棟選授太原府同知喪
妻王撫南樂魏公委眠予定逐委之署許以紉子女謎蓋
衆數云署五十日會稅紬僧兩用稅監孫朝來迴為曲陽為議建署
為議拈安議紬僧兩用稅監孫朝來迴束而新守遷署潦女府
議供應議銀少定監橫索潦紬機戶遷又改署潦為潦女府
為選於太原劉士白公數勸繼娶以張張烒
始選於太原劉士白公同季榆社令楊原葵邪生有收掌之
再繼以王嫁妹枚同季榆社令楊原葵邪生有收掌之
後愧辭之而本府周黃張三守相繼與兩院左去越明季
生皆以拾遺關住吳弟詳載別記寶廉俸五季翰八月凡
四卬薦剴父母妻繼妻幸

床褥,宜人躬侍湯藥,周旋兩榻無」怠。戊戌歲,郡丞公謁選晉陽,宜人病,八月力疾,入晉僅半」月物故,傷哉!卒後三年,獲榮宜人。生於嘉靖丙辰六月十」四日,卒於萬曆戊戌九月十九日,享年四十有三。生子一」,曰克光,郡廩生,娶萬氏,爲直隸永平別駕華南公女。生女」五:長即余配;次適咸寧庠生王持衡,爲封户部員外乾軒」公子;次適咸寧儒士李思恭,爲直隸河間郡丞鳳崖公子」,卒;次適長安廩生王珗,爲四川憲副熙宇公子;次適咸寧」庠生王家楨,爲直隸武强令敬吾公子,卒。孫男二:曰世廉」,聘馮氏,爲庠生君暹女,山東平度州守薦庵公孫也;次曰」世康,幼,未聘。孫女一,曰大姐,字儒士馮澄若,爲太學君嘉」年子,大司空少墟先生孫也。繼配張氏,爲同邑處士秀崑」公女。有婦德,逾年而殁。生於萬曆甲申十二月十七日,卒」於辛丑三月十九日,享年一十有八。再繼王氏,封宜人,爲」咸寧禮部儒士杜川公女,贈尚書江涯公曾孫女也。壼德」母儀,足媲前王。生子曰晉奇,早殤。公解綬,王卒於家。生於」萬曆丙戌六月十七日,卒於甲辰五月二十三日,享年一」十有九。又再繼配張氏,爲咸寧庠生壽山公女,無出。嗚呼」!伉儷名配,芝蘭滿堦,蒹葭奕葉,珠聯輝映,存順殁寧,公可」含笑於地下。公長身玉立,美容修髯。幼時以醬結病痰,逢」仙獲愈,憩竹林下,遇妖弗傷。大器天成,已見雉齒。公事父」母行同曾閔,第後念父老在堂,約金蘭三四作真率會以」娛。雙溪公被騾傷臂,公驚聞,奔途涕泣,身卧榻前者百有」餘日。母氏病,籲天代替,躬侍湯藥,殆忘寢食。少微時,被族」横逆者辱,絕不較。宦成後,仍資助横逆孫子,俾令資斧。更」約族人春秋畢至壠丘,把酒勸懲。纂《族譜》一録,《青門合族」約》一帙。凡僕從有過,面責數語即釋。縱大過,亦不忍加鞭」策,且令温飽。甲午歲,先君進士公抱病,聞渭濱有僧善療」,公不辭暑熱,躬請調治。此公仁人心腸,今世無兩也。至於」識士品於平定門役,人服天眼;清軍伍於陽曲人丁,世仰」洪庥。如查水旱,賑貧乏,革驛傳,卻餽遺,捐俸拯貧,輸穀納」廩,種種德政,晉陽人尚去後思也。且臨池得鍾繇筆趣,更」善蘭草小景。文追秦漢,詩媲開天。余常載酒問奇,坐炳燭」齋中,塵摇弗倦,玉屑蘭芬,令我飽德讀其文,龍門扶風誦」其詩。古若公幹,近若隋周,雄渾又若長卿。並著《炳燭齋集》」十卷,方鋟梓以傳。公素無恙,善飲食,薄滋味,酒不嗜大器」,攝生如公稱最。奈何乙丑春季火發,醫以寒凉投之,竟傷」脾胃,延之仲冬不起。嗟哉!余感公殁,復感余妻。公病時,余」妻亦病,父子相憂,日見眉睫,兩地呻吟,咫尺天涯。先公一」月而卒,竟弗一面。慟哉!把筆之際,泣數行下矣。嗚呼!公已」大還,名留大塊。居宦時氣節凌霜,冰簾皎月。説者謂長厚」若寬,清若寵撫,字若琨之,三子者,彪炳青史,從此萬世,及」公可四。歸田後,徜徉泉石,非禮弗動,非禮弗言。閉户焚香」,彈琴博古。除教子教孫外,寄興於盆魚窗草,樂志於月白」風清。生涯一片青山,令人可愛。是公讀書以名登仕,以名」進,以名退,以名公弗死矣。子克光卜今天啓丙寅十一月」二十三日,奉公樞並王宜人等祔葬於朱紅門之新阡。先」期,亞壻文學王子珗攜克光持公所自述,請補于余。余」忝公甥館,敢云玉潤。仰止泰山者,久習知冰清,謹補述其」懿行如此云」。

　　太學生咸寧門下壻秦東周頓首補述」

　　邑學生長安門下壻王珗頓首書丹」

　　儒士咸寧門下壻李思恭頓首篆盖」

　　邑學生咸寧門下壻王家楨頓首謄墨」

　　不肖男克光泣血上石」

　　趙尚德」、趙壁鐫」(以上下欄)

按

誌主劉養性,陝西長安人。萬曆十年(1582)舉人,曾任太原府同知。康熙《陝西通志》、乾隆《太原府志》有載。此誌較爲特別,由兩部分組成,第一部分爲墓主生前自撰,題爲《青門生述》;第二部分題爲"補述",爲墓誌銘主體部分。誌文記載其葬地爲朱紅門,即今西安市北郊朱宏路附近,墓誌當爲此地出土。

681.1628　魏直軒暨配李氏合葬墓誌

説 明

明崇禎元年（1628）正月刻。誌、蓋均爲正方形。邊長均69厘米。蓋文5行，滿行4字，篆書"明故歸德」府別駕直」軒魏公元」配李孺人」合葬墓誌」"。誌文楷書35行，滿行39字。陳治衡撰文，王經世書丹，武奮揚篆蓋。1988年户縣寧西林業局産品經銷部後院出土。現存西安市鄠邑區文物管理委員會。《户縣碑刻》著錄。

釋 文

明故歸德府別駕直軒魏公元配李孺人合葬墓誌銘」

丁卯舉人邑眷晚生陳治衡撰」

文林郎四川成都府彭縣知縣邑眷晚生武奮揚篆」

邑庠眷晚生王經世書」

余邑科名世家，則必稱魏氏。魏氏於余家又世爲姻戚。別駕公女，余仲氏。余叔氏女，別駕公之孫國隆」。故別駕公之子文學君寅以母孺人狀乞余志之，余椎無文辭，乃以葭莩之誼，辭不得，則濡筆志之曰」：孺人者，李處士女也。在髫齓時，即端淑有風範，處士絶憐愛之，爲擇配，得別駕公。既歸，而別駕尚困諸」生，生事益窶，則孺人力貧以佐緩急，一切緘繡紝刺皆手兼之，唯恐爲別駕績學累也。暇則戒諸姒，各」不憚瘁，以事姑屈太孺人。太孺人性嚴，乃以孺人謹，輒怡然得矣。太公爲社飲，無間，亦怡然得，謂："吾有」婦。"別駕公以是得一意肆力制舉。既廩諸生，隆慶庚午，孺人有夢月之祥，則以勉別駕公第，而果第。別」駕公則欲成進士，孺人顧謂："叨萬鍾列鼎而不及親，昔人所痛，公今日三釜獨不足事親，乃以俟河清」乎？"別駕公於是決意署容城諭。寒士無以舉火，至困也，別駕意憐之，孺人承其意，每修中饋，餽橐饘以」爲哀王孫，非望報也。別駕遷興濟令，則孺人隨侍太公太孺人宦邸，漿酒脯飽，事必躬親，爲二尊人壽」甚驩。興濟既瘠土，兼河決爲患，田半侵於陽候，民日爲芮虞之争，令僕僕無暇休沐。孺人念別駕勞，恐」致傷，則多方調護，其出入躬舉案，奉湯飲，別駕以是甚安之。會遭奇疾，二尊人愕，慮且不救，橐中如洗」，無以奉醫。孺人脱簪珥，遍購醫人藥餌，皆自調嘗，疾乃得愈，醫嘖嘖竊奇，非孺人不能起痼之沉也。居」三載，遷歸德府通判。臺使者重其才，令攝睢州篆。一貴臣對簿不法，別駕痛抑之，而知其必嗾也，乃以」謂孺人，孺人從容從臾之曰："公安能以斗米折腰而齷齪久居於此？且二親耄矣，田彼終南，種一頃豆」，歲時着斑斕，稱觴二親，非人子分耶？"別駕於是上書自劾，終偕隱之誼焉。別駕伯兄琨已廢箸而逝，妻」趙氏寡，二弱女孤。孺人体太孺人意，收而撫之，俾二弱女與諸女同起居，長而擇配。太孺人輒喜，若不」知壯子之逝也者。從侄完與寵孩提失怙恃，亦依孺人，長成婚娶。今生諸男成行，撫摩之慈，不可誣也」。二尊人捐館舍，橐中所遺，則請於別駕召伯仲均分，一無私焉。已而別駕病，病屬纊之辰，握孺人泣曰」："以是貌孤託而母，母不憂人之魚肉之耶？"孺人亦泣且慰公。幸自愛兒有母在，無虞也。後無賴暴子弟」多所要於文學召，孺人禁不使較，則從容遜謝而償之。督文學君就外傅。既爲學官弟子，無賴輩自引」去，所全不既大耶。孺人性嚴，如太孺人治生有法，青衣蒼頭皆恪厥職，無敢偃塞，故生事日裕。然喜作」善，因好施予，即俠丈夫不及，蓋其性然也。孺人生於嘉靖乙巳十月十一日，卒於天啓丁卯十月二十」七日，壽八十三歲。以明年正月初八日，合葬於祖營（塋）之兆。生子一，寅，娶邑貢士王君惟肖女，卒，繼娶長」安王永祥女。生女子六：長聘邑人王植子，未笄，卒；次適四川太平知縣邑舉人予先考陳君諱某季子」邑學生予兄治體；次適邑庠生王模長子儒士教成，卒；次適邑舉人王君維藩季子庠生瑢；次適盩厔」張鑑子良弼，卒；次適盩厔王潤民子文精。孫子二：長國昌，娶盩厔巨達女；次國隆，娶邑學生予兄治典」女。孫女一，適邑義官王君珺五子永慶。曾孫子一，漢昭，國昌出。曾孫女一，國隆出，俱幼。于嗟乎！孺人相」夫於貧，訓子於孤，女子所難可銘也」。銘曰：

除其隧，侈其里，于嗟碩人，相而夫，訓而子，孔以寧止」。

不肖男寅，孫國昌、國隆泣血上石」

長安卜楨、卜棟鎸」

按

撰者陳治衡，陝西鄠縣人。天啓七年（1627）舉人。康熙《陝西通志》有載。

篆者武奮揚，字肖遲，陝西鄠縣人。曾任彭縣令，著有《奏可初編》。乾隆《鄠縣新志》有載。

紫柏山免糧記

紫柏山在十峯之巔巖屹壁削分前後翼林木蓊蔚惟□人立神葱笠竹叄稀匝布硐鼓礧

鐘叩之成聲蜒逶百里洞凡七十有二天井斗泉翔雲古刹纍則各與五臺蓬崍並崇盛于實于□雨禱輒應非猿攀不可躋異人出

頭陀蝸集隋唐來古刹纍則各與五臺蓬崍並崇盛于實于□個不忍去雲棧奇縣此稱絕勝先

是□人作石隙刻刀耕火種亦不過夥夜呼殘□今莊嚴上刹成虎豹穴

有人九粮不可徵且勾攝之害矣今莊嚴上刹成虎豹穴

並嵩樂之器以窆尋夜呼殘□今莊嚴上刹成□

利而僧已受徵之害不遙望而歡戲

風雨過其下耆不遙望而歡戲

禎龍飛之无禄德僧相步咋舌以去驚名山之荒無憫十刹之傾圮厲志募緣欲接隋唐來

如綫之緒之老商之邑令楊公公神唐也召父也邑人誦德如歌五袴父適者單獻約數十年積

百之俗一旦完兴七分以供固不需此山粮即雲之而亦不可得遂慨然下蜀免之念僧始

集闢荼浴像飢貝鳴鐘者日益衆即不能駿復舊蹟亦復漸也兩猶應及將來之後徵麐

噫入百雲棧瓴具鳴鐘者日益衆代大觀禱雨雨應禱晴晴應亦

□生靈實多一毒之後豈容再毒承無免粮石以集其徒茂

□戒銘楊公之德不朽寧第不俟詞之畢者謹

記者銘楊公之德不朽寧第山之舊楊公講德

庶我生靈實多一毒之後豈容再毒承千載名山之舊楊公講德

□□□□欽依賜紫住持僧相乾德

□□□□□□即中邑人意春孝一蝥書

明賜進士蜀觀察使前吏部考功司

大明崇禎龍飛元年歲次戊辰五月望日立

説　明

明崇禎元年（1628）五月刻。碑圓首方座。通高220厘米，寬88厘米。正文楷書21行，滿行35字。李一鼇撰文并書丹。額浮雕二龍戲珠圖案，碑身四周飾纏枝花紋。原碑斷裂，損泐數字。現存留壩縣張良廟。《漢中碑石》著録。

釋　文

紫柏山免粮記」

紫柏峙在千峯之巔，嶔屹壁廠，分前後翼。林木翁鬱，怪石人立。神葱竽竹，參雜匝布。硐鼓礶」鐘，叩之成聲，蜒遞百里。洞凡七十有二。天井甘泉，翔雲□雨，禱輒應。非猿攀不可躋，異人出」没其間。隋唐来，古刹碁列，名與五臺、蓬莪並崇。盛于宋，□于」明，頭陀蝟集，鐸誦四聞。縉紳遊士過必登，登必遍覽數日，□徊不忍去。雲棧奇概，此稱絕勝。先」是，僧人於石隙刀耕火種，亦不過麨麥稗粒，聊佐餐供。然岫高風滿，菁陰雨霪，約十歲中荒」有八九，粮不可徵，亦不能徵。萬曆乙酉，令鳳者以逋欠無出，妄派山粮三石有奇。初時化緣」並鬻樂器以完，尋且勾攝夜呼，殘朘徹骨。僧盡裹足以去。舊之隙耕，仍鞠茂草。官未收粮之」利，而僧已受徵之害矣。迄今莊嚴上刹，成虎豹穴。隋唐□踪，爲林莽墟，僅存藏經一樓，半飄」風雨。過其下者，靡不遥望而欷歔」。崇禎龍飛之元祀，德僧相乾從京師至，慨名山之荒蕪，憫古刹之傾圮，勵志募緣，欲接隋唐来」如綫之緒。徒衆畏粮卻步，咋舌以去。鼇」觀回，偕父老，商之邑令楊公。公，神君也，召父也。邑人誦德如歌五袴，久逋者爭獻納。數十年積」負之俗，一旦完六七分以供，固不需此山粮，即需之而亦不可得，遂慨然下蠲免之令。僧始」集，闢萊浴像，翻貝鳴鐘者日益衆。即不能驟復舊迹，亦復□漸也。而猶慮及將來之復徵，嗟」嗟！八百雲棧，毓秀産奇，結搆此頂，且無問登眺搜奇，爲數□代大觀，禱雨雨應，禱晴晴應，亦」庇我生靈實多。一毒之後，豈容再毒。永免粮石，以集其徒。□恢其制，當不俟詞之畢者。鼇謹」記者，銘楊公之德不朽，寧第曰復千載名山之舊。楊公諱茂齡，保定清苑人」。

欽依賜紫講經住持僧相乾，徒体源、体立、体觀」

明賜進士蜀觀察使前吏部考功司郎中邑人意春李一鼇書」

大明崇禎龍飛元年歲次戊辰五月望日立」

按

紫柏山，《方輿勝覽》卷六九《利州西路·鳳州》載："在梁泉縣七十里。山有七十二洞，仙人多隱於此。"《大明一統志》卷三四《漢中府·山川》載："在鳳縣東南七十里。山有七十二洞，異人多隱於此。"

書者李一鼇，陝西南鄭人。萬曆庚戌（1610）進士，爲大名令。事父篤孝。康熙《漢南郡志》有載。

683.1628　白邦寧暨配閻氏黃氏王氏合葬墓誌

▌説　明

明崇禎元年（1628）十一月刻。誌、蓋均爲正方形。邊長均67厘米。蓋文5行，滿行5字，篆書"明誥贈奉政」大夫南峯白」公暨宜人閻」氏黃氏王氏」合葬墓志銘"。誌文楷書35行，滿行34字。劉懋撰文，周道直書丹，武獻哲篆蓋。誌斷爲四塊，個別文字有損。誌、蓋四周均飾纏枝花紋。1983年臨潼縣代王鎮甘溝村出土。現存臨潼博物館。《臨潼碑石》著錄。

▌釋　文

誥贈奉政大夫潞安府同知南峯白公暨配宜人閻氏黃氏王氏合葬墓誌銘」

賜進士第文林郎刑科右給事中眷晚生劉懋撰」

中憲大夫四川等處提刑按察司副使兼布政司參議分守川北道前奉」敕監督九江鈔關户部河南清吏司郎中通家晚生周道直書」

賜進士第中順大夫四川成都府知府年家晚生武獻哲篆」

南峯公諱邦寧，原封徵仕郎、平定州同知。其奉政大夫潞安府同知，子郡丞君召峯貤贈」也。召峯將遷葬公新豐之高原，乃□劉子懋語之曰："先父母原葬渭濱，天啓元年渭水南」徙，幾齧其墓。時又以黃母停柩未瘞，王母尚亦槁葬弗合，乃并遷諸戲之西，而安厝之倉」卒，卜擇未審，土薄且燥，不孝用是耿耿。今再卜戲右高處，得善地，將遷葬焉。惟墓□□，幸」吾子一言述之。"余曰："公之懿行振世，□德啓後，陽峪先生誌之詳矣，不佞復何贅？"無已，姑」述其大者。公固司民牧，又起家掾也。人□掾善舞文，又多嗜利，公自都吏至州貳，垂四十」年，所入皆羶途，倘操一居，積心何在，不可致富，乃獨矢廉謹，操履修潔，侃侃端人正士。其」任平定也，署篆一歲，錢穀收支一聽民封，□至膀鍰所入，盡收倉備賑，絕不點染。比致政」歸也，行色蕭瑟，衣履之外無長物。三宜人取瓦器，一置輿底，猶笑而去之曰："一瓦亦平定」物也，何愛而苦輿夫爲？"抵家，數椽不蔽風雨，□田除給弟者，僅得餘夫之數，日夜力作不」給。三宜人又紡績以佐之，油油終身無怨言。即□清修貞介，何多讓焉！世之下也，每見仕」者第不連雲，腴不連阡，日營營不休，白鏹盈篋，錦絲滿箱，尚攢眉嘆不足。聞公之風，可以」愧矣。公豈僅僅寬和謙退之人也與！□閻宜人歸公，數年艱于息，喟然曰："緊詎以予造之」塞也，而不爲夫子之垂裕計。"乃亟勸公爲娶長君召峯之母黃宜人，再娶次君之母王宜」人，愛禮如胞妹，撫其子不啻己出。迄今捐館三十年，郡丞君每念，歔欷嗚哽，則當年之慈」育可知也。黃、王俱以勤瘁相夫子，甘淡没齒，淑貞之操真可媲美古烈女云。郡丞君每嘆」曰：不孝家世貧，先父母棺殮不整，終天遺恨。今美木堅壙，百禮畢舉。兼以」恩寵載加，榮逾生存，公夫婦可以無憾矣。公本巨族，家世姻屬俱載先誌中，茲不贅。姑續陽峪」先生銘而銘之曰：

志士樹德，每于其幽，不于其顯。天道報施，于我者近，于後者遠。知希自」貴，深谷之蘭。庭槐蔭爵，理自好還。子貴而仁，孫賢以綿。食報不爽，亦□□□。驪山之麓，渭」水之原。永奠爾居，于萬斯年」。

附兩誌補跋

亡考南翁以都掾始仕，授忠義後衛經歷。奏績，敕封徵仕郎，閻母孺」人。既轉平定州同知，致政歸。萬曆戊午，以予判保定，三年治稱，擬贈承德郎，閻母太安人」，黃母亦封太安人，而黃母尋卒。迨天啓壬戌補授大同，厥贈爰加之矣。暨轉上黨，越丙寅」，又以三年最，獲恩贈奉政大夫，閻、黃二母俱宜人。先于天啓元年正月二十五日自渭」涯遷而合葬于戲水之西，今再移而上之，亦于戲右之高原葬焉，時崇禎元年十一月二」十有七日也。子于考爲長男，生孫昭遠，昭遠生戊存，又舉女一；次爲吾立，立遺孫亨遠，□」遠生雍存，亦舉女一；季爲吾脩，脩生孫二：曰文遠、曰昌遠。凡此屬先誌之未及，故補叙云」云，其備載前石者實略之。

男吾志謹補跋」

不孝男吾志、吾脩，孫亨遠、昭遠泣血上石」

明誥贈奉政大夫南峯白公暨夏氏黄氏王氏合葬墓志銘

按

墓主白邦寧與妻閻氏初葬於渭水之濱，天啓元年（1621）渭水南徙，其子白吾志於崇禎元年（1628）十一月二十七遷葬新址，并與黄氏、王氏合葬臨潼縣新豐新塋。

撰者劉懋，字養衷，陝西臨潼人。萬曆四十一年（1613）進士，曾任項城縣令、寧陵縣令、新安縣令。康熙《陝西通志》、乾隆《臨潼縣志》有載。

書者周道直，字泰宇，陝西臨潼人。萬曆十三年（1585）舉人。雍正《陝西通志》有載。

篆蓋者武獻哲，陝西臨潼人。萬曆三十一年（1603）舉人，天啓二年（1622）進士，曾任四川副使。乾隆《臨潼縣志》有載。

684.1629　張養蒙墓誌

説　明

明崇禎二年（1629）十一月刻。蓋佚。誌正方形，邊長86厘米。誌文楷書54行，滿行53字。王之臣撰文，鄭宗周書丹，李建泰篆蓋。誌四周飾纏枝花紋。1973年大荔縣城東出土。現存大荔縣城關鎮婆合村張國相家。《大荔碑刻》著録。

釋　文

明通議大夫四川右參政兼按察司僉事張公墓誌銘」

賜進士第光禄大夫少師兼太子太師兵部尚書前奉」命出鎮行邊督師薊遼天津登萊等處軍務眷晚生王之臣撰」

賜進士第中憲大夫管理總督京營太僕寺少卿前河南道監察御史門晚生鄭宗周書」

賜進士出身文林郎翰林院編修侍直」文華殿充經筵展書官管理誥敕撰文兼起居注纂修實録史官通家門晚生李建泰篆」

馮翊二懷張公，丰采聞望，籍世一時，蓋不惟其官也，負氣矜節，敦仁慕義，所在亡不重其爲人。卒之日，余方于役塞上，不獲一訣。頃乞骸歸」里，兩嗣君杖而過余，持所爲狀徵志若銘。余向忝葭莩之末，不敢以不文辭，于是詮次其事而爲之銘。公諱養蒙，字正甫，別號二懷，蓋取《詩》」「有懷二人」之義，志孺慕也。世居同州之孛合村，相傳爲漢丞相蒼之後，其蒿里翁仲父老又傳爲金牌張萬户佳城。盖世代顯晦，譜系無全」，乃閭里間無不知張氏爲馮翊右族也。其昭然可考者，則自其九世祖茂卿始。茂卿生君禮，君禮生希孟，希孟生順，順生贄，贄生琰。琰爲鄉」貢進士，而書香始振振起。琰生績，登弘治戊午鄉書，爲容城令，有惠政。邑舉名宦，乞今尸祝之。績生斅，州庠增廣生，以子貴，封徵仕郎、刑科」左給事中。斅生二子，長思中，嘉靖丙午舉人，宋仕仲息静公父也。登」世廟丁未進士，歷官庶常、給事中、河南觀察使，秩祀名宦，月旦推尊，今在鄉賢俎豆中。暨公之世以」覃恩，贈通議大夫，實授三品，母翟氏贈淑人。生二子，長養心，以鄉貢知陽武縣，廉幹有聲。仲即公，年甫十二，觀察公捐館舍，公事陽武公，奉教令」惟謹。自忿早孤，重以太淑人命，肆力詩書，博極載籍，於口體之奉，泊如也。十六補博士弟子員，才名蔚然，類試高等。萬曆丙子，舉鄉試第七」人。壬午，上公車，時年三十一矣。績學邃養，謂可芥拾青紫。忽困於二竪，積年弗愈，遂不復理舉子業。乙酉春，太淑人即世，拊臆傷懷，泣而繼」之以血。甫襄事，乃出就甥館於渭上，讀禮三年，疾亦尋愈。癸巳，乞」恩署澇縣學，日與諸生談經課藝，共訂不朽之業。澇諸生尊敬如嚴慈，然所遇諸上官多才人韵士，亡不接膝聯詩、同舌説項者。學使者李公堯」民暨司理方公大鎮尤稱神交，屢列首薦。甲午，典試晋陽，其第一人即本房所識拔也。丁酉，陞國子學録。公故介直寡營，一官閱十四年不」調。每休假過河南宜溝，澇諸生越境迎謁，戀戀不忍去。文廟祀典中有名氏失真、從祀未當者，相沿弗察。如孟夫子之父爲孟激公，混畫孟」孫氏誤以爲孟懿子者；如林放、蘧瑗應改祀廟廡者；有原祀廟廡，今祀鄉邑，仍當改從文廟，如蔡元定者；又有同室非宜、所當裁定，如周、程」、張、朱之父者。公謂：「此國之大事也。」列款以」請張相國洪陽，瞿然稱服。會奉」俞旨，都人士以此知名。戊戌，晋吏部司務，冢宰李對泉甚器重之。壬寅，陞兵部職方員外郎，典京營兵馬。京營，故多勛貴占役，其卒屝弱，其馬款」段。公謂：「此」天子六軍，奈何以象人塗馬當之！」毅然汰革，軍容爲之改觀。省直諸豪猾罪至邊遣者，輒求當路更易就便，弗聽。散糧例有羨金，計且數萬，公曰」：「白蟻食金，國家安□，此盜臣爲。」於是移咨太僕寺作正支銷。及攝本司篆，非真將軍不得登壇。大司馬蕭公服其風，力注上考，累以邊功受」神皇帝欽賞。己酉，轉軍駕司郎中。未幾，陞四川布政司右參政，兵備威茂。威茂，控夷夏之衝，兼兵州之重□。會攝巡西安、綿、松潘諸道，事綦繁矣」。公洞其竅會，而操縱弛張之，事無叢脞，聲靈丕振。初如蜀，地方大祲，途多餓莩，而丁壯嘯聚緑林爲盜。公殲一二渠魁，申嚴教令，群盜□鳥」獸散，民用安堵。親藩□以田病民求勝者，公不凡不狥，據理按法，上下帖然聳服。歲當秋防，公署器具，俱衛掌印官設備。而印官科□軍需」，務極侈麗以啗上，乾没爲奸。有陳指揮者，知公廉，稍設銀器數事，公一見即麾去，曰：「此何？莫非軍脂乎？敢以溷乃公耶！」會陳以臟敗，臺使者」欲重擬削蔭，公卒保全之，其嚴而不刻若此。番夷撫賞，先是多惡濫塞責，夷有怨言，公一切釐正而恩信大孚。松茂之饑也，軍多逃散，所餘」空餉萬四千金。州守請充公費，公正色曰：「公吾黨中人，豈出陳弁故智耶？夫黃白一物，能化乾坤爲頑頓世界。公兩試於職方，兩試於監司」，而皭然不淄，記所稱不貪爲寶者，非與？」辛亥，掛冠歸，軍民遮道泣送。戎羌扳留，有以鵰弓寶刀相贈者。人謂夷性犬羊，難以懷服，非然哉。至」太平驛，慨然有感於蜀道之難，於壁間題有「石尖礙馬行，濤發四時雷」之句，決意入山。抵家，結茅緑墊，不復問畏途矣。兩臺薦地方人才，或」勸再出，公以「課農勝課兵，得粟勝得禄」爲辭。黃州范別駕紹間，亦□

明通議大夫四川右㕘政兼按察司僉事張公墓誌銘

蓮士第光祿大夫少師兼太子太師兵部尚書前泰

命廵撫鎮行遼督師劉遠天津登萊等廷軍務

賜進士第中憲大夫管理總督京營太僕寺少卿莆河南道監

賜進士出身文林郎翰林院編脩侍直

父馮□懷張公丰采聞余持所爲狀徵志若銘余向忝良字之誥勑撰文兼

里兩嗣君敕而過余持所爲狀徵志若銘余向忝良字之

有懷□里閭之義志儒慕也世居同州之奉谷村相傳爲漢

乃潤□無不知張氏爲馮期右炎也其昭然百考者則

眞□士而書查始振振起炎主績念弘治戊午基人來仕仲思善

給事中散生二子長思中嘉靖丙午基人求仕仲思善思居顓篆術

近朝丁未進士歷官廩給事中河南觀察使秋祀名宦月旦

忍謚通議大夫賈授三品母翟民諡淑人生三子長養心以

悢諡自公爰孤軍以太源人命廿功詩書博極載籍於□

人壬午上公車時年三十一矣廬亭遠養謂可不拾青紫

之以血氣事乃曲就甥館於渭上讀書三年疾亦尋愈

調乡休假適河南宜滿滯諸生尊敬武晉陽

民蠹司理力本大鎮老福神交厚列首屬甲午興武晉陽

思考濟際學目與諸生談經課荒其剏不朽之業濟諸生尊敬

孫氏族双爲竊子者如林欲還暹慇慇玆祀廟竊者有原

張未之父者公開此國之大事也朔欸州

諸張柏國洪陽器然稱服會奏一

局部

時人豪也，與公世姻莫逆，於是握手歡甚，相尋爲樵漁詩酒之娛。曾於」古稀慶誕撰《梁州序》二闋，播之管絃，行歌酣飲，坐閑望之若地僊云。公宦遊多著述，諸體俱備，尤長於詩。行年七十，每讀史不避寒暑。天啓」六年十月，間坐廳事閱書，忽語噤，延醫百方，終不離床褥者二載。生平善歌善奕，榻間嘗觀客手談，或聽家僮清歌以消鬱□。諸子姓以旦」暮八褰，方擬稱觴，以志難老。不謂竟溘然於戊辰六月之廿七也，是爲崇禎元年，距生嘉靖壬子四月廿七，得壽七十七歲。歸田十有八載」，□□大夫下車解任，迎送兩面，餘俱杜門謝客，不妄干謁。高太守晋臺公每擊節稱之。服食器具蕭然如布衣，嘗削竹爲箸，自笑曰："不許張」良□□頻來相借。"即宴大賓，盤餐野蔬而已。中丞南公過之，謂有先民風。服官十九年，糲食布被如初，蓋天性非矯飾也。胞姊遠適商顏劉」令，而劉□妖，姊孀居四十年，公饋遺備至，數輿疾往視，甚至賣田資之。家嘗告匱，而賻葬南岡公甚厚。從女適李生守緒，緒故，遺兩孤女，曰」一炊，公爲經紀其衣食，而嫁其女。生平持義甚堅，非義，則一縷必斬；義在，即厚費不恤也。故鄉黨無遠近，稱感不置。配薛宜人，即所謂南岡」公仲女。南岡正學粹行，稱關西夫子。宜人夙閑內則，柔嘉婉嬺，有小星樛木之遺意焉。先公十七年卒，貞珉具在，不再叙。舉男子二：長舒，仲」鍧。女三，長歸黄縣令馬從朱。馬故貧，公以百畝田瞻之，宜人亦時有資助。馬以此下惟攻苦，遂博上第。先是，馬于黔陽挽大木數章來贈。未」幾，公即世卒，州之説者以爲烏哺之報云。仲女歸廣昌令董惟康子廩生范。叔女歸兵部職方司主事趙世德子諸生昌遜。孫男子四：長亢」宗，娶李氏，家世門閥，已見前志；次衍宗，聘諸生馬樞女；再次震宗，聘諸生馬桂女，俱馬文莊公從子太學生惺之孫也；又次朝宗，幼。孫女□」四：長字雷，早卒；次適商水令徐殷子諸生鷺；再次字户部主事李修吉孫諸生李之柯子子燮；四尚幼，未字。曾孫女二，俱許大姓子。宜□□」卒也，請孫□□及見而公弄蘭孫於膝上，目擊成立，含飴掀髯，而訢訢然以盡天年。則其謝人間世，而歸無□□之鄉，亦足稱南面王□□」。崇禎二年玄□大荒落十一月十五日，合葬於東城之新阡。兩嗣君纔出小祥，尚在總總，以質行掛漏爲憾，□□局」已自□□□世尚□□」士，當必有見蕭墻而北面之者」。銘曰：

　　有斐君子，爲時碩彦。弋志縑緗，蕫英鶚薦。樂育畿庠，人文丕變。正祀辟雍，衿紳傾羨。爰歷樞衡，清忠獨擅。飭兵西南，德威並建。豐玉荒」穀，南金東箭。謝喧歸老，嘯歌忘倦。元配宜人，名閫淑媛。從德攸閑，慈祥婉奕。子桂孫蘭，永綿天眷。鬱彼東郊，佳氣若練。地靈人傑，千秋爲絢」。

不孝男舒、鍧泣血納石」

按

撰者王之臣，生平見本書675.1619條。

書者鄭宗周，字伯忱，號意葵，山西文水人。萬曆三十五年（1607）進士，曾任鉅鹿知縣、山東道御史、河南道御史、太僕寺少卿、太僕寺卿提督馬政。《明實録》、康熙《文水縣志》有載。

篆蓋者李建泰，山西曲沃人。天啓五年（1625）進士，曾任翰林院編修、吏部右侍郎、東閣大學士。《崇禎長編》有載。

685.1630　朱存樞暨妃張氏合葬壙誌

大明秦世子暨妃張氏合葬壙誌

世子諱存樞萬曆二十年正月初十日母第一
妾李氏庶生萬曆二十五年三月十六日、
賜名萬曆四十四年七月十七日
冊封為秦世子會選東城兵馬副指揮張元祥第
一女張氏為配同日
冊封為秦世子妃世子崇禎二年三月初五日以
疾薨逝享年四十妃張氏萬曆四十七年三
月初六日薨逝無出
諭祭特命有司治喪葬如制
懿安皇后等並
賜祭焉崇禎三年十月初十日良吉合葬西安府
上聞輟朝三日
咸寧縣鴻固原之次嗟嗟世子以宗室至親
享有儲位屹為藩輔富貴薰隆宜永壽年遽
焉長逝豈非命耶爰述其槩納諸幽室用垂
不朽云

説 明

明崇禎三年（1630）十月刻。誌、蓋均爲正方形。蓋邊長88厘米，誌邊長90厘米。蓋文4行，滿行4字，篆書“大明宗室」秦世子暨」妃張氏合」葬壙誌」”。誌文楷書17行，滿行17字。誌、蓋四角均飾寶相花，四周均飾如意、雙龍紋。1978年西安市南郊郵電第十研究所出土。現存西安博物院。《陝西碑石精華》著錄。

釋 文

大明秦世子暨妃張氏合葬壙誌」

世子諱存樞，萬曆二十年正月初十日，母第一」妾李氏庶生。萬曆二十五年三月十六日」賜名。萬曆四十四年七月十七日」册封爲秦世子，會選東城兵馬副指揮張元祥第」一女張氏爲配，同日」册封爲秦世子妃。世子崇禎二年三月初五日以」疾薨逝，享年四十。妃張氏萬曆四十七年三」月初六日薨逝，無出」。上聞，輟朝三日」，諭祭，特命有司治喪葬如制」。懿安皇后等並」賜祭焉。崇禎三年十月初十日良吉，合葬西安府」咸寧縣鴻固原之次。嗟嗟!世子以宗室至親」，享有儲位，允爲藩輔，富貴兼隆，宜永壽年。溘」焉長逝，豈非命耶!爰述其概，納諸幽室，用垂」不朽云」。

按

誌主朱存樞，秦肅王朱宜漶長子。萬曆四十四年（1616）七月十七日册封秦藩世子。崇禎二年（1629）三月初五日卒，享年三十八歲。《明史》等史籍均稱末代秦王爲朱存樞，皆誤。參見梁志勝、王浩遠《明末秦藩世系考》。

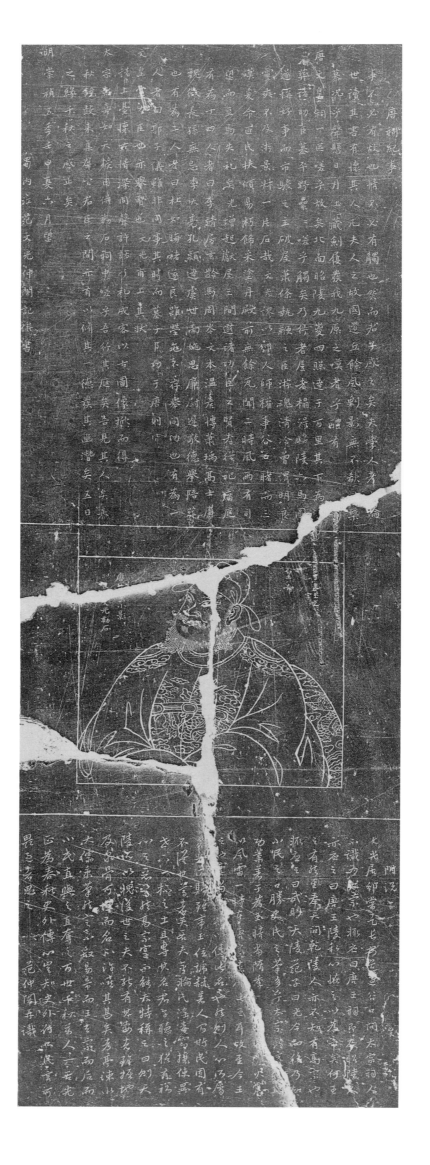

説　明

明崇禎五年（1632）六月刻。碑首、座皆佚。高180厘米，寬73厘米。正文分爲三欄。上欄刻范文光撰并書《唐祠紀事》，楷書21行，滿行25字；中欄刻"唐文皇小影"，署"范文光勒石"；下欄刻范文光《附説》，行草書20行，滿行17字。碑中部橫向斷裂。原立於醴泉縣城關鎮唐太宗祠遺址，1975年移藏昭陵博物館。現存昭陵博物館。《昭陵碑石》著録。

釋　文

唐祠紀事｜

事不必有故也，情不必有觸也，然而君子感之矣。夫學人考古論｜世，讀其書，有懷其人。凡夫人之故國遺丘，餘風剩影，無不欹歔概｜慕，況乎聲懸日月，土藏劍履，發我九原之嘆者乎？醴有｜唐文皇祠一區，嗟乎故矣。北面昭陵九峻，四照達于百里。其下爲陪｜葬諸功臣墓，平野縈縈，嗟乎觸矣。乃行者居者，榻得昭陵六馬圖｜，遂稱好事。而市駿之主破屋蕭條，執鞭之臣游魂清冷，曾謂明良｜靈爽，不及游景叔一片石哉。文光謬以邠人師權事谷口，睹而三｜嘆。爰命匠民，扶傾易朽，飾采塗丹。殿前無餘瓦，聞二時風雨，有司｜望而豆焉，失礼矣。光增起獻屋三間，選諸功臣之賢者從祀廟庭｜。有爲十四人者，曰李靖、房玄齡、馬周、岑文本、温彦博、蕭瑀、高士廉｜、魏徵、長孫無忌、李大亮、孔穎達、虞世南、姚思廉、尉遲敬德，舉陪葬｜也；有爲二人者，曰杜如晦、褚遂良，雖塋兆不存，舉同功也；有爲一｜人者，曰郭子儀，雖非同事其時，而墓于邑，功于唐，則皆｜文皇宣力臣也，亦舉賢也。文光甫上其狀｜，諸上臺懷古情深，同聲許諾，乃礼成。客以古圖像掀而得｜太宗影，喜如天授，因併勒石祠中。嗟乎！吾行其庭矣，吾見其人矣，春｜秋鐘鼓，来集群公，君臣之間亦有以修其一德，發其幽潛矣。五日｜之緣，千秋之感，止矣｜！

　　明崇禎五年壬申夏六月望｜

　　蜀内江范文光仲闇記併書｜

　　附説｜

文光居邠，嘗走長安，道過谷口，問太宗祠，人｜不識爲太宗也，輒應曰"唐王祠"。即及昭陵，人｜亦應之曰"唐王陵"。私心怪之，以爲帝矣，何王｜之有。然至奉天，問乾陵人，亦不知有高宗也｜，輒應之曰"武則天陵"。范子曰："光今而後乃知｜，小民之口，勝史氏之筆多乎。"太宗雖帝，要其｜功業著於爲王時。當隋季之亂，出之膏火，震｜以風雷，一時奉唐家者獨此王耳，故至今｜王之也，寔當年有以傳此名也。然則人心所屬｜，衆望所歸，雖帝王位號赫著人間，斯民固有｜不從其尊者矣。若夫金輪氏淫毒竊攘，使異｜世下一捨之土，且專其名，君子聽之，猶有禍｜心之惡焉。然高宗寔不能夫，特稱之曰則天｜陵，所以愧後世之夫不能有其妻者，雖掘地｜及泉，骨可埋而名不許。嘻，其甚矣！考亭涑水｜，大儒秉筆，然定不欲易帝而王，去宗而后，而｜小民直與之、直奪之，百世千秋，萬人一舌，先｜正爲春秋，史外傳心，豈知史外傳口。民言可｜畏，過者思之。

　　范仲闇再識｜

按

因碑斷裂，文中闕字據《昭陵碑石》補。

撰者范文光，字仲闇，四川内江人。天啓年間舉人，曾任邠州學正，署理醴泉縣事。於昭陵古迹頗爲留心，曾重修唐太宗廟。著有《昭陵志》。乾隆《醴泉縣志》有傳。

687.1640　邊九德墓誌

明故秦藩典服副遍公墓誌銘

明故秦藩典服仁齋邊公墓誌銘
咸陽庠士通家晚生師從德頓首拜撰并書
長安庠士通家晚生黃用脩頓首拜篆

勅書入侍

神宗癸未選入御馬監太監而西歸就侍
秦庸祖者紫君賜以終養椿萱公心至孝人莫能名公勤慎稱
秦蕃者二十人惟仁齋邊公居第一廠後官或貴於公而壽弗若壽或高於公而子孫弗
若所謂攸好德必得者公獨稱純腒焉公自
上嘉其清三命治典倉積貯充庾以美實國帑而不自私
上嘉其勤再命理羊圈恪恭聲譽著聞
齋庸初命巡視承奉司寅晨怡恭聲譽著聞
賜公嗣子張端典膳而公家克振卓立茂美猶未足限量共今日繼嗣而起者有典寶傳
進朝近侍陳舜陳永壽張吉祥簡用劉進皆公嗣孫也繼嗣孫而興者有近侍雷臣文
秀周國用焦尚貴公嗣曾孫也後先照美公嗣曾孫餘年不勞休養餘年不勞
王事十年於茲矣公名九德弥仁齋咸陽延陵里之石村人公祖疆生公父班班生九
益九壽九遠九胞兄也公任五曰岩曰儉曰陵曰鎮任孫一曰父一日之垣長女閨
庠生公生於隆慶丁卯十二月二十三日卒於崇禎己卯十二月十七日越歲庚辰閏
正月二十日嗣子卒諸孫衰毀盡禮奉公極葬於帝曲里之新塋以誌屬余小子愚且
國主嗣登寶位股肱心膂進退莫據而於公衰老病臣體貌無斁恩數有終為公後人力
不何所辱命固辭不義竊見今
魄迂其鄉考石書銘竊中央佑公子孫宏永昌
生者而思死者無已矣知公非徒虎虎魂莫不之
居多焉猗歟盛哉公可以誌而銘矣於是按狀而誌系之以銘

銘曰

不孝嗣張
　　端孫
　　簡用陳舜　　陳永壽　　焦尚貴
　　張吉祥　　文秀
　　劉進用曾孫雷臣泣血上石
　　　周國用
　　　杭東忠
侄岩儉陵巍鎮孫之垣
　　楊俊松鐫

説 明

明崇禎十三年（1640）閏正月刻。誌、蓋均正方形，尺寸相同。邊長均63厘米。蓋文4行，滿行3字，篆書"明故秦」藩典服」副邊公」墓誌銘"。誌文楷書34行，滿行33字。師從德撰文并書丹，黄用脩篆蓋。出土具體時、地不詳。現存西安博物院。

釋 文

明故秦藩典服仁齋邊公墓誌銘」

咸陽庠士通家晚生師從德頓首拜撰并書」

長安庠士通家晚生黄用脩頓首拜篆」

萬曆辛丑，奉」敕書入侍」秦藩者二十人，惟仁齋邊公居第一。厥後官或貴於公而壽弗若，壽或高於公而子孫弗」若。所謂攸好德、考終命，大德必得者，公獨稱純嘏焉。公自」神宗癸未選入御馬監太監，而西歸就侍」秦肅祖者，榮君賜以終養椿萱。公心至孝，人莫能名。公勤慎，稱」睿慮，初命巡視承奉司，寅畏恪恭，聲譽著聞」。上嘉其勤，再命理羊圈倉，積貯充庾，以羨實國帑，而不自私」。上嘉其清，三命治典服，所分錫綬章，慎守克任，且素性節儉，時以三浣諷諫」。上嘉其忠，緣是」賜公嗣子張端典膳，而公家克振，卓立茂美，猶未足限量於今日。繼嗣而起者，有典寶傅」進朝，近侍陳舜、陳永壽、張吉祥、簡用、劉進，皆公嗣孫也。繼嗣孫而興者，有近侍雷臣、文」秀、周國用、焦尚貴、杭秉忠，皆公嗣曾孫也。後先際美，公得休養餘年，不勞」王事十年於茲矣。公名九德，號仁齋，咸陽延陵里之石村人。公祖疆，疆生公父玨。玨生九」益、九籌、九遠、九官，皆公胞兄也。公侄五：曰岩，曰儉，曰陵，曰巍，曰鎮。侄孫一，曰之垣，長安」庠生。公生於隆慶丁卯十二月二十三日，卒於崇禎己卯十二月十七日。越歲庚辰閏」正月二十日，嗣子率諸孫哀毀盡禮，奉公枢葬於韋曲里之新塋。以誌屬余，小子愚且」賤，何所辱命，固辭不獲。竊見今」國主嗣登寶位，股肱心膂，進退莫據。而於公衰老病臣，體貌無虧，恩數有終，為公後人力」居多焉。猗歟盛哉！公可以誌而銘矣。於是按狀而誌，系之以銘」。銘曰」：

生者而思死者，無已矣，知公非虛生矣。死者以生者不朽矣，知公非徒死矣。魂莫不之」，魄返其鄉。考石書銘竈中央，佑公子孫世永昌」。

不孝嗣張端

孫：傅進朝、陳舜、陳永壽、張吉祥、簡用、劉進

曾孫：雷臣、文秀、周國用、焦尚貴、杭秉忠

侄：岩、儉、陵、巍、鎮，孫之垣泣血上石」

楊復松鑴」

按

誌主邊九德，號仁齋，陝西咸陽人。萬曆十一年（1583）入宮為御馬監太監，萬曆二十九年（1601）為贍養父母，返回西安，改奉秦藩，侍秦肅王朱誼㳖。誌所載其生平事迹及嗣繼者，均可補秦藩王府史料之闕。

688.1642　朱存機壙誌

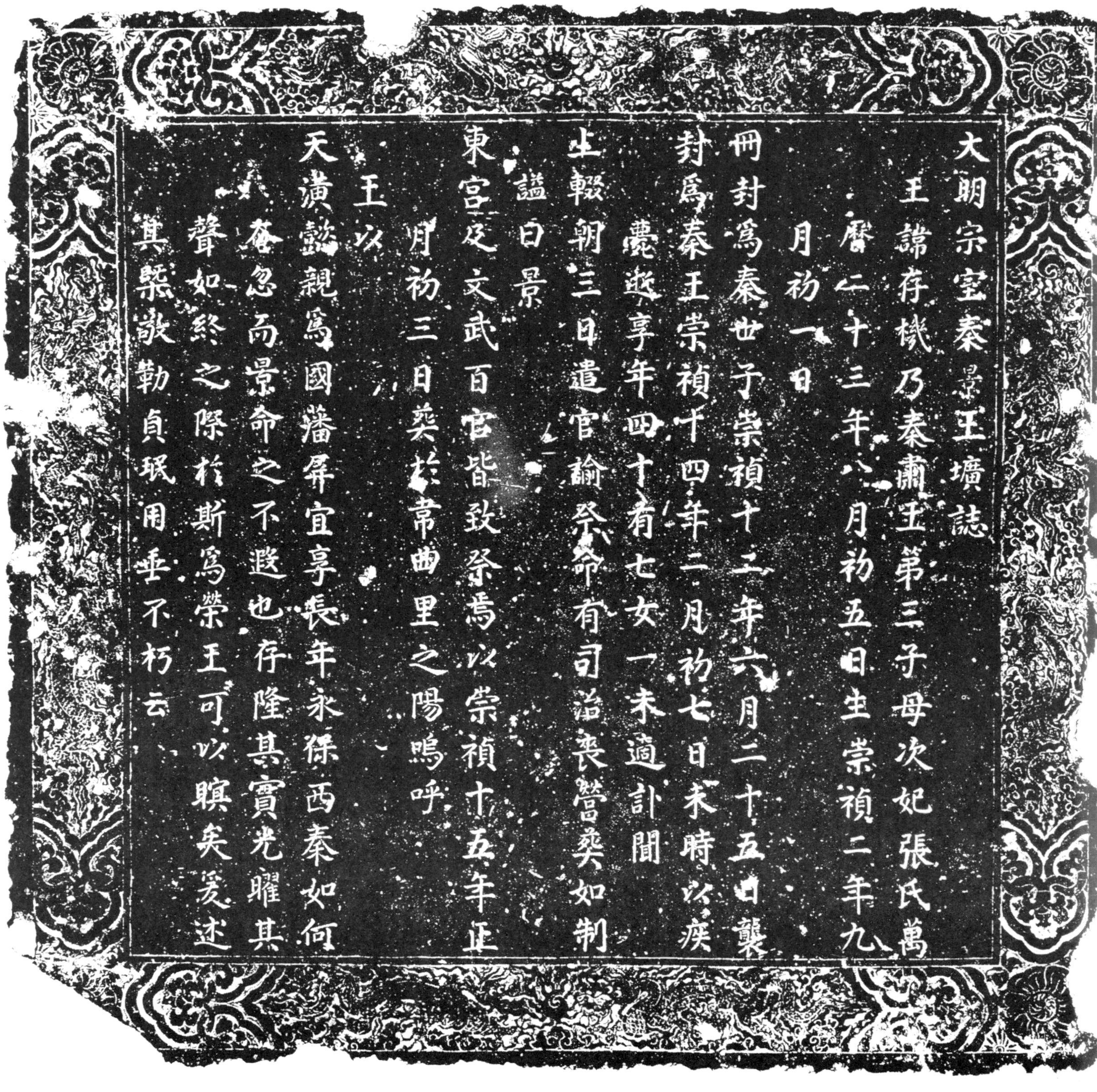

大明宗室秦景王壙誌

王諱存機乃秦肅王第三子母次妃張氏萬

曆二十三年八月初五日生崇禎二年九

月初一日

冊封爲秦世子崇禎十三年六月二十五日襲

封爲秦王崇禎十四年二月初七日未時以疾

薨逝享年四十有七女一未適訃聞

上輟朝三日遣官諭祭命有司治喪營葬如制

諡曰景

東宮及文武百官皆致祭焉以崇禎十五年正

月初三日癸酉葬帝曲里之陽鳴呼

王以

天潢懿親爲國藩屏宜享長年永保西秦如何

蒼急而景命之不遂也存其實光曜其

聲如終之際於斯爲榮王可以瞑矣爰述

其懿散勒貞珉用垂不朽云

説 明

明崇禎十五年（1642）二月刻。蓋佚。誌正方形，邊長85厘米。誌文楷書16行，滿行16字。誌四角飾寶相花，四周飾如意、雙龍紋。早年出土於西安市長安縣。現存西安市長安博物館。《長安碑刻》《長安新出墓誌》著録。

釋 文

大明宗室秦景王壙誌」

王諱存機，乃秦肅王第三子①，母次妃張氏。萬」曆二十三年八月初五日生。崇禎二年九」月初一日」册封爲秦世子。崇禎十二年六月二十五日襲」封爲秦王②。崇禎十四年二月初七日未時以疾」薨逝，享年四十有七。女一，未適。訃聞」，上輟朝三日，遣官諭祭，命有司治喪營葬如制」，謚曰景」。東宮及文武百官皆致祭焉。以崇禎十五年正」月初三日，葬於韋曲里之陽。嗚呼」！王以」天潢懿親，爲國藩屏。宜享長年，永保西秦。如何」奄忽，而景命之不遐也！存隆其實，光曜其」聲。如終之際，於斯爲榮。王可以瞑矣！爰述」其概，敬勒貞珉，用垂不朽云」。

校勘記

①肅王第三子，康熙《陝西通志》作“肅王次子”。

②崇禎十二年，康熙《陝西通志》作“崇禎十年”。當以壙誌爲是。

按

誌主朱存機爲秦肅王次子，繼爲秦景王。《明實録》、康熙《陝西通志》記載十分簡略，而《明史》無載，故此誌爲有關秦景王朱存機最詳實之史料，可補《明史·諸王表》秦藩世系之闕，亦可正該世系之謬。誌文“女一，未適”，康熙《陝西通志》有“景王無子”之記載，與此合。

御製

大清
御製遣祭文武二王陵文
順治八年歲次辛卯四月丁未朔越七日癸丑
皇帝謹遣太子太保禮部尚書宣左侍郎事王鐸致祭于
周文王曰自古帝王奉
天明命繼道統而新制統聖賢代起光後一模功德在籍
炳如日星
朕誕膺
天眷紹贊丕基景慕前徽圖追芳躅明禮大典丞宜肇隆
敬遣尚官代將牲帛爰修殷薦之誠用展儀型之志
惟格歆尚其鑒享

武陽縣知縣百江山秀沐手

説　明

清順治八年（1651）四月刻。碑圓首方座。通高148厘米，寬56厘米。額文篆書"御製"二字，左右兩側浮雕二龍戲珠及雲紋。正文楷書12行，滿行21字。江山秀書丹。現存咸陽市周陵文物管理所。《咸陽碑刻》著錄。

釋　文

大清」御製遣祭文武二王陵文」

順治八年歲次辛卯四月丁未朔越七日癸丑」，皇帝謹遣太子太保、禮部尚書、管左侍郎事王鐸致祭于」周文、武王曰：自古帝王奉」天明命，繼道統而新制統，聖賢代起，先後一揆，功德在籍」，炳如日星」。朕誕膺」天眷、紹贊丕基、景慕前徽、圖追芳躅，明禋大典，亟宜肇隆」，敬遣崇官代將牲帛，爰修殷薦之誠，用展儀型之志。伏」惟格歆，尚其鑒享」。

咸陽縣知縣臣江山秀沐手書」

按

據史書記載，周文、武二陵在畢原。然畢原的具體位置有兩種不同的記載，一說在咸陽縣北，一說在渭河鎬京附近。歷代學者對此多有辨證，如程大昌《雍錄》、顧炎武《日知錄》、畢沅《長安志》注等，分別持不同觀點。據今天的考古發現，咸陽縣北的周陵實爲秦惠文王陵和武王陵，而周文王、武王的陵墓當在鎬京附近。然位於咸陽縣北的周陵仍然受到後世尊崇，歷代均列爲公祭的帝王陵墓。此碑即爲順治八年祭祀咸陽周陵時所樹立。據《清史稿·世祖本紀》記載，是年，福臨親政，"夏四月庚戌……遣官祭嶽鎮海瀆、帝王陵寢、先師孔子闕里"，陝西諸帝陵遣王鐸往祭。王鐸，字覺斯，河南孟津人。明天啓二年（1622）進士，授翰林編修、經筵講官等職，順治三年（1646）仕清，爲《明史》副編修。時任禮部尚書的王鐸此次在陝祭祀除周陵外，還有黃帝陵等。

書碑者咸陽縣知縣江山秀，據（雍正）《畿輔通志》載："玉田人，前崇禎舉人，由教諭遷咸陽令，升鎮江府同知。"具體任咸陽令之時間史書未明確記載。除此碑之外，順治十年所立《重修咸陽縣學記》亦爲其以咸陽令的身份所撰，其任咸陽令當在此期間。

1705

690.1657　關聖真君像贊

説明

清順治十四年（1657）八月刻。碑高140厘米，寬67厘米。分上下兩段，上段刻正文楷書，共20行，滿行20字。下段刻關公坐像，周倉執刀站立右後方，關平手持金印站立左前方，群像後有祥雲圖案。秦駿生撰讚。現存西安碑林博物館。《西安碑林全集》著録。

釋文

關聖真君像讚」

神德馨香，威明遠届。每覽古賢讚頌，莫能表著高」深。駿惟以常言贊聖人，莫若以聖言贊聖人，昧」旦肅將謹緝《詩》《書》兩經各三十語，浹時同韻，似」有神助。駿不敏，庶藉手上答云」。

倬彼雲漢，長發其祥。維熊維羆，幹不庭方。緑兮衣兮」，袞衣繡裳。赫如渥赭，金玉其相。揆之以日，爲龍爲光」。以匡王國，踴躍用兵。如鳥斯革，經營四方。顛沛之揭」，告成於正。昊天不惠，又缺我斨。謀夫孔多，燎之方揚」。徹我墻屋，壽考不忘。升聞於天，赫赫在上。風雨如晦」，相其陰陽。天步艱難，鑒亦有光。神之聽之，萬壽無疆」。

右集《詩經》」。

天吏逸德，九有以亡。草竊奸宄，始於家邦。畔官離次」，狃侮五常。脅權相滅，焚炙忠良。倏擾天紀，厥類維彰」。皇天震怒，火炎崑崗。玄德升聞，至治馨香。聿求元聖」，若網在綱。視乃烈祖，聖謨洋洋。錫王智勇，一人元良」。慎固封守，咸則三壤。大勳未集，時日曷喪。寅亮天地」，居上克明。靈承於旅，降之百祥。顯於西土，光於四方」。

右集《書經》」。

順治丁酉中秋錢塘弟子秦駿生薰沐拜題」

長安卜楨暨男德彪齋沐鐫」

按

關羽造像碑遍布各地，多以繪畫鐫刻的形式表現其英姿。

撰者秦駿生，號山子，錢塘人。諸生。著述有輯評《周秦十一子》（明刊本）、輯《皇明奏議備選》十六卷、《經生麈》六卷、《匡時經世集》等。

説　明

清康熙六年（1667）十月刻。碑圓首。高165厘米，寬69厘米。額文3行，滿行2字，篆書“重建」軒轅」廟記」”。正文楷書26行，滿行52字。楊素蘊撰文，寇一清、鄭居廣書丹。四周飾波浪紋。現存黃帝陵軒轅廟碑亭。《黃帝陵碑刻》著錄。

釋　文

重建軒轅黃帝廟碑」

軒轅黃帝葬中部橋山，因廟於其地祀之，以聖人功在萬世，不可忘也。舊廟坊州城北門外，宋乃徙城東，即以保生宮更置爲廟。或□□□」，曰玉清觀。宋以前碑盡蝕，弗考創修。元人張敏記略述始末，今其碑存。明益廓其制，周垣可里許，爲殿、爲亭、爲塾、爲門、爲廚舍、庫□□」楹。祀典，隸太守封內，有司春秋歲祀。三歲，則太守親將祀事。鄜刺史與洛、中、宜三邑之令長百執事，以秋八月上甲祭。先期齊□□□」，天子遣嵩官，亦屆時至，齋各以其地。其日啓明爛，生徒鼓衆，太守沐冕對越，使臣敬致」御帛祝香，太守前燎輝芬氳，左右齊稷，儼」天子躬禋祀」，帝陟降而歆焉。順治辛卯，我」世祖皇帝親政，遣少宗伯王公鐸來，蓋」天子御極，必特祭告始也。自此三歲祭典，曠門塾圮弗葺，又屢歲大雨，廟欹漏頹矣。巡撫都御史賈公檄郡邑重新，而役衆費繁，罔克□□□」蒞我延，過廟俯仰者久之，慨然而歎曰：“事不可以諉難。”於是集令長、群吏，議興役事。已，又謀之鄉耆父老，乃衆弗欲興役事。僉曰：“費□□」典廢而不廟，而猶主封內山川以福我民者乎，費將不可以已也。矧今之舉，固費省，乃衆弗欲興役事。”僉曰：“疲矣吾鄜，若洛、若中、若宜」也，例役一州三邑之人。”王公曰：“嗟，吾不忍若而役。”僉曰：“廩其有餘粟不，或帑多羡金，若猶未也，其何以興役事？”王公曰：“詔禄二千石□□」。”僉又以土木之功，稽察匪易，王公又曰：“劉晏修膆，胡多其資？吾期集事而已。”於是，請于都御史賈公與河西副憲鮑公。兩公皆稔知□□」。即盧公新制秦晉，並允所請。於是，廟之役作。而司李劉公亦咸襄厥事，廣貲於文武之有事延土者，然後專責中部縣尉汪兆焱□□□」則勾稽有簿。工弗集，請于太守，太守計日備之。財用靡繼，請于太守，太守以時捐發礦鍛、材木、磚石、㯏炭、膠漆、顏采。弗備，請于太守，太守」復時時檄。督勞之間，親臨程其工。大殿成，兩門繼，門既，亭乃作，唐、宋、元、明碑序列其中。然後周垣興，閟宮實，枚門宇輝煥□□□□□」黃帝垂拱，六相屏肅，偉哉！足嚴祀事，光大典矣。然費弗民病，役罔民勞，計之費省而役少，是何也？舉度鮮不中程，惟太守賢也。工始於□□□」成，太守王公書遺素蘊記焉。素蘊按」：天子主百神，取功德在民者，著之祀典。飭有司黜墨廟宮，將以神人受戩，課百辟績。神之不享，民必罔治。是役也，官維人也。百神懷□□□」王維后也。盧公諱崇峻，三韓人。賈公諱漢復，曲沃人。鮑公諱開茂，長山人。王公諱廷弼，三韓人。劉公諱翊聖，介休人。鄜州知州劉諱□□□□」陳諱藝衡，福建人。中部縣知縣曾諱聰，晋江人。宜君縣知縣周諱之簡，仁和人。是年，會」皇上親萬幾，將祭告古帝王山川，素蘊幸逢其盛，敬作記焉」。

時」康熙六年歲在丁未十月之吉」

賜進士出身四川分守川北道布政使司右參議前四川道監察御史玉華楊素蘊盥手謹撰

廩生寇一清、鄭居廣書丹」

按

與此碑同時立者，還有劉爾惲撰《重修軒轅黃帝廟募緣序碑》，與此碑所述內容大略相同，述黃帝陵軒轅廟的創建、維修以及重修經過，重點敘述頌贊此次重修事宜，不勞民財，在陝西巡撫賈漢復、副憲鮑開茂、延安知府王廷弼等官員支持之下，由鄜州洛、中、宜，一州三邑令長共同捐資維修。捐資情況，刻於碑陰。據《陝西省志》，茲錄如下：“謹將各官捐俸銀兩開列於後：欽差整飭榆林中西二路兼分巡道陝西按察司副僉事周雲捐助銀貳拾兩，欽差整飭延安等處分巡河西道陝西按察司副使鮑開茂捐助銀捌兩叁錢，延安府知府王廷弼捐助銀叁拾伍兩肆錢，推官劉翊聖捐俸銀肆兩，神木兼守同知英宗泗捐俸銀叁兩，署葭州事神木同知高顯辰捐俸銀肆兩，靖邊知縣□□□捐俸銀□□□□兩，中部縣典史汪兆焱捐俸銀拾兩貳錢。以上共捐俸銀貳百壹拾捌兩。”

賈漢復，康熙元年至七年（1662~1668）任陝西巡撫。《清史稿》有傳。王廷弼，據雍正《陝西通志》、康熙《延綏鎮志》等，康熙四年（1665）始任延安知府。鮑開茂，康熙四年始任陝西按察司副使，道光《濟南府志》有傳。其餘諸人，未見史志所載，得此可補其缺。

撰者楊素蘊，字筠湄，一字退庵，陝西宜君人。順治九年（1652）進士。《清史稿》有傳。詳見本書703.1691條。

1709

692.1668　雷于霖暨配楊氏劉氏自誌銘

説明

清康熙七年（1668）十一月刻。誌、蓋均爲青石質。長方形。蓋長117厘米，寬77厘米；誌長117厘米，寬81厘米。蓋文6行，滿行4字，篆書“前癸西科」舉人柏林」雷子暨配」楊氏劉氏」兩室人自」撰墓誌銘」”。誌文行書，分上中下三欄，上、中兩欄各50行，下欄46行，行字不等。雷于霖撰文。1976年陝西省文管會和大荔縣文化館在朝邑鎮大寨子西門外清理雷柏林墓葬時發現。現存大荔縣文物局。《大荔碑刻》《新中國出土墓誌（陝西叁）》著錄。

釋文

前癸西科舉人柏林雷子暨配楊氏劉」氏兩室人自誌銘」

予少學干禄，壯懷濟世。至不遇，而思出」世。及今別世之際，而垂世之思尤爲兢」兢，此予之内懷而人不及見者。然以人」誌予，擬之大高，予不敢當，抑之大卑，予」不甘受，不若予之自誌者真也。古之人」有行之者，陶淵明、王無功是也，予具取」而效之，對鬼神以自述往蹟，敢俟同志」於奕世云。誌曰：

柏林翁，雷氏子也，名于」霖，號午天，別號柏林，世居秦之朝邑西」廓。始祖準，傳及七世祖伸，配常氏，繼儲」氏。生父體充，配楊氏，窰前村楊公烈之」女也。兩尊人賦性慈惠，貧而好施。解衣」衣人，至冬不重衣；減食食人，至日不再」食。崇儒尊師。生兄于成，克肖善慈。次生」予，時萬曆己丑冬十月十九日也。十歲」就小學，十五師事宗兄質庵先生讀書」，思希聖作文，知摹古搦管。放曠不斤斤」於尺寸，先生知予不□□也。庚戌母亡」，夏四月，葬於西原。哀思母渴，日灌墓前」，秋深乃止。初試童子科，西安守尹公伸」越格鑑賞，譽起一時。甲寅，督學洪公翼」聖歲試入庠。乙卯大比，不第。聞父喪，奔」來。哀慟之感，烏鳥悲鳴，栖滿庭槐。貧不」能葬，得海山荊公之賵，合母氏而葬於」西原祖塋之次。風木興懷，下帷益力。廣」昌令唐衢劉兄知我，遣二子從予而館」穀之。服闋，尹公陞棱奉士，拔予第一，館」予於在□書院，日造恭定公馮夫子從」吾之門而聽講焉，緣是知理學之宗也」。思予一介叨食於廩□，讀《西銘》而三復」之，以免素餐之羞，及今終身不厭。甲子」，督學陳公應元，丁卯，督學錢公天錫，皆」拔第一，三冠諸生，歷聘侯門。侍郎薛公」國用、中書孫公弘祚、憲副王公嗣美、平」陽尹王公喬棟、司獄紀公大可，皆卑禮」厚聘而賓當之至。崇禎戊辰，皇帝」登極，應恩選，出貢於庭。嗟予終不能大」用，即神通異夢，作告天文，誓行善事」三百條。癸西，場□□□張公天機首薦」之，主司忌其奇險，諸房師同揖而再薦」之，中五十一名。思予父兄困於負擔，母」氏勞於機杼，今雞豚俱不逮也。明發之」懷，血淚滿枕，歸來謁華岳廟，誓行善事」三千條，期不負科名者，報效神明。甲戌」，大盜横起，率衆築泰安堡，作《勸善約》，與」衆同保。賊數至，不攻而去，全活者萬人」。己卯，善滿三千條，對神回向。庚辰，不第」。歸過湯陰，謁岳武穆祠，殿前鑴“忠孝”二」大字，向墨工鬻之。是夜，夢武穆入吾邸舍」，歡若平生。抵家啟篋，存兩“孝”字，失一“忠”」字。嘻，異哉！武穆之不與予忠耶？癸未，公」車淹滯，闖逆大亂，自審予衰矣，企思報」韓存楚者，彼何人斯，而我不如焉。武穆」之不與我以“忠”也，信哉！遂入柏林，静卧」一室，參理性命，不復再過邯鄲矣。丙戌」，土人縱暴，予嚴閉偫門，聚衆而謀曰：“此」輩皆素所積惡，而人不齒者，天將厚」其毒而滅之。懼吾曹胥及於難，曷蚤」貳焉。”衆皆曰：“然。”遂擁官入城。城中人應嚮」，群起擊散惡黨。奈群孽尋禍，仍聚白塚」，下瞰如虎。旬日官兵渡渭，聞官城如故」，直抵白塚，破城而屠之，猘首以歸，其他」邨落免死者不知其幾億萬。予哀白塚」之陷也，白衣冠者三月，因思多暴子弟」，皆由忘其親以不愛其身。每日祈天祝」聖，注《孝經》一十八章，作《烏哺》千有餘言」，通天下萬世之孝，以報吾親。嘻！武穆之」教我以孝也，亦信乎。暇日閱道經而學」深深之息，翻釋藏而求空空之照。忽爾」雨霽天空，月明海湛，身心泰定，渾無邊」際。還而觀吾未發氣象，知在彼者，兼」在此也。向披制舉一業，隔越千重，此日脱」盡干禄習氣，覺先聖先賢與自聖自賢」活潑潑密有契證，濃沌生氣，虛明生理，映」滿四體，孔子曰“不知老之將至”，信哉。丁西冬」日，燕對曦光，謁者忽報潼關兵憲湯公」至矣。撥草入廬，予隨以野服接見。坐中」話道學之要，對曰：“道本於誠，學主於敬」。”公曰：“就今云之，存誠則鬼神可格，而厲」物莫侵；居敬則江河可砥，而流俗莫」移。”嗣是頻相接見。問及格物，曰：“晦翁」之」解，貫通無外；陽明之説，孤明内省。”題吾」門曰“學宗濂洛”。公莊嚴清儉，蓋年學」道之君子也。吾自見公，晚學益力。自甲」申至丁未，林居二十四載，所著者《孝經」報生篇》一卷、《太極圖説》一卷、《西銘續生」篇》一卷。此三書者，名爲本源三注，尤予」學問精魂之所寄。但恐板有殘闕，命予」仲子書之石而立於祠堂之前，《四字烏」哺》一卷、《柏林詩文」二卷、《柏林續集》一卷」、《資善集》八卷、《柏林別世言》一卷，皆已刊」行。居恒念人間福禄，冥司忌其貪耶。吾」取於田廬者不

局部

敢多,用於口體者不敢」奢,與鄉人處,好言陰騭報應事,戒殺者」五十餘年,今行年七十九歲,亦可謂壽」矣。但自嗟者,誦讀半生,澤未加諸一國」;晤對千古,行僅成乎一家。雖煉石斷鰲」,終何能補予心之缺也哉!配楊氏,副劉」氏。楊氏者,南岐村楊公彥斌之女也。外」嚴而中慈,多威而少□。自歸予家也,與」予父母之前,生事葬祭,咸盡其孝焉。予」少也或負笈他邦,就館別室,時而不遑」內顧,子乃寒機霜砧,自食其力,使予得」一志攻業也。其育予子也,易乳飼甘,延」師請益,而劬勞罔極者,靡不曲至。其課」予農也,烈日載穫,繁霜滌場,而力穡節」儉者,毫不憚勞。簪荊曳布,不修富貴之」容;樂善好施,能接先人之緒。即予覽滄」桑之山川,嗟暮天之風雨,入柏林而以古」道自處,且能與予有同志焉。奈天不假」年,棄世者今已九載矣。生於萬曆癸巳」五月十三日,卒於順治己亥十一月廿一」日,在世六十七歲。劉氏者,安昌村劉自」慎女也。惴惴其懷,雍雍其度。處壺以內」事,而於上下僮婢之間,終日不見疾言」遽色,少有矜詡之意。惜其蚤年玉折,未」見若子若孫之成立,得奉甘旨於膝下」,與予垂白於一堂也。言念及此,獨令予」兩眶如注矣。生於萬曆甲辰八月十九」日,卒於崇禎壬申四月初八日,在世二」十九歲。嗟嗟!成吾業者,楊也;續吾後者」,劉也。何不幸而俱先我逝也。男三人,長」子衍澤,夭,娶高氏,繼王鳳玉女。仲子衍」恩,生員,教以端躬服古,不急急於制舉」之業。娶諸生侯可達女,繼仇允捷女。季」子衍忠,娶諸生韓昇女。女一,適袁□基」,蚤卒。孫男三,開萬,澤出,娶張炳女;壽萬」,忠出,娶史文印女;篤萬,恩出,尚幼。曾孫」男四,代馨,聘張璽女;代崇、代楊、代新,俱」幼。曾孫女一,字張芳男張顯祚,俱開萬」出。今康熙六年七月十三日也,夜夢烏」雲繞室,青霞飛空,予其告終哉?若卒,則葬於祖塋之側」。銘曰:

憫予雷子,分秦鄙疆。子爾自振,獨」關奧堂。於古求師,《西銘》獲張。入於柏林」,泰定發光。宿惡不留,宿善亦忘。晚霽孤」尋,誰與同行。來有知音,百世孔章」。

嗚乎痛哉!吾父當易簀之際,爰授自」誌於恩,恩故不敢求當世學士大夫之」撰以忘吾父也。為之滴淚研硃,敬」壽諸石。父卒於丁未年七月十三日未」時,越歲戊申,卜吉十一月初七日,合母氏」葬於西原祖塋傍北之新兆」。

不肖男衍恩、衍忠,孫開萬、壽萬、篤萬泣血納石」

<figure>1713</figure>

按

此誌為誌主雷于霖自寫。雷于霖,康熙《朝邑縣後志》、雍正《陝西通志》有傳,所述生平較簡略。此誌可補其闕。雷于霖十世孫雷銘丹於1928年編輯《柏林文集》四卷,內收雷于霖子衍恩所編《顯考癸酉科舉人柏林府君行實編年》,可參。

關於雷氏卷入李自成起義軍之事,此誌語焉不詳。雷氏生前曾作《自傳》(藏於西安碑林博物館)及《柏林居士自傳》手卷(藏於大荔縣文物局),述及此事,參見黃衛平《大順史稿》(三秦出版社2010年)。

693.1678　許占魁墓誌

説 明

清康熙十七年（1678）十月刻。誌、蓋均長方形。蓋長85厘米，寬79厘米；誌長95厘米，寬89厘米。蓋文9行，滿行6字，篆書"皇清誥授光禄」大夫太子少保」鑾儀衛鑾儀使」左都督加四級」世襲拜他喇布」勒哈番前鎮守」陝西延綏掛印」總兵官文元許」恪敏公墓誌銘"。誌文楷書61行，滿行64字。郝惟訥撰文，張雲翼書丹，梁鉉篆蓋。蓋四周綫雕雲鶴圖案。誌上下邊雕二龍戲珠，左右邊雕雲鶴圖案。蒲城縣出土，具體時、地不詳。現存蒲城縣博物館。

釋 文

皇清光禄大夫太子少保鑾儀衛鑾儀使左都督加四級世襲拜他喇布勒哈番前鎮守陝西延綏掛印總兵官文元許恪敏公墓誌銘」

賜進士光禄大夫吏部尚書加二級前户禮刑工四部尚書加一級都察院左都御史吏户二部左右侍郎加二級大理寺卿通政使司左右通政參議太僕寺少卿福建督」糧道參議刑部山西廣西司郎中員外主事戊戌甲辰庚戌丙辰文武殿試讀卷官侍經筵甲辰文會試主考益津眷弟郝惟訥頓首拜撰文」

賜進士出身資政大夫工部左侍郎加一級前工部右侍郎通政使司通政使太常太僕寺卿通政司右通政加一級太僕寺少卿提督東路馬政兵科都給事中考察戎政」軍務充戊戌文武兩闈考試官經筵侍儀加一級工科左右給事中刑科給事中前内翰林院庶吉士三原年家眷弟梁鉉頓首拜篆額」

特進通奉大夫大理寺少卿加三級經筵侍儀年眷姪張雲翼頓首拜書丹」

康熙丁巳臘月四日，光禄大夫文元許公以」予告疾終原籍，仍帶俸馳驛，士大夫恩榮極矣。實」今上之欲公旦暮來朝也。念公之勞，成公之志。因而俞公之請焉。時有識者謂公雄鎮延綏將十年，西陲底定，文算武昭如昔者，黃□東山，風高曩古，而士大夫歔歃泣」下，相與睹其勳業爛然者，又願公之少留而不可得。嗚呼！天下必不可少之人爲當代愛慕之、咨嗟之，有如此公，典鈞于朝。竊于公同鄉，且幸際承平相與、慕其節」烈，而嘆公之握廟算於無窮者，又能享福德于考終也。蓋天實爲之，而非人力之所能爲矣。于是因令子登隆以狀來請，不得辭而爲之誌。夫誌，記也，古者書其姓名、籍」貫、祖考、子孫、生年、卒葬及官爵贈封而已。代撰之事起于孝子顯揚親德者，必祈大手筆爲之。余非作者，然知公之素，喜公之事業克終，且日接」聖天子襃嘉倚毗之洋洋，筆不勝記，庶無諛墓之譏，故樂誌之。按狀，許公諱占魁，字文元，號公捷。自洪洞遷關中，西安蒲城人也。其高、曾、王父」覃恩誥贈，遠不具悉。公父遜齋公，天性孝友，高尚不仕，崇祀鄉賢。公以少子，幼習舉子業，及長，從戎遼瀋間。值我」朝鼎定，遂從豫王南征，以招撫蘇、松、杭、嘉諸郡有功，順治四年冬，授漢羌陽平副總兵，誠重之也。時有巨寇盤踞，公一至，即帥師直抵其巢，而陽平之路通焉。復有趙僞定」遠侯王、于兩僞總兵十餘萬衆，嘯聚龍安松盤茂諸路。公合定西將軍發兵剿之，而且變幟爲奇兵，間道從碧魚襲其後，生擒于、王兩逆，其餘手刃者無算。是時望幟遙」遁，四民安業，軍中以飛將軍擬之。定西題請回旗，奉」世祖有"許占魁收撫殘疆有功，不必回旗"之」旨。十一年秋七月，遷山右平陽副總兵。道由聞喜，有伏戎焉曰張五，擁衆劫掠州縣。時值嚴冬，公下令冒雪疾馳，一鼓擒之。俗所傳魏王朱秀唐者，蓋公親獲之也。于是山西」肅清，晋人倚以爲重。十五年冬，轉西寧副總兵。十六年夏六月，移駐鞏昌。秋八月，陞都督僉事，管直隸紫荆關副總兵事。訓練精鋭，繕城峻垣，而烽煙不聞者又十餘年」。康熙九年春正月二十九日」，今上巡幸，公接駕，諭以乘馬，隨上盤道岭十餘里，升南天門，大閱騎射，喜動」天顏，賜彩幣御馬，至今勒碑山城有」"天子閱武處"五大字。又五言古風紀事勒石上，皆公親筆也。越三月」，召見瀛臺，特簡延綏掛印總兵官，賜宴、賜蟒、賜弓矢，撤御果金盤以寵餞之行。秋九月，抵榆首，屬義學，教忠孝也。禁革供應，甦民困也。繕邊垣，修樓櫓，崇武備也。飭互市，除草」運，寬屯力也。爰及矜寡，施棺濟藥之多方，不可悉紀。至若生聚散訓，投醪挾纊之風，秣馬厲兵，細柳金城之略，而且從容整暇，繕顏柳之書，兼李杜之韻，至今山川臺榭」碑版增光，士大夫重之。由是榆鎮數年間安□有以也。慨自滇黔變動，有逆協朱龍以短狐而附長鯨，復遣協黨馮雲投遞逆禀，公即會文武大小拆視之，隨疏具首」。天子嘉其功，加二等爲都督同知。無何，鎮兵被調日久，而中西營堡兩路淪陷，公隨集文武紳衿會議誓守，乃請蒙古滿兵，仍遣令子登隆擐甲星馳請救，不特」俞發禁旅，抑且喜動」王言，有諭令子登隆隨處可用者，即此時也。援兵繼至，奈延土不毛，沙深坂峻，糧亦懸而難至，況運販既阻，庚癸嘵嘵，公日夜焦思，仍與令子登隆竭家資二千餘金、米萬石」，從寧夏買運，以惠此兵民之勤。在城募義獎輸，仍疏姓名題報，復奉」旨加二級，至是賊衆已竊營堡盡復，所未下者神木耳。公親統官兵，同理藩院修製攻城器具，限三日克復之。逆協正法，賊衆投誠。本年秋七月

墓𤣥大鑿屖世靳陝總楚
瀜夾儀米發合國圅岳蛈
諧右禰督輕番昌吟隻占
牡乃鑿加倉嵩頦夾墓
荂少儀三嘯料錄枚祈斳
𢁥坿肯儀永嘯宄𤔔𥎠禳銆

二十七日具疏，奉」旨覽卿奏，恢復縣城，具見調度有方，剿撫并用。事平議叙，大約先後三十餘疏，言聽計從。保全孤城，活億萬人命，復數十處營堡。以早夜之勞心，加風霜之遞染，病日以篤，是」用哀疏控辭」，皇上慰留不許。公不得已，蓋勉力溫綸，冒疾任事。未幾，兩目昏瞑，筋力愈衰，再四控疏」，上寵留益至。又軫念榆谿爲河西重鎮，業已平定，公係大臣，自變亂以來，勤勞邊事，應加三等，恢復神木，應加二等，加左都督，仍紀功二次，奉有"保守城池，綏輯地方，勞績茂」著，應給世職"之」旨，隨加左都督，給拜他喇布勒哈番。念昔者推轂于朝，仗鉞以鎮」，聖天子褒乃軍功，良不誣也。十六年秋七月二十九日，鑾儀使員缺，會推提鎮，奉」旨補授鑾儀使，仍以左都督仍帶加四級管理衛事。公接恩綸迴，思自昔巡幸，命更衣諭上焉，復賜錦鞍，殷勤清問，飲湛露而饗彤弓」，皇恩帝德，嶽峙淵深，又何惜區區之身備員輦轂，恩尺覆載之間哉。無如病勢日加，不得已，仍請疏就近調治。公似明知捐軀報國在此時矣，但未識」天意之如何成就老臣骸骨也。幸奉馳驛"回籍調理，仍支原俸，病痊起用"之」旨。嗚呼！公烈足以濟當時，德足以邀」主眷。從此暫開綠野，復謁京門，以副」皇上望公且展鎖鑰北門之略，詎不休歟？奈旋里五日，遽爾逝矣。公生于前丙午年三月十七日巳時，享年七十二壽。督臣急疏，聞于」朝，爲之惋惜者久之。奉有"遽爾奄逝，深可憫惻，應得卹典，察例具奏"之旨，隨兵部覆，贈太子少保；禮部覆」，賜諭祭一壇，諡恪敏；工部覆」，賜諭葬全價」。皇恩有加無已之隆。嗟乎！公之身已逝，公之名愈彰。古之名公大人良有有其才而無其運者矣。以公受知遇于」皇上者獨深，公於生死又何憾焉！公事父母以孝聞，篤兄弟以友聞，以至慷慨好施，與人溫然，無可畏之色，然人望而畏之，蓋沉毅篤誠，其天性然也。獨是三十餘年，歷任邊」疆，賢勞國事。至先公太夫人尚未就壙土，其平日所仰□者，以公嫂孝而賢。每欲請其事于朝而未逮，而尤惓惓遺疏，銜結以報」。天子囑令子登隆，年力方強，正可報效于未盡。夫昔之忠孝不能兩全者多矣，況公之勞未息肩者乎。公可謂無忝所生者矣。以今朝士大夫及親知遠近，聞公卒者，莫不撫」膺流涕。然以箕疇之福論之，公以□受其全，余固謂公之所能者，人也，天實成之矣。公元配姚氏，故贈一品夫人。生子登階，恩廕六品京職，故，娶梁氏，原任四川剿撫總」兵官梁公諱加琦女。繼配延氏，封一品夫人，生子登隆，恩廕歷任通政使司左參議，娶李氏，封恭人，鑲紅旗原任廣東廉州總兵官李公諱永盛女。副張氏，故。王氏生女」二，長適戊戌科武榜眼原任□□□綏□□都督僉事張□彦，康熙十四年五月全家殉難，贈太子太保左都督，贈一品夫人，留三子，長甥紹英，世襲拜他喇布勒哈蕃」。次適梁世勳，恩廕五品京職，原任四川剿撫總兵官梁公諱加琦子。袁氏生子登陞，由丁酉科武舉任廣東游擊，娶張氏。次登榜，由戊戌科武進士任福建□□，娶呂氏」，故。次登際，國學生，娶李氏。賈氏生子登陟，候□□□□孫五人：長偉□，國學生，階出；偉劭，國學生，際出；偉勳，業儒，陞出；偉勛、弘勛，俱業儒，榜出。茲卜于康熙十七年十月」二十九日，葬于城西白楊樹。爰詳其始終，以俟采風，示世之爲人臣者，當以蒲城大將軍爲法，且爲之銘。銘曰：

投筆關中，成功朔方。肇自龍興，時維鷹揚。三遥副□，□□」金湯。留侯于漢，晋公于唐。六龍有幸，天語載盛。比肩王侯，上駟金章。延綏特簡，邊陲樂康。帝眷良弼，勇號莫當。功成逝世，五日錦堂。箕疇考終，于公有光。魂魄攸定，卜□」白楊。貞珉千載，同休未央」。

按

許占魁，順治、康熙時期鎮守陝西等地。《清史稿》、雍正《陝西通志》、康熙《延綏鎮志》有傳。誌與史書記載互有詳略。其籍貫，誌云自山西洪洞遷關中，《陝西通志》卷二十三："陽平關參將許占魁，滿洲，改歸蒲城籍。"其任官，誌云漢羌陽平副總兵、山右平陽副總兵、西寧副總兵、都督僉事官、直隸紫荆關副總兵事、延綏掛印總兵官、都督同知、左都督等。《清史稿》所載大體相同，惟云漢羌陽平參將，而誌同《延綏鎮志》，爲陽平副總兵，當以誌爲正。其入清之前所任，誌僅云"從戎遼瀋"，據《延綏鎮志》載："初授鐵騎左營守備，陞督標都司，復推徐州參將，陞歸德副總兵。"誌及史傳記載許占魁一生主要功績相同。

撰者郝惟訥，據《四庫提要·郝恭定集》云，字敏公，霸州人。順治丁亥（四年，1647）進士。

篆者梁鋐，據乾隆《西安府志》載，字子遠，三原人。順治乙未（十二年，1655）進士。

書者張雲翼，字又南，咸寧人。

694.1679　周燦暨李孺人合葬墓誌

説　明

清康熙十八年（1679）四月刻。誌、蓋均正方形。蓋邊長71厘米，誌邊長72厘米。篆文5行，滿行5字，篆書“皇清敕授文」林郎建寧知」縣漢公周公」暨配李孺人」合葬墓誌銘」”。誌文楷書39行，滿行38字。王承祖撰文，房廷禎書丹，周良翰篆蓋。2006年陝鼓科技園周燦墓出土。現存臨潼博物館。

釋　文

皇清敕授文林郎福建建寧縣知縣漢公周公暨元配李孺人合葬墓誌銘」

奉政大夫工科掌印給事中前吏兵兩科右給事中兵部」職方清吏司郎中提督九門主事年家眷弟渭上王承祖頓首拜撰」

賜進士出身奉直大夫兵部職方清吏司員外郎癸丑會試同考年家眷弟池陽房廷禎頓首拜書」

賜進士出身文林郎候補中書科中書舍人愚弟藍田良翰頓首拜篆」

漢公公者，臨潼人，諱燦，字彤車，號漢公。封徵仕郎、翰林院庶吉士、前宿遷知縣諱祚永者之仲子也」。上世籍晋之洪洞，後諱通者卜驪山下居焉，爲周氏始祖。數傳諱岐，以子貴封中憲大夫，晋階中議」大夫。四川按察司副使諱道直者，公之大父也。父祚永，以季弟燦爲庶吉士，遇」覃恩授前秩。一門科第聯翩，稱三輔世家云。公髫年穎悟，少伯兄燦江南鳳陽府知府一歲，故同塾師，每」夜歸，母王孺人課之燈前，如嚴師。伯仲俱年十三，補博士弟子員，試輒高等，人以二紗稱之。一日薄」暮，風透門闌，紙聲謖謖，王孺人曰：“此賊風也。”夜二鼓，果强寇至。伯兄披衣舞劍出禦，公疾趨孺人所」，以身翼蔽，不避榜掠。孝行著於遠邇。癸未，闖逆破城，王孺人死於難。家徒壁立，公日與疇人伍，耕讀」自若，且善下人，鄉里以醇謹稱之。辛卯薦於鄉，雖屢困公車，而嗜學不衰。壬子謁選，授福建建寧縣」知縣。公愀然曰：“廿年來，私冀天假近地，以遂迎養。今閩南萬里，遥望白雲，承歡之期，未可知也。”是歲」七月抵任，其地崇山複嶺，綠林嘯聚，勢難窮治。公下車廉得其渠魁，立置諸法，餘黨悉爲解散。士兵」害民尤甚，公選鄉民之壯者，團練爲伍，下令有害民者擒殺之毋問。自是狂逞斂戢，閭閻安堵。然後」省徭減賦，尚德緩刑，與民休息。此公治績之最著者。他如新學宮、葺城臺、驛館、鼓樓、營房及道院、梵」宇，無不次第成工。造溪東橋，建江月亭，爲邑治補助，善政種種，在公亦屬細事。甲寅，耿藩兵爲亂，閩」八郡勢若土崩，群小鴟張，雖市販之夫，莫不建牙稱將軍焉。一日，公因公出郊，無賴之徒鼓噪城市」，家人慌懼不知所措，忽有建民首唱集衆，列陣城外，呼城中人曰：“父母公出而爾輩欲蹂躪其家，可」乎？急善護之，出則已，否則較勝負。”城中大懼，翼護出城，送居僻谷，供日用，若子弟之于父母然。詢其」首，則建之大俠也。先是，家僮殺人，而前令不察，概擬抵償，公訊其枉，立與開釋，因感公之德而報之」，較翳桑餓人事爲更奇。後藩兵歸正，公急請解組，建民咸泣留於」大將軍督撫之前。公念太翁春秋高，急思歸養，堅不奉命。各上臺亦鑒其孝思，乃另署新令。方理裝，無」何，戊午春正月初四日，忽發背疽，竟醫藥罔效矣。建民號泣，追思立祠，豎碑以誌弗忘。扶柩之期，建」男女提携泣送，有至漢口以北者。非公澤被人厚而民感之深，何能若斯？以公負濟世之才而未大」展所學，懷烏鳥之私而弗克遂厥志，享年不永，抑鬱而終，識者傷之。公生於明泰昌元年庚申十二月十三日巳」時，終於康熙十七年戊午正月初四日戌時。元配李孺人，三原庠生諱儀鳳女，善操内」政。繼娶張孺人，涇陽庠生諱廷琬女。所生丈夫子六，長繼儒，太學生，娶渭南官生南諱廷鈇女，繼娶」高陵遊擊吳諱子騄女；次堪，丙午武舉，娶三原庠生雒諱濤女；次增，太學生，娶邑庠生荆諱維世女」；次垓，庠生，娶邑武舉段諱集龍女；次埕，業儒，娶邑庠生陳諱曰仁女。俱李孺人出。次塏，尚幼，張孺人」出。女二，長適邑庠生任諱佐元子庠生璹，次適福建布政使王諱孫蔚子丙午舉人天寵。同李孺人」出，俱逝。孫子女各三，繼儒出者女一；堪出者衍慶，女一；增出者積慶，女一；埕出者善慶。俱幼。李孺人」生於天啓元年辛酉十月初十日午時，終於順治十六年己亥四月二十四日午時，先葬祖塋之右」，今啓壙而合窆焉。余誌其行而爲之銘。銘曰」：

天經地義，爰維孝行。於戲漢公，立身揚名。挺軀御暴，不避掠榜。安民戢盜，績著賢明。承歡念重，解組」何輕。不遑將父，抱恨幽冥。立祠豎碑，遺愛聲清。孫子繩繩，克振宗祊。

時」康熙十八年歲次己未仲春中浣之吉」

不孝男繼儒、堪、增、垓、埕、塏，孫衍慶、善慶、積慶泣血上石」

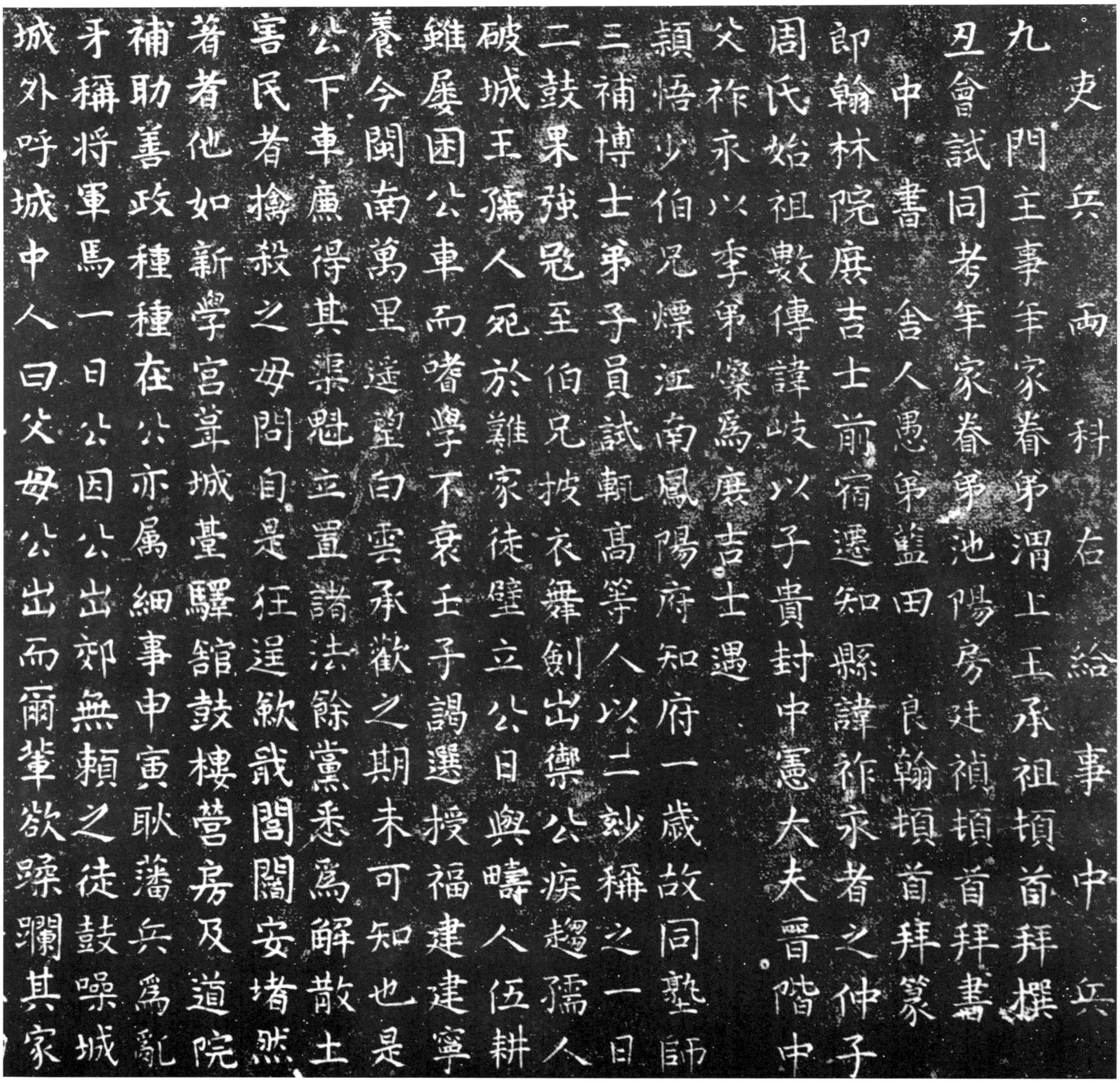

史兵 兩科右給事中兵

九門主事牟家眷爭渭上王承祖鎭首拜撰
丑會試同考年家眷爭池陽房建禎鎭首拜書
中書舍人愚弟藍田良翰頓首拜篆
郎翰林院庶吉士前宿還知縣諱祚永者之仲子
周氏始祖敷傳諱岐以子貴封中憲大夫晉階中
父祚永以兄燦爀爲庶吉士遇
穎悟少伯兄子員試士
三補博士弟子伯員試軱高等鳳陽府知府一歲稱故同塾師
二鼓果強冤至披衣舞劍出禦公曰與疇人伍耕
破城王孺人宛於難家徒壁立公日與疇人
雖屢困公車而嗜學不衰壬子謁選授福建建寧
養今闖南萬里遠望白雲承歡之期未可知也是
公下車廉得其渠魁立置諸法餘悉爲解散然
害民者他如新學宮葺城臺驛館鼓樓營房及道院
著者種種在公亦屬細事申寅耿藩兵爲亂城
補助善政一日公因公出郊無賴之徒鼓噪瀾
牙稱將軍馬一日父母公出而爾輩欲躁瀾其家
城外呼城中人曰父母公出而爾輩欲躁瀾其家

局部

按

誌主周燻，史書無傳。其父周祚永，雍正《陝西通志》載其"從學馮從吾，由鄉薦令宿遷，有善政"。其兄周熛《陝西通志》有傳，崇禎壬午舉於鄉，入清授寧遠教諭，歷梓潼知縣、雷州府同知、鳳陽知府。其弟周燦附兄周熛傳，順治中進士，由刑部主事奉使安南，出守南康，修白鹿洞書院，督學四川。結合此誌，可見其"一門科第聯翩，稱三輔世家"。

誌所述"耿藩兵為亂"事，耿精忠，漢軍正黃旗人。康熙時，襲父爵為靖南王。康熙十三年（1674）在福建起兵，助吳三桂叛亂。兩年後又降清，被召入京，於三藩叛亂平定後處死。《閩海紀要》載不一月而全閩降附。誌云"閩八郡勢若土崩，群小鴟張，雖市販之夫，莫不建牙稱將軍焉"。可見當時情形。

撰者王承祖，字貽雲，渭南人。《陝西通志》有傳。順治初舉於鄉，知晉江縣，擢兵部主事，累遷工部侍郎。

篆者周良翰，字定安，別號玉山，藍田人。官至內閣中書。

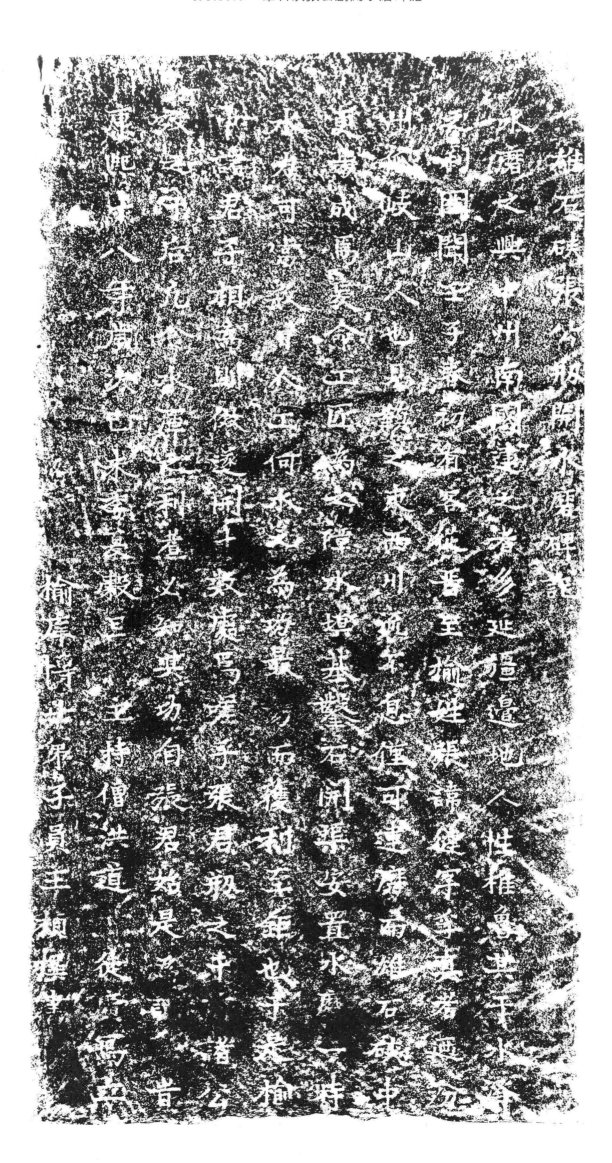

説　明

清康熙十八年（1679）六月刻。碑高113厘米，寬55厘米。正文楷書10行，滿行24字。王楨撰文并書丹。四周飾捲草紋。現存榆林市紅石峽東壁。

釋　文

雄石硤張公創開水磨碑記」

水磨之興，中州、南國建之者多。延疆邊地人性椎魯，其于水澤」之利罔聞。壬子春初，有客從晋至榆，姓張諱健字孚真者，乃汾」州狐岐山人也，見鎮之東西川流不息，僅可建磨，而雄石硤中」更易成焉。爰命工匠爲之障水填基，鑿石開渠，安置水磨。一時」水力可當數日人工，何水之爲功最易而獲利至鉅也。于是榆」中諸君子相圖則傚，遂開十數處焉。嗟乎！張君創之于前，諸公」效之于后，凡食水澤之利者，必知其功自張君始，是爲記。

時」康熙十八年歲次己未季夏穀旦
主持僧洪道、徒廣寫立」
榆庠博士弟子員王楨撰書」

按

紅石峽（即碑文中之"雄石硤"）水磨房位於今紅石峽渡橋之北石窟院中，由上下兩層組成。上層安裝石磨，下層安裝水輪盤。以木輪帶動石磨，日可磨麵千斤。直至20世紀五六十年代電磨代替，水磨始棄用。其嘉惠一方之民，起到了重要的作用。

696.1680　關中八景圖

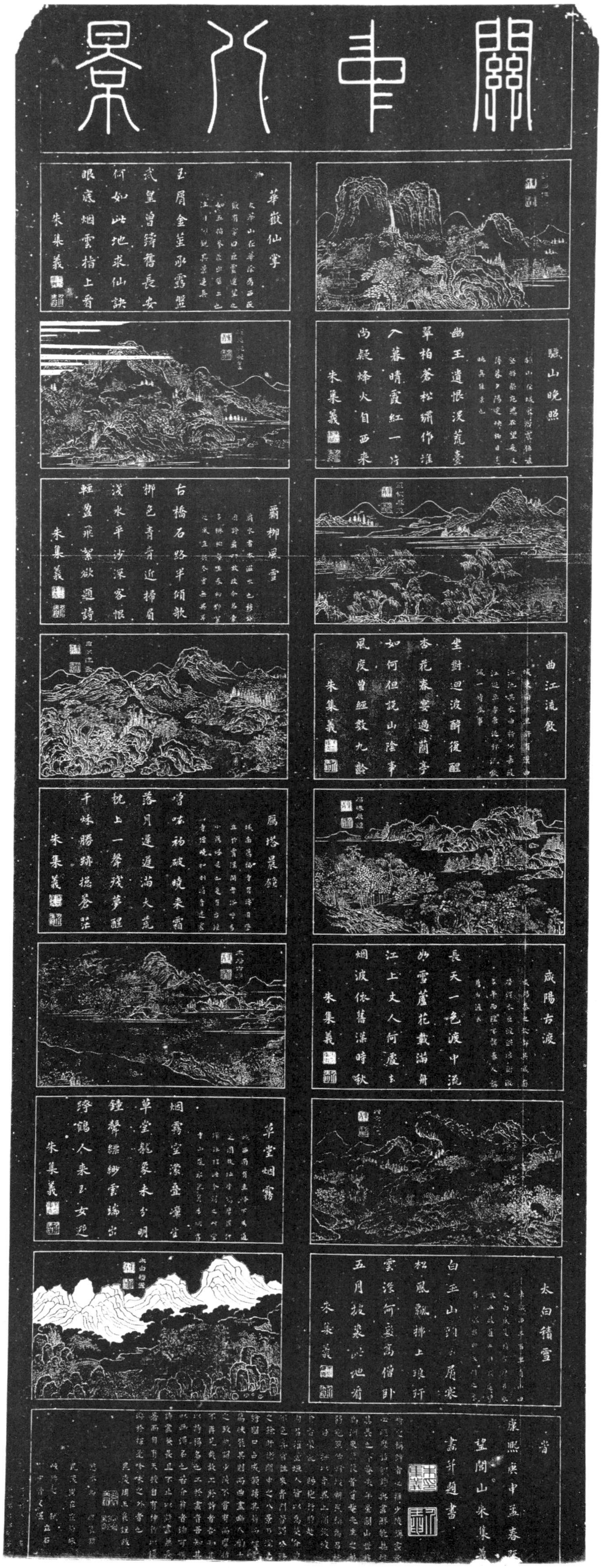

説 明

清康熙十九年（1680）正月刻。碑圓首方座。高227厘米，寬84厘米。額篆書横題"關中八景"四字。下分八截十六欄，各刻"華嶽仙掌、驪山晚照、灞柳風雪、曲江流飲、雁塔晨鐘、咸陽古渡、草堂煙霧、太白積雪"等八處勝景圖，并各附説明文字和七言詩一首。正文楷書各10行，行字不等。朱集義畫并題書，馮繡篆額，周王褒跋，周在豐鈎硃。現存西安碑林博物館。《西安碑林全集》著録。

釋 文

華嶽仙掌」

太華山在華陰，爲西嶽」。嶽有掌曰巨靈，遥望之」如五指參差出壁上也」。注目仰觀，其景逼真」。

玉屑金莖承露盤」，武皇曾鑄舊長安」。何如此地求仙訣」，眼底烟雲指上看」。

朱集義」

驪山晚照」

驪山在城東，居震位。巖」壑勝概，宛然在望。爰及」薄暮，夕陽遥映，極目遠」眺，真佳景也。

幽王遺恨没荒臺」，翠柏蒼松繡作堆」。入暮晴霞紅一片」，尚疑烽火自西來」。

朱集義」

霸柳風雪」

霸水者，本滋水也。穆公」因誇霸功，故改今名。旁」多楙柳。每至春杪，柳絮」迎風，直與冬雪無異耳」。

古橋石路半傾欹」，柳色青青近掃眉」。淺水平沙深客恨」，輕盈飛絮欲題詩」。

朱集義」

曲江流飲」

城東南十里許，有漢曲」江池。其水曲折似嘉陵」江。迨至李唐，泛杯流飲」，誠一時盛事」。

坐對迴波醉復醒」，杏花春宴過蘭亭」。如何但説山陰事」，風度曾經數九齡」。

朱集義」

雁塔晨鐘」

城南薦福寺有浮圖聳」立於霄漢間者，俗呼爲」小雁塔是也。爰有古鐘」，寺僧曉扣，則清音遠震」。

嘈吰初破曉來霜」，落月遲遲滿大荒」。枕上一聲殘夢醒」，千秋勝迹總蒼茫」。

朱集義」

咸陽古渡」

咸陽，秦之故都。其城南」帶渭水。巨波洪浪，衝激」多年，而隄不齧。秦人稱」爲古渡云。

長天一色渡中流」，如雪蘆花載滿舟」。江上丈人何處去」，烟波依舊漢時秋」。

朱集義」

草堂煙霧」

城西南有圭峰，下爲逍」遥園故址。昔鳩摩羅什」譯經於此。今謂之草堂」寺。山嵐水氣，鬱爲烟霧」。

烟霧空濛叠嶂生」，草堂龍象未分明」。鐘聲縹緲雲端出」，跨鶴人來玉女迎」。

朱集義」

太白積雪」

去城西三百里，有山曰」太白。盛夏積雪，凜若冰」蠟。五陵道上，引領遥望」，有玉龍橫卧天門之象」。

白玉山頭玉屑寒」，松風飄拂上琅玕」。雲深何處高僧卧」，五月披裘此地看」。

朱集義」

時」康熙庚申孟春既」望，閏山朱集義」畫并題書」

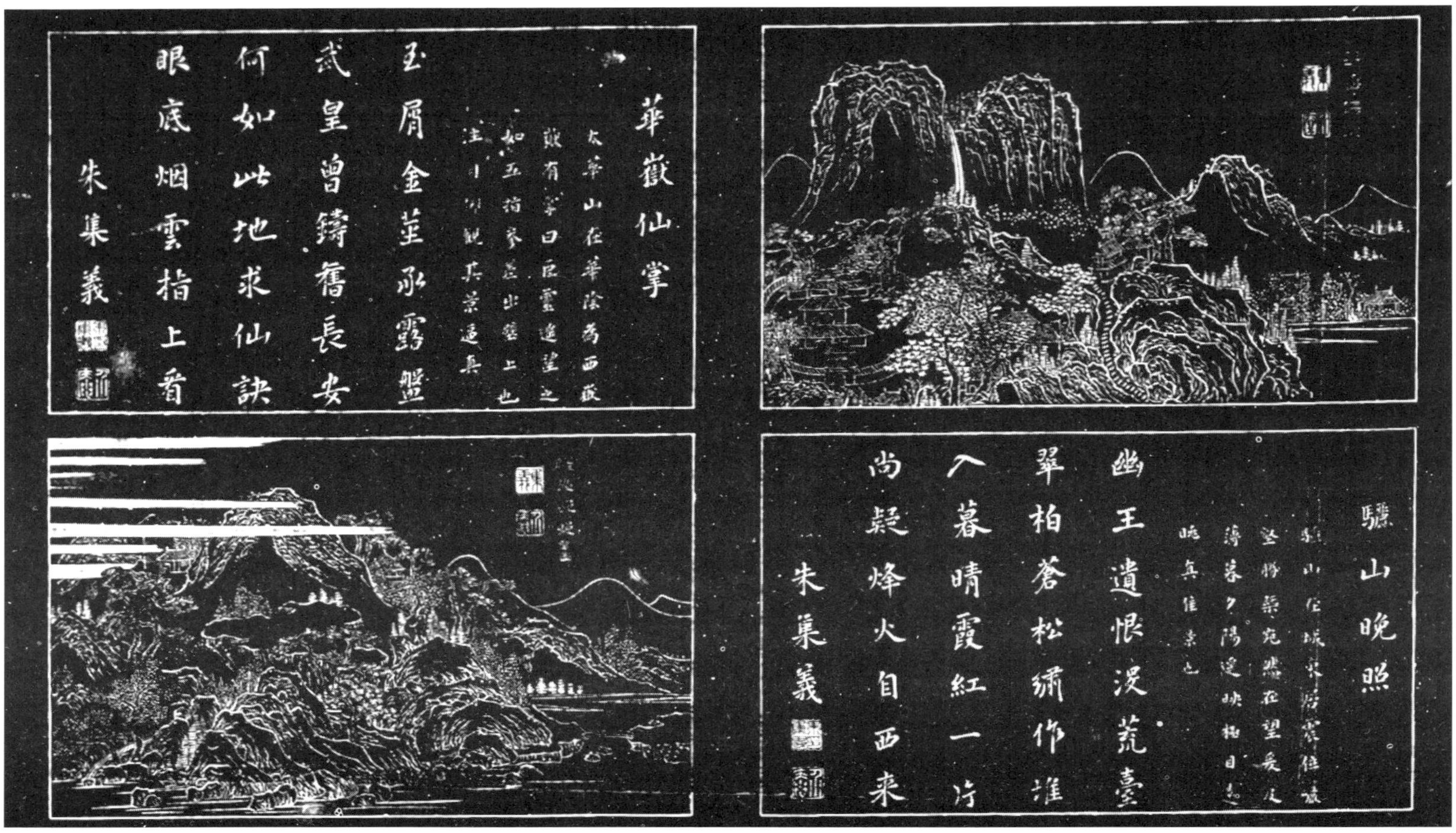

华嶽仙掌
太华山在华阴為西嶽
嶽有峯曰仙掌崖之
如五指掌起也
主山則東嶽延峯

玉屑金莖承露盤
武皇曾鑄舊長安
何如此地求仙訣
眼底烟雲指上看
朱集義

驪山晚照
驪山在臨潼水旁嶽住城
坠惕崇然在望長及
薄暮夕陽返映相日远
晚年佳景之

幽王遺恨浸荒臺
翠柏蒼松繡作堆
入暮晴霞紅一片
尚疑烽火自西来
朱集義

局部

　　世之稱詩者，必推少陵；稱畫者」，必推摩詰，似詩與畫鮮能兼增」其長也。介庵朱年臺，閭山世族」，爲河東鹽使者質庵先生之弟」，弱冠筮仕朝坂，朝民稱爲“召□”」。督撫以卓異上聞，族被」俞旨，蒙寵賜袍。行將赴」內，召擢臺垣，人皆以爲榮，介翁」不色喜。嘗往來青門晋謁，公務」之餘，盱衡關中之八景，乃濡毫」繪圖，口占成韻。讀其詩而煙雲」萬狀，展其圖而曲盡幽人。韻士」之致，孰謂少陵不嘗有而摩詰」不再見哉。故工於詩者，吾知其」以詩得名也；工於畫者，吾知其」以畫得名也。若介翁者，洵可稱」詩畫兼長，且不止以詩畫兼長」著，而自有天授、自有神行，以優」游於揮毫吟詠之外者也」。

　　毘陵周王褒謹跋」

　　慈水馮繡篆額」

　　毘陵周在豐鈎砆」

　　岐陽趙鉞、關中晋文煜立石」

　　長安楊玉璞刻畫」

　　富平高君詔刻字」

▌按

撰者朱集義，號介庵，遼寧閭山人。時爲朝邑知縣。

697.1682　朝山進香記

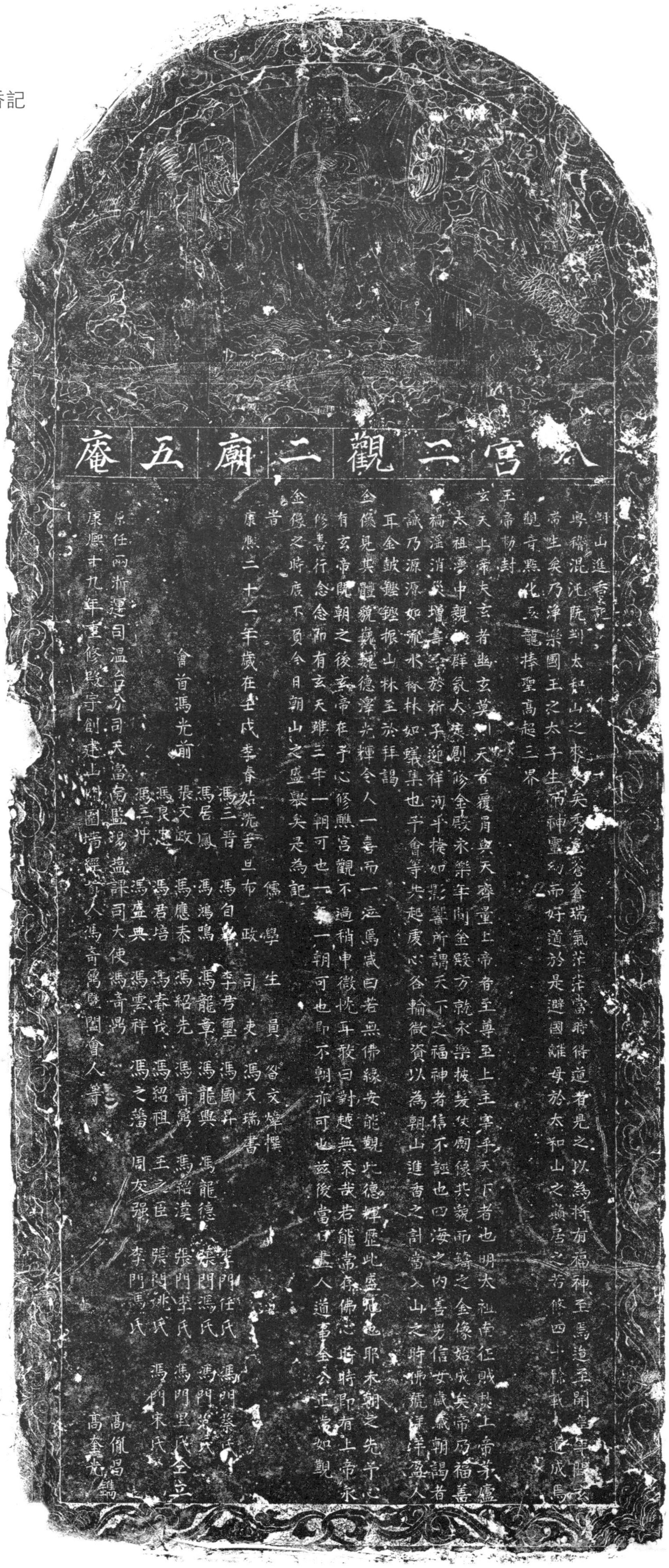

説　明

清康熙二十一年（1682）三月刻。碑圓首。通高187厘米，寬72厘米。四周蔓草紋，額刻玄天上帝像，仗劍，足踏龜蛇，下楷書"八宮二觀二廟五庵"。正文楷書23行，滿行44字。昝文煒撰文，馮天瑞書丹。現存三原縣西陽鎮北馮村。《咸陽碑刻》著録。

釋　文

朝山進香記」

粤稽混沌既判，太和山之來久矣，秀色蒼蒼，瑞氣茫茫，當時得道者見之，以爲將有福神至焉。迨至開皇年間，玄」帝生矣，乃净樂國王之太子。生而神靈，幼而好道。於是避國離母，於太和山之巔居之，苦修四十餘載，大道成焉」。觀音點化，五龍捧聖，高超三界」，玉帝敕封"玄天上帝"。夫玄者，幽玄莫測；天者，覆冒與天齊量；上帝者，至尊至上，主宰乎天下者也。明太祖南征，賊焚上帝茅廬」。太祖夢中親□，群氛大定，創修金殿。永樂年間，金殿方就，永樂披髮仗劍，像其貌而鑄之，金像始成矣。帝乃福善」禍淫，消災增壽。至於祈子迎祥，洵乎捷如影響。所謂天下之福神者，信不誣也。四海之内，善男信女，歲歲朝謁者」，誠乃源源如流水，林林如蟻集也。予會等共起虔心，各輸微資，以爲朝山進香之計。當入山之時，佛號洋洋盈人」耳，金鼓鏗鏗振山林。至於拜謁」金像，見其體貌巍巍，德澤光輝，令人一喜而一泣焉。咸曰：若無佛緣，安能觀此德輝，歷此盛地也耶？未朝之先，予心」有玄帝；既朝之後，玄帝在予心。修醮宮觀，不過稍申微忱耳，敢曰對越無忝哉。若能常存佛心，時時即有上帝；永」修善行，念念即有玄天。雖三年一朝可也，一年一朝可也，即不朝亦可也。兹後當日盡人道，事全公正，常如觀」金像之時，庶不負今日朝山之盛舉矣。是爲記」。

時」康熙二十一年歲在壬戌季春姑洗吉旦

儒學生員昝文煒撰」

布政司吏馮天瑞書」

會首馮光前、馮三晋、馮居鳳、張文政、馮良忠、馮三冲、馮自舉、馮鴻鳴、馮應泰、馮君培、馮盛典、李君璽、馮龍章、馮紹先、馮春茂、馮雲祥、馮國昇、馮龍興、馮奇甿、馮紹祖、馮之藩、馮龍德、馮紹漢、王之臣、周友強、李門任氏、張門馮氏、張門李氏、張門姚氏、李門馮氏、馮門蔡氏、馮門范氏、馮門里氏、馮門宋氏，原任兩浙運司温台分司天富南監場鹽課司大使馮奇鼎」，康熙十九年重修殿宇創建山門圍墻經首人馮奇甿暨闔會人等仝立」

高胤昌、高奎光鎸」

按

此碑内容對於關中民間信仰等問題具有一定的研究價值。

1729

698.1682　康熙二十一年黄帝陵御製祝文

碑陽　　　　　　　　　　　　碑陰

説　明

清康熙二十一年（1682）三月刻。砂石質。碑圓首方座。通高213厘米，寬68厘米。額文2行，滿行2字，篆書“御製」祝文」”。正文由滿、漢文合刻。碑陽漢文楷書8行，滿行44字；滿文9行。碑陰漢文楷書6行，行字不等；滿文6行。四周飾蔓草紋。現存黄帝陵軒轅廟碑廊。《黄帝陵碑刻》著録。

釋　文

維」康熙二十一年歲次壬戌三月己酉朔越十六日甲子」，皇帝謹遣工部右侍郎加一級蘇拜致祭於」黄帝軒轅氏曰：

自古帝王受」天顯命，繼道統而新治統，聖賢代起，先後一揆，成功盛德，炳如日星。朕誕膺」眷祐，臨制萬方。掃滅凶殘，廓清區宇。告功古后，殷禮肇稱。敬遣專官，代將牲帛，爰修禋祀之誠，用展景行之志。仰企」明靈，尚其」鑒享」。

陪祀官：督理陝西等處地方糧儲道副使加四級李國亮」（其後滿文九行，以上碑陽）

欽差禮部儀制司業香帛官來寶」

延安府知府毛文塗」

鄜州知州甯□棟」

洛川縣知縣胡□紹」

中部縣知縣金蘭芝」

宜君縣知縣秦鉅倫」（其後滿文六行，以上碑陰）

按

康熙二十一年，因“掃滅凶殘，廓清區宇”，平定平西王吳三桂、平南王尚可喜、靖南王耿精忠三藩之亂，特遣官致祭黄帝和周成王，祈望神祇保佑賜福。此次致祭，於陝西兩處，一爲黄帝陵，一爲周陵。

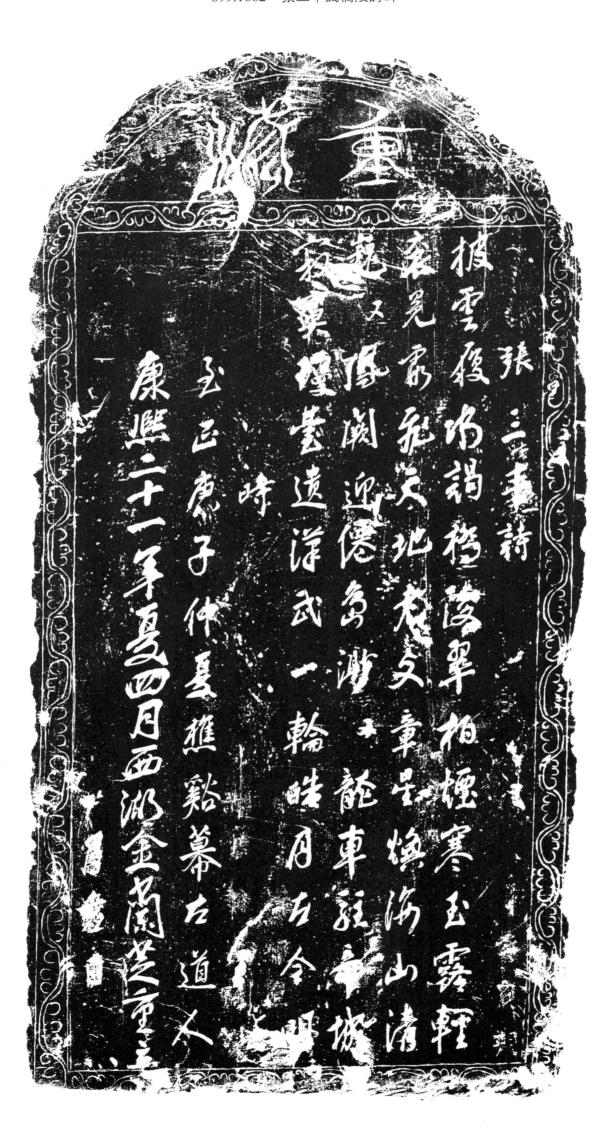

説 明

清康熙二十一年（1682）四月重刻。砂石質。圓首金剛座。通高142厘米，寬70厘米。額篆書"重修"二字。正文行草9行，滿行14字。張三丰撰文。四周飾纏枝花紋。此碑原刻於元至正二十年（1360）。現存黄帝陵軒轅廟碑廊。《黄帝陵碑刻》著録。

釋 文

張三丰詩｜

披雲履水謁橋陵，翠柏煙寒玉露輕｜。衮冕霞飛天地老，文章星焕海山清｜。巍巍鳳闕迎僊島，渺渺龍車駐帝城｜。寂寞瓊臺遺漢武，一輪皓月古今明｜。

時｜至正庚子仲夏樵谿幕古道人｜

康熙二十一年夏四月西湖金蘭芝重立｜

按

撰者張三丰，俗名獻，又名通，字君實，號斗篷，又號落魄。嘗久居寶雞之金臺觀，愛其三峰挺秀，因自號三丰。元遼陽懿州人，至元間嘗舉茂才，除博陵令。後棄家入道，行游四方，不常厥處。明太祖、成祖求之，皆不得。明英宗時贈通微顯化真人。《明史》有傳。

大司馬巡撫陝西部院興復五義學社學碑記

大司馬巡撫陝西部院公興復五義學碑記

康熙二十二年歲次癸亥桂月之吉

通省紳衿　長安卜年未世鵬　立石

説 明

清康熙二十二年（1683）八月刻。碑高271厘米，寬88厘米。額文4行，滿行4字，篆書"大司馬巡｜撫陝西鄂｜公興復五｜社學碑記"。正文分7段，上5段頌陝西巡撫鄂愷之善政，興復義學之功德，中有行格界欄。每段楷書26行，滿行8字。下兩段刻本地鄉紳姓名，無行格。每段楷書40行，行字不等。周之桂撰文，陳大經、杜松茂書丹，王承祖篆額。碑陰刻《文廟崇祀位次圖》。原在咸寧縣。現存西安碑林博物館。《西安碑林全集》著録。

釋 文

大司馬巡撫陝西鄂｜公興復五義學碑記｜

關中數十年來文風｜日上，清華奇勁之士｜，後先踵連，雖秀鍾淵｜岳，而良師牧之作培｜，寔大且洪。庠序造士｜而外，蒙養聖功，數建｜曾城，隆禮師儒，積有｜歲月，故羽籥詩書比｜戶，可觀風化之美，從｜昔所未有也。歲癸丑｜，烽舉滇池，醜延蜀隴｜。王師問罪，蜂蟻續聯。糗｜芻之輓，戎備之輸，天｜下饋饟，道必更秦。天｜水以西，太白以東，丁｜壯力疲，婦子室嘆。寒｜炎幾易，几縵蒙塵，鄰｜籍飽蠹，芹宮茂草，遑｜恤塾堂。夫以既輯既｜熙之化國，倏而莣華｜揚水交作，俾佩韍日｜肆以偷也，如文治何｜。聖天子西顧而咨曰："惟我｜西土，忠義之淵，久敝｜力役，寔可憫懷，□有｜賢撫，誰貽之休，錫之｜穀哉。"偉矣我｜公，榮當斯任，擢之西藩｜，開府京兆。惟時八郡｜情愜，而普天胥獻王｜褒□頌矣。蒞止以還｜，美政非一，迹其大端｜，可約略舉也。莫先于｜明。節鉞甫届，摘伏發｜奸，殲一綏萬，無嚴非｜寬。其次惟敏。羽檄紛｜馳，呼庚旁午，飛輓木｜流，兵不枵苦。次莫如｜廉。棠陰蔽茇，爰及甘｜涼，苞苴弊革，月霽風｜光。究也其慎，爲政宗｜風，行簡居敬，民既寧｜一，歌其清净。是皆其｜卓越一時，昭章人耳｜目間者。指尚不勝屈｜，矧休休爲度，容保無｜疆。捐清俸于一朝，育｜英才于百世。如興復｜塾學，一政之大以遠｜者乎。先是，城中義學｜創自都臺賈公，鄂司｜馬增爲五所。廢日既｜久，公一旦毅然舉｜之，四郭各一，一居城｜之中央，敦禮名賢，俾｜司教鐸給廩餼，五｜學童蒙不減三二百｜數，按名計日，授以筆｜札。每月之朔，召而誨｜之曰："官常不肅，由士｜風不淳；士風不淳，由｜士習不端爾。小子髫｜年，正端士習之日也｜。勤誦讀、明理義，上之｜爲名臣，爲真儒；次之｜爲孝子，爲悌弟；又其｜次者，亦不失爲鄉區｜自好之人已。教者惟｜先，率者惟謹，矯悍習｜袪，孝友風成，何治化｜之不古若耶。"檄秦郡｜縣，各俾立學，雖山城｜荒陬，靡不道一風同｜。數年之間，樸樕輩出｜，采葑掇紫，磊磊落落｜。我公育養人才，爲｜國家奏遠猷者，其明徵｜已如是，况聯翩其未｜有已也。聞古之大臣｜立朝以登，進賢良、膺｜上賞，出鎮封疆，無不｜以矜髦士、興學校爲｜首。庸是何也，教亦百｜世功大，《易》所謂"養賢"｜及民"之盛典也。公｜之此舉，必其有深俞｜帝心者，將旦夕召公入，從｜容坐論，助流政教，化｜雨春風，盈天壤間，僉｜拜公之嘉賜矣。袞｜衣之咏，三輔寧得｜而私之耶。通國紳衿，欲｜銘德不朽，徵文于予｜。予比年披公大雅｜，敬書數語于瑉珉，俾｜百千世以戴公。公｜諱愷，字元臣，滿洲人｜，起家内部，擢銓衡司｜，權三關，具有善政，由｜鞏慶洮平方伯晋秩｜填撫云｜。

康熙二十二年歲次｜癸亥桂月之吉｜

予告中大夫通政使司通｜政使前太常寺卿太｜僕寺卿兵部督捕理｜事官鴻臚寺卿光禄｜寺寺丞户兵刑三科｜都左右給事中順治｜辛卯科江西副主考｜欽遣祭陵侍經筵幸｜學大閲耕籍三｜充殿試弥封官由｜癸未進士治生周之｜桂撰文｜

賜進士第吏科掌印都給｜事中治生王承祖篆｜額｜

咸寧生員陳大經｜長安生員杜松茂｜集唐歐光禄書｜

府學生員王文世｜、長安生員陳彪｜、咸寧生員李世基｜臨摹上石｜

長安卜年、卜世鐫｜字｜

通省紳衿｜：

王又旦、馮文錫、楊生芝｜、武維寧、范光宗、郭又璞｜、周蒲壁、楊淵、蔡繼興｜、王吉相、楊顯、王調｜、張廷樞、許附聖、康乃心｜、周良翰、張翼漢、杜松蔚｜、陳□、曹禕、康緯｜、吕天會、宋又郊、黃煒｜、盧熙、王又維、郭述璞｜、劉元勳、邢捷、趙瑒｜、張泗源、冉繩孔、毋過｜、周燦、陳力、王澤遠｜、石天樞、劉祐、申維翰｜、張顧行、韓曰梓、段允若｜、吳景恂、何器、楊瑛森｜、萬户侯、温德嘉、馬樹德｜、管抒素、韓曰崇、紀廷林｜、胡焜、馬德仁、郭炙璞｜、郭行義、孫倬、陳國傑｜、梁鳳翔、孫貽清、陳性｜、杜恂、沈伯喬、白濬｜、楊光訓、梅維清、王藎臣｜、榮鳴珂、□□濤、陳四維｜、宋亦郊、董元吉、劉

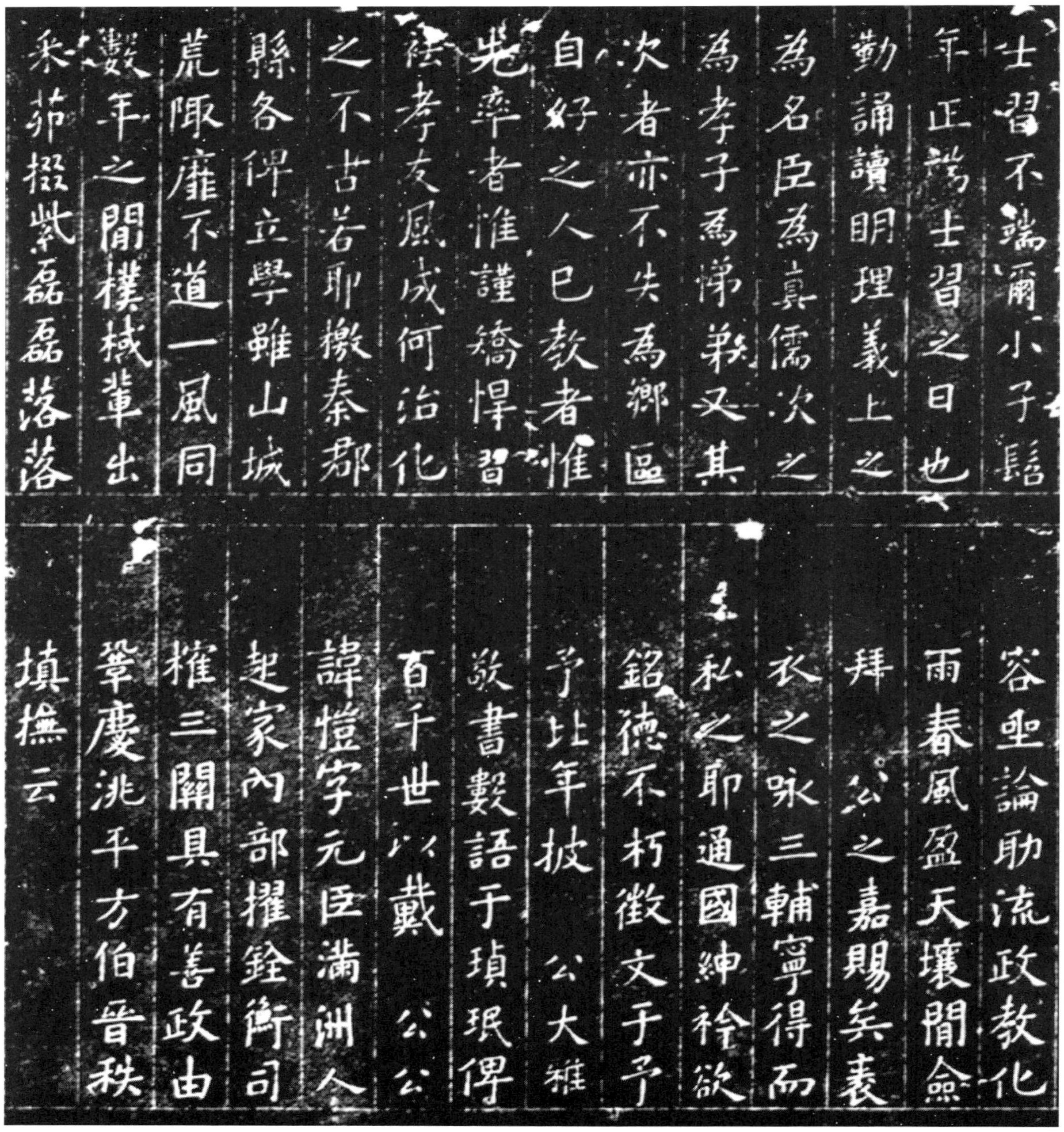

1736

士習不端爾小子髭
年正謂士習之日也
勤誦讀明理義上之
為名臣為真儒次之
為孝子為悌又其
次者亦不失為鄉區
自好之人巳教者惟
先率者惟謹矯悍習
祛孝友風成何治化
之不古若耶檄秦郡
縣各碑立學雖山城
荒陬靡不道一風同
數年之閒樸椷輩出
柔荀掇紫磊磊落落

容聖論助流政教化
雨春風盈天壤閒盦
拜公之嘉賜矣表
衣之咏三輔寧得而
銘德不朽徵文于予
予比年披公大雄
敬書鑿語于瑱珉俁
百千世以戴公公
諱愷字元臣滿洲人
起家內部擢銓衡司
權三關具有善政由
鞏慶洮平方伯晉秩
填撫云

局部

一敬」、李彥瑁、强兆統、王之屏」、王冉、甯林、孫元升」、張恒、王仁、緱□敬」、王甲士、甯心一、錢萬選」、弓丕中、秦鎬、蔡繼隆」、楊期生、甯雍、呂純仁」、蔡馨、王又喬、杜子偉」、任敏、張恒泰、陳登第」、申摔、梁鳳翼、邢曰寬」、王夢翼、李鯉、李鰲」、張雲翔、張云奇、沈淳」、毋失養、李誼、常運泰」、王永圖、姚年晋、郭尚賓」、羅魁、牛免奎、管抒性」、毋隂隆、雷大壯、呼延性衿」、胡翼猷、沈伯起、任珽」、□□□、□□□」、□□□、□□□」、□□□、魏衆一」、周以篤、劉丕烈」、楊臻□、楊炯」、張云玠、楊鳳壽」、王維藩、梁南」、武之臣、白琰」、楊允藩、王太和」、陳俟、李樹□」、張爾蕴、毋專樂」、雷采、梁楷」、楊國楫、折錦」、張文運、費尚彬」、陳子遠、榮□」、楊玉柱、遆欽」、張云珰、李文□」、朱珏、李□」、孫□、張□」、陳天問、張□」、馬紹孔、左佩玉」、李樹駿、王大經」、陳長年、葉薰」、楊鴻猷、張五教」、陳玉廷、席允甲」、張洙、王念祖」、屈騰龍、李璠」、遆天佑、張家聲」、王流輝、侯允振」、史宗孟、呂鍾」、趙雲龍、張文煥」、王璸、王珍」、楊必禎、張養心」、魏達士、曹曰禪」、王太冲、沈潛」、楊烈、陳珩」、桂盛芳、李振」、魏應禎、柏復□」、李有相、婁鍾秀」、張云□、王挨」等立」

按

鄂愷，滿洲鑲紅旗人。初任吏部郎中，即碑文所云"銓衡司"，"大司馬"爲其別稱。康熙十九年（1680）二月由甘肅布政使升任陝西巡撫，至二十五年（1686）四月降級調用。碑云"歲癸丑，烽舉滇池"，指康熙十二年（1673）吳三桂反清事，其時由於四川尚處戰亂之地，清廷官員難以蒞任，平叛急需錢糧供應，鄂愷擔任甘肅布政使和陝西巡撫，謹遵康熙帝部署，全力籌集糧餉，運送至四川前線，保證了平叛大軍的後勤保障。

正文所云"城中義學創自都臺賈公"，賈公爲賈漢復，字膠侯，號静庵，山西曲沃人。《清史稿》有傳。明末爲淮安副將，順治二年降清，隸正藍旗漢軍。纍升副都御史、兵部尚書。康熙元年（1662）至七年（1668）巡撫陝西，曾修寶雞至漢中的棧道，民受其惠。雖出身行伍，然重視文教，組織宿儒重修《陝西通志》，補刻西安學宫中的《孟子》石刻，并重修被破壞的關中書院。關中書院即碑所云"城中義學"，明代大儒馮從吾講學之所，天啓初年被廢。康熙初年經賈漢復重修。至康熙十二年陝西巡撫鄂善復修，延聘關中大儒李顒講學其中。據此碑，鄂愷巡撫陝西時又對書院進行了增修。

撰者周之桂，字二峰，陝西咸寧人，崇禎癸未（1643）進士。入清，初授秀水縣令，後官至太常寺卿、通政使。雍正《陝西通志》有傳。有《詠秋暑》等詩傳世，現存所撰碑刻尚有《文昌社換焚字紙碑》《賦賈司馬增刊〈孟子〉石經詩刻》等。

701.1688　康熙二十七年黄帝陵御製祝文

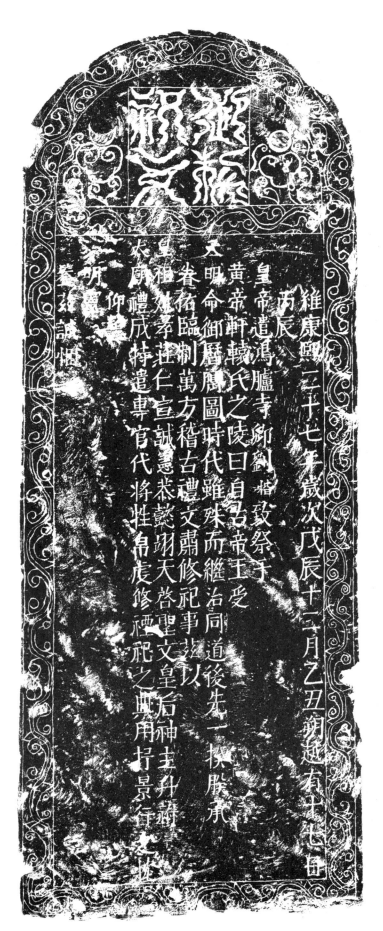

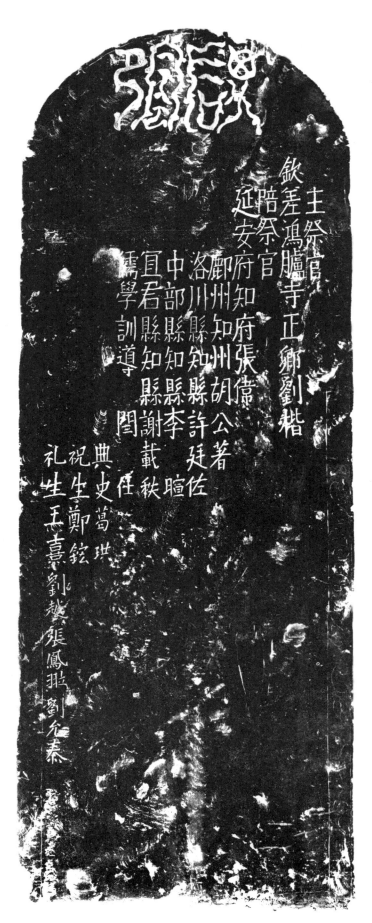

碑陽　　　　　　　　碑陰

説　明

清康熙二十七年（1688）十二月刻。碑砂石質。圓首方座。通高219厘米，寬65厘米。額篆書"御製」祝文"。正文楷書11行，滿行23字。四周邊飾蔓草紋。現存黄帝陵軒轅廟碑廊，《黄帝陵碑刻》著録。

釋　文

維康熙二十七年歲次戊辰十二月乙丑朔越有十七日」丙辰」，皇帝遣鴻臚寺卿劉楷致祭于」黄帝軒轅氏之陵曰：

自古帝王受」天明命，御曆膺圖。時代雖殊，而繼治同道，後先一揆。朕承」眷佑，臨制萬方，稽古禮文，肅修祀事，茲以」皇祖妣孝莊仁宣誠憲恭懿翊天啓聖文皇后神主升祔」太廟禮成，特遣專官代將牲帛，虔修禋祀之典，用抒景行之忱。仰冀」明靈」，鑒兹誠悃」！
（以上碑陽）

主祭官」：欽差鴻臚寺正卿劉楷」

陪祭官」：延安府知府張偉」，鄜州知州胡公著」，洛川縣知縣許廷佐」，中部縣知縣李暄」；宜君縣知縣謝載秩」，儒學訓導閆仕」，典史葛珙」，祝生鄭鋐」，礼生王熹、劉越、張鳳㹩、劉允泰」。
（以上碑陰）

按

是歲以孝莊祔廟禮成，遣官告祭天下名山、帝王陵廟。目前所見，陝西除黄帝陵之外，尚有咸陽的周文王、武王陵，主祭官均爲劉楷。

漢諸葛武侯廟堂碑記

凡天下之有混一有偏安者皆莫之為而為之即聖賢莫得而遺英雄莫敢而覬觀者也當漢之豪既生曹

瞞於中原復生孫權於江左蜀先主雖曰劉氏之苗裔抱志懷才欲伸大義于天下然聲靈不及於魏

基業殊遜於吳孔明高卧南陽預知天意故於草廬三顧忼慷一言謂曹操已擁百萬之衆不可與爭鋒

孫權擁有江東國險民附將軍既帝室之胄跨有荊益則霸業可成此三分鼎立之勢天不言而武庶已

資未能萬繼而武侯孫忠自天出師馮陽直趨五丈原此軍戰守進則可復中原次亦保捆根本於西

後二表千載而下猶生氣勃如也當時魏延請假精兵五千直從褒中出秦嶺而東一舉而咸陽以西可

定武侯以此為詭計不用夫用兵之家當嫌詭計但武侯所持者進天不可遠故靜以待時不欲區區

得失於徼倖間耳卒也太星殞梁木既壞奉漢云卒關人耶武侯妄能越天意以挽之耶不然以孔

于之聖孟子之賢南北東西馳驅列土終不得易曾郇為東周别戰國於王道天實為之堂可與秦皇漢

武較優劣者即余迯行南國登武侯之祠思其行事如覩其人慨然歎魏與吳何在而武侯廟模楷豈奕

世不豪雖成敗在天而忠貞不朽決之於理而可矣武庶有知其不以余言為此諛也夫

當

康熙歲在己巳季秋之吉

總督四川陝西文武事務兼理糧餉兵部右侍即兼都察院右都御史葛思泰謹題

説 明

清康熙二十八年（1689）九月刻。碑高164厘米，寬94厘米。正文楷書16行，滿行40字。葛思泰撰文。四周飾龍雲紋。現存勉縣武侯祠。《漢中碑石》著録。

釋 文

漢諸葛武侯廟堂碑記｜

天下之有混一、有偏安者，皆莫之爲而爲之，即聖賢莫得而違，英雄莫敢而覬覦者也。當漢之衰，既生曹｜瞞於中原，復生孫權於江左。蜀之先主，雖曰劉氏之苗裔，抱志懷才，欲伸大義于天下，然聲靈不及於魏｜，基業殊遜於吳。孔明高卧南陽，預知天意，故於草廬三顧，忼慷一言，謂曹操已擁百萬之衆，不可與爭鋒｜；孫權據有江東，國險民附；將軍既帝室之胄，跨有荊、益，則霸業可成。此三分鼎立之勢，天不言而武侯已｜悉之熟矣。及其正位成都，援吳伐魏，何嘗出武侯意料之外哉！既而先主殂於永安，劉禪具中人以下之｜資，未能善繼。而武侯孤忠自矢，出師沔陽，直趨五丈原，屯軍戰守，進則可復中原，次亦保固根本。讀其前｜、後二《表》，千載而下，猶生氣勃如也。當時魏延請假精兵五千，直從褒中出秦嶺而東，一舉而咸陽以西可｜定，武侯以此爲詭計不用。夫用兵之家，豈嫌詭計？但武侯所持者正，天不可違，故静以待時，不欲區區爲｜得失於微倖間耳。卒也大星猝隕，梁木既壞，季漢云亡。天耶人耶，武侯安能越天意以挽之耶？不然，以孔｜子之聖，孟子之賢，南北東西，馳驅列土，終不得易魯邦爲東周，引戰國於王道，天實爲之，豈可與秦皇、漢｜武較優劣者耶？余巡行南國，登武侯之祠，思其行事，如睹其人，慨然歎魏與吳何在，而武侯廟模俎豆奕｜世不衰。雖成敗在天，而忠貞不朽，決之於理而可矣。武侯有知，其不以余言爲紕謬也夫｜。

時｜康熙歲在己巳季秋之吉｜

總督四川陝西文武事務兼理糧餉兵部右侍郎兼都察院右都御史葛思泰謹題｜

按

撰者葛思泰，鑲黃旗人。歷官太學寺卿、川陝總督、兵部侍郎、都察院右都御史等。曾巡視漢南，修復連雲棧道，極大地便利了川陝交通。

703.1691　楊素蘊墓誌

説明

清康熙三十年（1691）刻。誌、蓋均長方形。蓋長83厘米，寬78厘米；誌長88厘米，寬87厘米。蓋文6行，滿行6字，篆書“賜進士通議大夫」巡撫湖廣等處」地方提督軍務」都察院右副都」御史加二級退」庵楊公墓誌銘」”。誌文楷書48行，滿行42字。袁佑撰文，查昇書丹，張鳳翀篆蓋。蓋四周有雙綫框，誌四周爲綫刻二龍戲珠紋。1972年宜君縣西村鄉石堡村出土，現仍存原地。《新中國出土墓誌（陝西叁）》著録。

釋文

誥授通議大夫巡撫湖廣等處地方兼提督軍務都察院右副都御史加二級退庵楊公墓誌銘」

故楚撫中丞楊公以康熙廿有八年十月十有三日卒于官。中丞公者，宜君人也。壬辰名進士，知東明。歷仕侍」御史、川北道參議、分守鄖襄道、山西督學副使、通政司參議、奉天府丞、順天府府尹、巡撫安徽都察院右副都」御史，改撫楚。既卒之二年，其孤候選邑宰綱請誌銘于佑曰：“先中丞有治命，謂墓中文非史袁子弗任！”佑稽顙」辭曰」：“公國士，佑佑敢辭？顧佑方在疚，庸詎捐所哀以文公？且不祥，多漏忘。不文何遠？恐辱先公而重戾孝子。”其孤弗」聽，使三至，督之以辭曰：“子將及祥也，禮不廢誦文，子戢而廢乎哉？且子勿以死生貳先公。”于是誌且銘。

當公」之治滐也，諸侯不揖客久矣。佑以縫掖最少，得抗禮公壇坫，杯杓無虚日。滐人文中衰，藉公稍稍振。時滐」河懷襄，境悉爲魚，而民故釣販不知困，公亦浩落不爲疲也。大寇任鳳亭者，以數千騎寇山東，幕府蒿目」。公設諜誘于城南，降之。後公在楚，任已擁大纛爲副帥，張宴列公榻鴈行。公起，行酒曰：“任將軍耶？吾故東」明令，當記城南受降時耶？”任引避謝過，軍戢無譁。水平修百雉，課柳千本，滐人歌勿翦云。入爲臺諫，吴逆以滇」藩請王官于朝，公劾其大不敬，折辱之，不少憚」。世祖章皇帝嘉其直。無何，哀鼎髯之墮也，尋參藩于蜀。祖公朝歌之隄，叱馭自雄，不以蜀道難爲怏怏也者。比至」，逆疏咥公鐫秩，撫軍固留公鎮蜀。會逆迎其室於□中，道出嘉定。公曰：“吾擊若不中，斂翮以需，髮上冠不能」平也。顧安能折道左腰屈兒女子輩耶！”即日解印綬去。太公春秋高，然嗜文酒，不輟聲伎。公左右無方，如是」者數年。吴逆果反，廷議以公有遠識，大冢宰、少宰各推轂。公詣楚軍，假道如滐，耆幼百千人讙譁迎公，羅」豖酒如家父子。公醉，出示《曲徙録》，悲歌泣下，慷慨而南也。臂弓矢馳馬如騖，日與叛將楊來嘉枹鼓相和」。以房、保運道險，士餉不敷，公由穀城小河轉輸，庚癸無闕。時時飲池上，顧諸裨將曰：“爾孰如葛疆，吾孰如幽」并兒？鄖襄以恬逆誅，包戈虎皮」！”上意鋭文教，命公校三晋士。先是，總憲蔚州魏公糾其鄉學使者，墨狀抵辟。至公竣厥事，晋士大夫無異言。先」後兩典晋、楚武試，稱得人，以是内陟納言。浹月，晋奉天少京兆。朝士謂公宜在」闕下，公笑曰：“臣不遠楚、蜀之險，劍閣、湘江如堂階，豈上都歌風地，顧憂南陽不可治乎？”趣出關。未期，改順天，進秩」京兆尹。請流人僉妻者得偕發，不以單婦委解役，漢史張、趙輩未有也。廷推安徽巡撫」，上拔之衆中。褰帷過鳳陽，旱蝗災，公」奏聞發倉，全活者萬衆。攝兩江，會叛弁夏逢龍陷武昌，皖人夜數驚。公招參佐賓客，飲若罔知，陰授方略守禦」。賊不敢北向，旋戮于楚。公受」命移鎮湖以北，夏逆脅從咸宥死。元夕坐堂皇，張燈萬炬，縱部人舞燈，劇者魚貫進，吏士椎牛酣呼，反側自安。諸」停制錢配餉，請蠲南漕蘆課等，數恤災患，爲軍民計，纖悉必入」。告章已具而疾甚，不及陳者六，秘而陳者間有，或焚草不及知也。公亢爽，善與人交，不嫉讐，遇事敢爲義，勃勃」形于色。再起，敭歷中外十餘年，積瘁柴立。楚歲凶」，上旰食憂之，公卧理，投箸自訟曰：“臣負」聖恩，負楚人，所不敢即去者，冀倖旦夕不死，力疾收桑榆，乃今已矣！”泣拜疏以病請」。王言未下，而公作。距公生之庚午六月朔八日，壽六十。公諱素藴，字筠湄，更號退庵。世居宜君之石堡。高祖時宜」公舉明經，不仕。生文學公彩。文學公生三水教諭公國俊，祀鄉賢。教諭公生贈通議大夫、資治尹、都察院右副」都御史明經公清，即公考。公少慧悟，文若詩，俊逸無凡語。嘗辟穀，爲贈公訶止。迨其卒也，笑言不亂，微吟遊仙」之辭以終。秦楚人謂其有鄴侯骨云。元配劉氏，中部縣廣西永安州知州爾完公子朝邑縣教諭楷公長女。繼」配劉氏，即楷公次女，俱先公卒，累贈淑人。又繼田氏，邑庠生養儒公女，誥封淑人。子男二：長綱，候選知縣，娶中」部恩貢永淑張公仲子癸丑進士、四川大竹縣知縣鳳翀女；次維，國學生，聘兵部侍郎國柄曹公次子候補員」外郎廣憲女。女四：長適安定縣訓導蔡茵長子貢生宜中；次適中部縣歲貢劉允淑季子廪生檜文；次適涇陽」戊戌進士、原任直隸河間府推官、後改授湖廣景陵縣知縣李念慈長子廪生謙；又次尚幼，未字。孫男一，嗣祖」，尚幼。淑人並有淑德，兩子犖犖篤古，世其家學。銘曰：

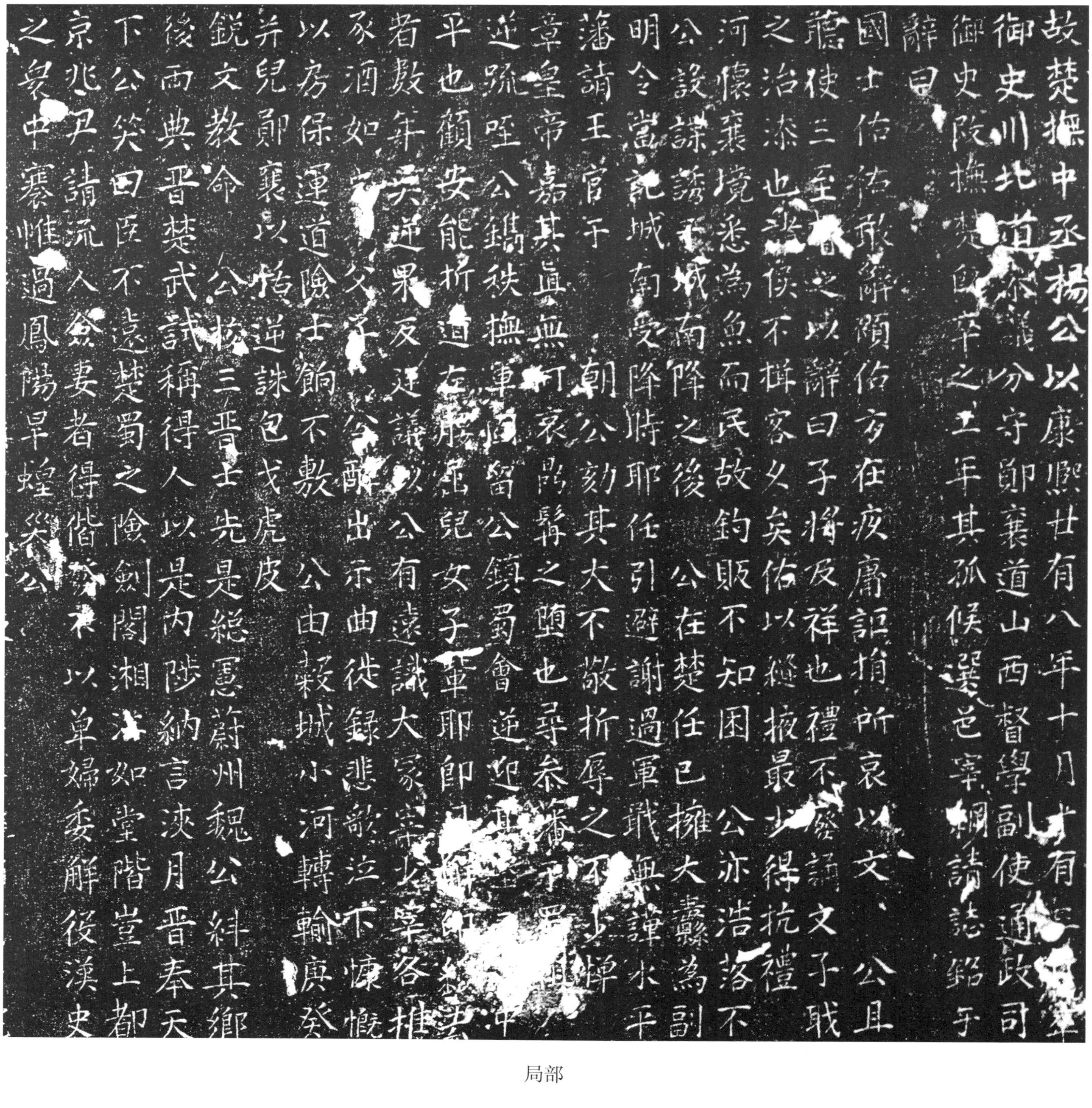

故楚撫中丞楊公以康熙廿有八年十月十有

御史川北道僉議分守卲襄道山西督學副使通政司

御史陝撫楚自萃之士年其孤侯選邑宰婣請誌銘于

辭曰　公且

國士伯佑敢辭隨伯方在疲癃�捐所哀以文、公且

藥使三至岢之咸辭曰乎子將及祥也禮不發誦文子戕

之治漆城侯不揗家久矣以挺禮子戕不

河像襄境悉為魚而民故久釣販不知困最少得抗禮不

公設謀誘干城南受降附後任耶公在楚任已擁大纛為副

明令當就城南　朝公劾其大不敬折辱之不憚水平

藩靖王官于嘉其眞無丁哀昂髯之頭也尋逆迎再藩

迁踈哑公鑄秩撫軍留公鎮蜀會逆　番

草皇帝顧安能折過左議以公有遠識大家崒下陳懷推

平也年父文及廷議以兒女子革耶即草露史

者敢如及子父公女子董　庚癸

丞酒包戈虎由縠城小河轉輸

以房保運道險士餉不敷出示曲從悲敢泣下

幷兒鄖襄以悟逆誅包戈虎皮

銳文教令公桜三晉士先是總憲蔚州魏公料其鄉

後兩典晉楚武試稱得人以是內陝納言浹月晉奉天

下公哭曰臣不遠楚蜀之陰劍閣湘汝如堂階堂上都

之臬中寨帷過鳳陽早蝗癸公

京兆尹請流人愍妻者得偕發神以單婦委醉後溪史

有美斯人，磊磊其骨。奕奕赫赫，霞蔚飆發。天漢回翔，厥有」顯伐。軍務維勞，臣□□竭。交我良朋，坦懷如月。矧在函丈，高山崒崒。盍弗憖遺，未衰而没。維彼象賢，安公兹阡」。以昌以延，閱億千年」。

欽定博學弘詞一等」特授翰林院編修纂修明史官文林郎制受業東明袁佑撰文」

賜進士翰林院庶吉士年眷侄錢塘查昇書丹」

賜進士文林郎知鄞都縣事年家眷姻弟中部張鳳跑篆蓋」

不孝男綱、維泣血勒石」

按

誌主楊素蘊，《清史稿》《陝西通志》有傳，互有詳略。其爲四川道御史時劾奏吳三桂事，史書記載更爲詳細。《清史稿》云：“素蘊書言……十八年，聖祖即位，輔臣柄政，出素蘊爲川北道。三桂見素蘊前奏，惡之，具疏辨，并摘‘防微杜漸’語，謂意含隱射，語伏危機，詔責素蘊回奏。素蘊言：‘防微杜漸，古今通義，臣但期藩臣每事盡善，爲聖世純臣，非有他也。’下部議，坐素蘊巧飾，當降調，罷歸。居十年，三桂反。尚書郝惟訥、冀如錫，侍郎楊永寧交章請起用，惟訥詞尤切。”起用爲湖廣巡撫。有《見山樓詩文集》不分卷、《撫皖治略》一卷、《撫楚治略》一卷、《穀城水運紀略》一卷、《西臺奏議》一卷、《京兆奏議》一卷、《曲徒録》一卷。

撰者袁佑，字杜少，號霽軒，東明人，康熙己未（1679）舉博學鴻辭，歷任司經局洗馬，遷中允，典試浙江。有詩文數十卷。

704.1692 拓文運墓誌

第一石

説 明

清康熙三十一年（1692）十月刻。誌共二石，尺寸相同，均長61厘米、寬50厘米。誌文楷書38行，滿行17字。白受炎撰文并書丹。1985年子洲縣裴家灣鄉寇坪出土。現存子洲縣文管所。《榆林碑石》著録。

釋 文

清故待贈庠生拓公墓誌銘并序」

拓氏之孝男曰永乾，同其弟永坤，奉其父之」善狀，懇泣來告曰："乾不幸，早喪父，司命于母」，無禄，母且逝矣。今者將合葬，敢請先生珥筆」，以示貞恒。"噫，嗚呼！知之矣。公諱文運，號奎章」，行長，家世于清澗蘇帖一里七甲。爲人善與」讀書，乙酉入泮。自少随父任内，嫡母喬氏，重」病三載，温清視膳以事生。迨母仙遊，衾槨號」天以送死，而且由晋歸秦，匍匐哭乞而殯埋」于祖塋之旁，非公之致孝欤？亦有幼弟，撫其」穉，出入友愛，尤其細也。又伴讀以治《詩》《書》。其」友于兄弟之誼，公又何歉焉？且公之處鄉党」也，和以處衆，謙以持己，鄰友欽之，閭里頌之」，庠友稱之，莫不謂公之仁且信也。公父陞任」歸籍，宦資頗優。時值大清歲次己丑，本縣康」惠告變，清兵駐札延安，公遵制剃頭，不料族」人作乱，乘机害生。惜乎！公之不能明哲保身」欤？遺妻惠氏，年方廿五，幼子二人，長男六歲」，次男四歲，是誠危急存亡之秋也。惠氏志堅」節孝，誓百折而不迴，撫遺孤而襁褓。上而幸」有公父諱應功，朝夕惠顧，撫兹孫子；下而幸」有公弟諱文燦、文奇、文明、文恩，詩礼

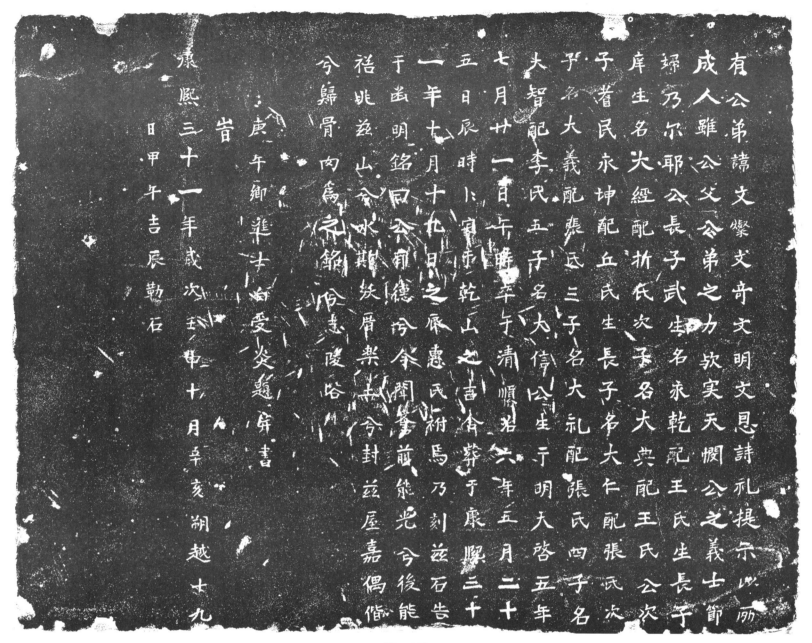

第二石

提示，以勵」成人。雖公父、公弟之力歟？實天憫公之義士節」婦乃爾耶？公長子武生名永乾，配王氏。生長子」庠生，名大經，配折氏；次子名大典，配王氏。公次」子者民永坤，配丘氏。生長子名大仁，配張氏；次」子名大義，配張氏；三子名大礼，配張氏；四子名」大智，配李氏；五子名大信。公生于明天啓五年」七月廿一日午時，卒于清順治六年五月二十」五日辰時。卜宅于乾山之吉舍，葬于康熙三十」一年十月十九日之辰，惠氏祔焉。乃刻兹石，告」于幽明。銘曰：

公有德兮令聞譽，前能光兮後能」裕。兆兹山兮水斯沃，厝樂土兮封兹屋。嘉偶偕」兮歸骨肉，爲之銘兮志陵谷」。

庚午鄉進士白受炎題并書」

時」康熙三十一年歲次壬申十月辛亥朔越十九」日甲午吉辰勒石」

按

誌主拓文運，《大清一統志》卷二百五十《綏德人物》有載："清澗人，諸生，以多智稱。順治六年，叛將王永强陷清澗，欲引爲己用，文運叱之，曰：吾恨力寡，不能盡殱汝等耳。遂遇害。" 王永强反清事，據《清史稿》等史書記載，王永强爲延綏守將，於順治六年（1649）二月舉兵反清，連克延安、清澗等十九州縣。此誌云 "本縣康惠告變"，康惠當是清澗起義響應者。此時各地反清起義此起彼伏，清廷頒布的剃髮令更是激起了民間的普遍抗拒，而拓文運恰恰順應清人，帶頭剃髮，因此被族人處死。

説 明

清康熙三十五年（1696）七月刻。碑圓首方座。通高288厘米，寬90厘米。正文楷書分3欄，每欄13行，滿行22字，小字雙行夾注。王士禎撰文，陸弘承書丹。現存西安碑林博物館。《西安碑林全集》著録。

釋 文

遊城南詩十首」

曲江」

賜沐逢修禊，宜春歲歲遊。傳呼夾城仗，早御望仙樓。捧劍」金人曲，凌波彩鷁舟。新蒲將細柳，蕭瑟至今愁」。

慈恩寺」

昨日櫻桃宴，今朝雁塔行。紅綾新賜餅，淡墨舊題名。柳汁」年年緑，桑田歲歲更。殘僧空劫後，相對話無生」。

薦福寺 即聖容院，今名小雁塔」

院從唐代建，人以寂音傳。洪覺範嘗居之。水鳥皆聞法，雲山不離禪」。花邊停浴鼓，竹外起茶煙。即此忘言説，虛空借坐眠」。

韋曲」

皇子陂邊路，風光韋曲多。曾鄰天尺五，最近第三坡。芳草」新年色①，桑條舊日歌。傷春更懷古，容易醉顏酡」。

杜曲」

春衣杜陵宿，窈窕一川花。舊是岐公宅，人傳故相家。名園」三品石，貴主五雲車。今日穠華歇，棠梨噪暮鴉」。

牛頭寺」

牛頭鐘梵罷，露坐俯樊川。明月生秦嶺，清光滿稻田。微風」喧吠蛤，野燒起山煙。歸卧禪燈寂，心空古佛前」。

少陵原工部祠堂」

少陵原下路，髣髴浣花村。猶似開元日，終南對國門。秦川」空望眼，湘水與招魂。忍見桃花落②，紅英糝緑罇」。

樊川桃花」

三月樊川路，紅桃散綺霞③。終南青送黛，潏水碧穿沙。草色」裙腰合，渠流燕尾叉。銷魂過杜曲，一樹最夭斜。杜曲南鴻固原下，緋」桃一株方盛開」。

鄭莊」

杜陵客西蜀，常憶鄭瓜州。望古尋遺蹟，逢人問故侯。有才」三絶擅，無恙八川流。近交口。相望韓莊近，同悲貉一丘」。

秦愍王墓」

陳王鬥雞道，今日望陵園。石馬前朝賜，銅人漢代原。幽蘭」悲帝子，芳草怨王孫。猶有藍田燕，年年入墓門」。

經筵講官户部左侍郎濟南王士禎阮亭題」

康熙歲次丙子孟秋穀旦」

興平縣縣丞武進陸弘承書石」

府學教授吳攀桂立」

校勘記

①②③年、見、桃，原碑已漫漶，據王士禎《帶經堂集》卷五八補。

按

撰者王士禎，字子真，號阮亭，又號漁洋山人，世稱王漁洋，山東新城人。清初文學家、詩人。有《池北偶談》《帶經堂集》《漁洋詩集》《漁洋山人精華録》等傳世。

1749

706.1702　御製訓飭士子文

御製宸翰

御製訓飭士子文

國家建立學校原以興行教化作育人才典至渥也朕臨馭以來隆重師儒加意庠序近復慎簡靈使釐剔端務期風教修明

杜尉是庶幾械樸作人之意乃比來士習末端儒效罕著雖因內外臣工素行未能盡善亦由爾諸生積錮已久狃狥難變跂曦之故也

朕特親製訓言再加警飭爾諸生其敬聽之從來學者先立品行次及文學學術事功源委有敘爾諸生幼開庭訓長列宮牆朝夕

誦讀寧無講究也邇修業踐履砥礪廉隅敦孝順以事親東忠貞以立志窮經考義勿雜荒誕之談取友親師悉化驕盈之氣文

歸於醇雅母事浮華軌度式於規繩家防易軼子衿佻達自管所議苟行止有虧雖讀書何益若夫宅心弗淨行己多愆或濫廁

言脊制官長或隱糧芭訟出入公門或武斷鄉曲招呼朋類結社要盟乃如之人名教不容鄉黨弗齒縱律逃琉扑薄

稿章經過岡顧身家又或改竄鄉貫希圖進取凌踐街網曾私種奢情深可痛恨且夫士子出身之始尤貴以正若茲束帛弓旌初

貢緣詭遇岡顧身家又或改竄鄉貫希圖進取凌踐街網曾私種奢情深可痛恨且夫士子出身之始尤貴以正若茲束帛弓旌初

拜獻便己作姦犯科則異時敗檢喻何不至又安望其東公持己為國宣猷樹績康後先疏附之選武朕用嘉意爾等甚寬矣自炤爾無知終

禁又復惓惓即爾祖父亦增光寵矣時得志蓮侯他求我若仍視為具文玩喝積行勤學以圖上進國家三年登造束帛弓旌之

特爾身有榮即爾祖父亦增光寵矣時得志蓮侯他求我若仍視為具文玩喝積行勤學以圖上進國家三年登造束帛弓旌之

不能率教也既負栽培復干谷戾王章具在朕亦不能為爾等寬矣自炤以徃內而國學外而直省鄉校凡學臣師長皆首司鐸之

責者並宜傳集諸生多方董勸以副朕壞否則職業弗修處亦難逭勿謂朕言之不預也爾多士尚敬聽之哉

康熙四十一年正月　日

説　明

清康熙四十一年（1702）正月刻。碑圓首。通高239厘米，寬83厘米。額文2行，滿行2字，篆書"御製」宸翰」"。正文楷書15行，滿行50字。文末鈐有"康熙御筆之寶"方印。四周飾二龍戲珠紋。原置於鄠縣文廟門外，1985年竪立於鄠縣文廟大成殿東側碑廊。現存西安市鄠邑區文廟。《户縣碑刻》著録。

釋　文

御製訓飭士子文」

國家建立學校，原以興行教化，作育人才，典至渥也。朕臨馭以來，隆重師儒，加意庠序。近復慎簡學使，釐剔弊端，務期風教修明，賢」材蔚起，庶幾棫樸作人之意。乃比來士習未端，儒效罕著，雖因内外臣工奉行未能盡善，亦由爾諸生積錮已久，猝難改易之故也」。兹特親製訓言，再加警飭，爾諸生其敬聽之：

從來學者，先立品行，次及文學。學術事功，源委有叙。爾諸生幼聞庭訓，長列宫墻，朝夕」誦讀，寧無講究？必也躬修實踐，砥礪廉隅，敦孝順以事親，秉忠貞以立志。窮經考義，勿雜荒誕之談；取友親師，悉化憍盈之氣。文章」歸於醇雅，毋事浮華；軌度式於規繩，最防蕩軼。子衿佻達，自昔所譏。苟行止有虧，雖讀書何益？若夫宅心弗淑，行已多愆，或蜚語流」言，脅制官長；或隱糧包訟，出入公門；或唆撥姦猾，欺孤凌弱；或招呼朋類，結社要盟。乃如之人，名教不容，鄉黨弗齒。縱倖逃褫扑，濫」竊章縫，返之於衷，能無愧乎？况乎鄉會科名，乃掄才大典，關係尤鉅。士子果有真才實學，何患困不逢年？顧乃標榜虚名，暗通聲氣」，夤緣詭遇，罔顧身家；又或改竄鄉貫，希圖進取，囂凌騰沸，網利營私。種種弊情，深可痛恨！且夫士子出身之始，尤貴以正，若兹厥初」拜獻，便已作姦犯科，則異時敗檢踰閑，何所不至！又安望其秉公持正，爲國家宣猷樹績，膺後先疏附之選哉？朕用嘉惠爾等，故不」禁反復惓惓。兹訓言頒到，爾等務共體朕心，恪遵明訓。一切痛加改省，争自濯磨，積行勤學，以圖上進。國家三年登造，束帛弓旌，不」特爾身有榮，即爾祖、父亦增光寵矣。逢時得志，寧俟他求哉？若仍視爲具文，玩愒弗儆，毁方躍冶，暴棄自甘，則是爾等冥頑無知，終」不能率教也。既負栽培，復干咎戾，王章具在，朕亦不能爲爾等寬矣！自兹以往，内而國學，外而直省鄉校，凡學臣師長，皆有司鐸之」責者，並宜傳集諸生，多方董勸，以副朕懷。否則，職業弗修，咎亦難逭，勿謂朕言之不預也！爾多士尚敬聽之哉」！

康熙四十一年正月日」

按

此爲康熙皇帝對天下士子的訓詞，刊立於全國的學校。清廷在文化教育領域采取了一系列漢化政策，尊孔崇儒，宣導儒家文化，以標榜正統。此類碑刻在陝西見在者，尚有存藏於西安碑林博物館、米脂縣、綏德縣、榆林市等地，内容一致，碑型各異而已。

1751

707.1704　平定朔漠告成太學碑

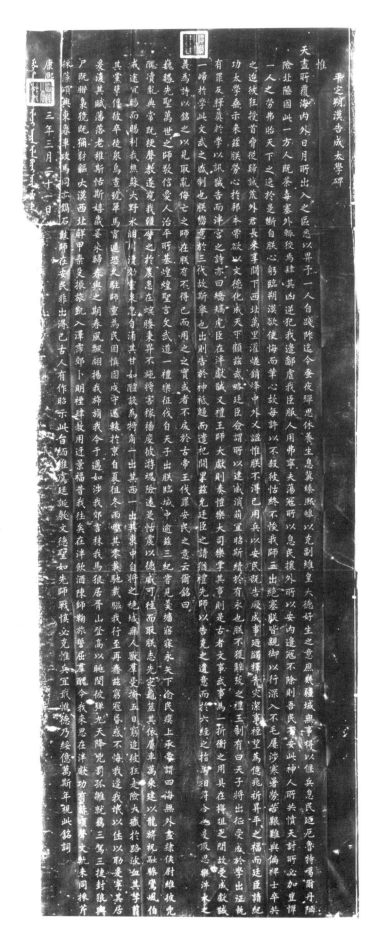

碑陽

碑陰

説 明

清康熙四十三年（1704）三月刻。碑圓首方座。通高470厘米，寬220厘米。右爲漢文，左及碑陰爲滿文。漢文楷書18行，滿行67字。於9、10行頂首及落款處鈐有"廣運之寶"滿漢文方印。四側飾龍紋。現存西安碑林博物館。《西安碑林全集》著録。

釋 文

平定朔漠告成太學碑」

惟」天盡所覆海内外日月所出入之區，悉以界予一人。自踐阼迄今，蚤夜殫思，休養生息，冀臻熙皞，以克副維皇大德好生之意，庶幾疆域無事，得以偃兵息民。乃厄魯特噶爾丹，阻」險北陲，困此一方，人既荼毒塞外，輒狡焉肆其凶逆。犯我邊鄙，虐我臣服，人用弗寧。夫蕩寇所以息民，攘外所以安内。邊寇不除，則吾民不安。此神人所共憤，天討所必加。豈憚」一人之勞，弗貽天下之逸。於是斷自朕心，躬臨朔漠，欲使悔而革心，故每許以不殺。彼怙終不悛，我師三出絶塞，朕皆親御以行。深入不毛，屢涉寒暑，勞苦艱難，與偏裨士卒共」之。迨彼狂授首，脅從歸誠。荒外君長，來享闕下；西北萬里，灌燧銷烽。中外乂謐，惟朕不得已用兵以安民。既告厥成事，乃蠲釋眚災，潔事禋望，爲億兆祈昇平之福。而廷臣請紀」功太學，垂示來兹。朕勞心於邦本，嘗欲以文德化成天下，顧兹武略，廷臣僉謂所以建威消萌，宜昭斯績於有永也。朕不獲辭，考之《禮・王制》有曰："天子將出征，受成於學。出征執」有罪，反，釋奠於學，以訊馘告。"而《泮宮》之詩亦曰："矯矯虎臣，在泮獻馘。"又《禮》："王師大獻，則奏凱樂，大司樂掌其事。"則是古者文事、武事爲一折衝之用，具在樽俎之間，故受成獻馘」，一歸於學。此文武之盛制也。朕嚮意於三代，故斯舉也，出則告於神祇，歸而遣祀闕里。兹允廷臣之請，猶《禮》"先師以告克"之遺意，而於六經之指爲相符合也。爰取思樂泮水之」義，爲詩以銘之，以見取亂侮亡之師，在朕有不得已而用之之實，或者不戾於古帝王伐罪安民之意云爾。銘曰」：

巍巍先聖，萬世之師。敬信愛人，治平所基。煌煌聖言，文武道一。禮樂征伐，自天子出。朕臨域中，逾兹三紀。嘗見羹墻，寤寐永矢。下念民瘼，上承帝謂。四海無外，盡隸侯尉。維彼凶」醜，瀆亂典常。既梗聲教，遂窺我疆。譬之於農，患在螟螣。秉畀不施，將害稼穡。度彼游魂，險遠是怙。震以德威，可往而取。朕志先定，龜筮其依。屬車萬乘，建以龍旂。祝融驂驚，風伯」戒途。宜暘而暘，利我樵蘇。大野水涸，川瀆效靈。泉忽自涌，其甘如醴。設爲犄角，一出其西，一出其東，中自將之。絶域無人，獸群受掩。五日窮追，彼狂走險。大殲於路，波血其孥。劋」其黨孽，俘彼卒徒。衆鳥晝號，單馬宵遁。恐久駐師，重爲民困。慎固戍守，還轅於京。自夏徂冬，雨雪其零。載馳載驅，我行至再。蠢兹窮寇，昏惑不悔。我邊我氓，以休以助。爰寧其居」，爰復其賦。藩落老稚，斯恬斯嬉。歲晏來歸，春與之期。春風飄翩，揚我旆旐。我今于邁，如涉我郊。言秣我馬，狼居胥山。登高以眺，閔彼彈丸。天降凶罰，孤雛就羈。三駕三捷，封狼興」尸。既臘梟獍，既獮豺貙。大漠西北，解甲棄殳。振旅凱入，澤霈郊卜。明禋肆赦，用迓景福。昔我往矣，在泮飲酒。陳師鞠旅，誓屈群醜。今我來思，在泮獻功。有赫頌聲，文軌來同。採芹」採藻，頌興東魯。車攻馬同，亦鎸石鼓。師在安民，非出得已。古人有作，昭示此旨。緬維虞廷，誕敷文德。聖如先師，戰慎必克。惟兵宜戢，惟德乃綏。億萬斯年，視此銘詞」。

康熙四十三年三月二十一日」

按

清代四大御製詔告武功碑之一。其餘三通爲雍正三年（1725）刻立的《御製平定青海告成太學碑》、乾隆二十年（1755）刻立的《御製平定准噶爾告成太學碑》和乾隆四十一年（1776）刻立的《御製平定兩金川告成太學碑》。此四碑西安碑林博物館均有存藏。此碑將康熙皇帝三次御駕親征、擊潰危及清王朝統治的葛爾丹蒙古政權、維護國家統一的赫赫武功，以御製勒石的方式告成於孔廟，詔告於天下，爲清王朝的穩固統治起到了一定的作用。

1753

708.1705　御製廣仁寺碑

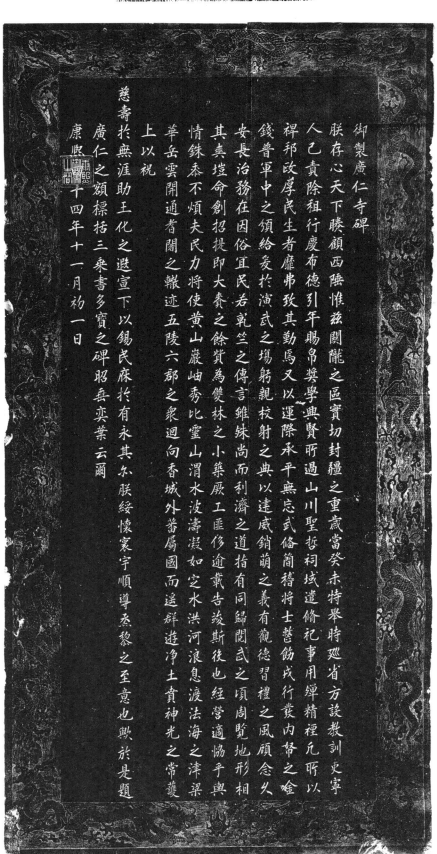

御製廣仁寺碑

朕存心天下睠顧西陲惟茲關隴之區實切封疆之重歲當癸未特舉時巡省方設教訓吏寧
人己責除租行慶布德引年賜帛獎學典賢所過山川聖哲祠域遣修祀事用肄精程兀昕以
禪邦政厚民生者靡弗致其勤焉又以運際承平無忘武備之典簡稽將士慈飭戎行㦙内帑之餉
錢普軍中之領給爰㧞演武之塲躬親校射之典以達威銷萌之義有觀德習禮之風顧念夫
安長治務在因俗宜民若乾竺之傳言雖殊尚而利濟之道指有同歸閱武之頃周覽地形相
其奧堙命創招提即大賚之餘貲為雙林之小築厥工匪侈逾戴告竣斯後也經營適恊乎輿
情銖黍不煩夫民力將使黃山巖岫秀比靈山渭水波濤凝如之水洪河浪息渡法海之津梁
華岳雲開通者闢之轍迹五陵六郡之衆迴向香城外蕃屬國而遙群遊淨土貴神光之常護
上以祝
慈壽扵無涯助王化之遐宣下以錫民庥扵有永其尔朕綏懷寰宇順導烝黎之至意也歟於是題
廣仁之額標括三乘書多寶之碑昭垂奕葉云爾
康熙四十四年十一月初一日

説　明

清康熙四十四年（1705）十一月刻。碑圓首圭額。通高516厘米，寬122厘米。額文2行，滿行2字，篆書"御製」碑文」"。正文楷書13行，滿行36字。落款鈐有"康熙御筆之寶"方印。額及碑身四周均飾雙龍戲珠圖案。現存西安廣仁寺。

釋　文

御製廣仁寺碑」

朕存心天下，睠顧西陲。惟兹關隴之區，實切封疆之重。歲當癸未，特舉時巡。省方設教，訓吏寧」人。已責除租，行慶布德。引年賜帛，獎學興賢。所過山川聖哲祠域，遺修祀事，用殫精禋。凡所以」裨邦政、厚民生者，靡弗致其勤焉。又以運際承平，無忘武備，簡稽將士，整飭戎行。發内帑之金」錢，普軍中之頒給。爰於演武之場，躬親校射之典，以建威銷萌之義，有觀德習禮之風。顧念久」安長治，務在因俗宜民。若乾竺之傳，言雖殊尚；而利濟之道，指有同歸。閲武之頃，周覽地形，相」其爽塏，命創招提。即大賚之餘貲，爲雙林之小築。厥工匪侈，逾載告竣。斯役也，經營適協乎輿」情，銖黍不煩夫民力。將使黄山巖岫，秀比靈山；渭水波濤，凝如定水。洪河浪息，渡法海之津梁」；華岳雲開，通耆闍之轍迹。五陵六郡之衆，迴向香城；外蕃屬國而遥，群遊净土。賁神光之常護」，上以祝」慈壽於無涯；助王化之遐宣，下以錫民庥於有永。其亦朕綏懷寰宇，順導烝黎之至意也歟！於是題」廣仁之額，標括三乘；書多寶之碑，昭垂奕葉云爾」。

康熙四十四年十一月初一日」

按

西安廣仁寺，位於西安城墻内西北角。康熙皇帝西巡，爲加强西北地區民族團結，特於此設廣仁寺。康熙帝并親筆御書此碑立於此，以記其立碑之初衷及立碑之願望。此碑書法疏朗工整，筆力剛勁柔美，堪稱清代楷書之絶佳品。

重脩名宦祠記

學宮最為學業之地而名宦一祠公潔正建誠盛典也韓昕祀名宦其祠宇剝落重脩皆無恙可

稽其年而風雨震凌上漏旁穿於今然幾頹歟矢其神坐木主傾地剝飾不稱瞻守主諸生咸

因仍勦壞而更新那建遍矣于其難之河東

康公來宰是邦獨留意捐俸脩理委虞士李子輝斗天于正巳董其事且誠曰無情春無不必起

陶必員牆必凳砌妝治家構務以堅久為期区有餉役以值庸赳於康熙四十三年冬月之吉

應時而葺飛丹服諞廚座排其禪位煥然尖新宗事既竣李子吳子請余為記以不不朽余惟

公涖任以來吹成人理百廢俱與亦龍淵洄前賢崇表古蹟右漢太史蘇子卿唐白香山諸重脩

葺其於前令左雞石先生因民歌恩酒切為建祠肖像以時瞻禮於歲可以覦公志之所在矣此

公諱行僩宇鍔霜甲戌斜進士山西安邑人誚图其別趨正

名宦一祠所以必捐俸脩築也然吾聞韓之人皆思念余公書院祀公生禒優屢請不許則在昔公

毖芳前俟求即可於令日卜之哉

終厥科繫入寧縣城縣教諭事員雖譚　遲撰文

儒學邵州王　甚蒙顏

澄學邵州王　甚蒙顏

　　　　　　　替工生員　李暉斗
　　　　　　　　　　　　　章達

　　　丞　徐大爰人　吳正巳

　　　　　　　　　典章達

　　　　　　　生員　薛名瑞書

康熙四十四年歲次乙酉仲冬吉旦立石

説明

清康熙四十四年（1705）十一月刻。碑圓首龜座。高110厘米，寬53厘米。額篆書“碑記”二字。正文楷書15行，滿行38字。譚暹撰文，薛君瑞書丹，王湛篆額。周飾蔓草紋。現存韓城市博物館。

釋文

重修名宦祠記」

學宫最爲尊崇之地，而名宦一祠亦得並建，誠盛典也。韓所祀名宦，其祠宇創造、重修皆無記，莫可」稽其年，而風雨震凌，上漏旁穿，於今亦幾頽敝矣。其神座木主，傾圮剥蝕，不稱觀瞻。守土諸君非不」因仍黝堊而更新鼎建，蓋戛戛乎其難之。河東」康公來宰是邦，獨留意捐俸修理，委庠士李子輝斗、吴子正己董其事。且誡曰：“無惜費，無計工木，必良」陶，必貞墻，必甃砌。”始治家構務，以堅久爲期。匠有給餉，役以值庸。起於康熙四十三年冬月之吉，不」歷時而翬飛丹䨼，整飭廚座，拂拭牌位，焕然聿新矣。事既竣，李子、吴子請余爲記，以示不朽。余惟」公涖任以來，政成人理，百廢俱興。尤溯洄前賢，崇表古蹟，若漢太史蘇子卿、唐白香山諸祠墓，皆事修」葺。其於前令左蘿石先生，因民歌思彌切，爲建祠肖像，以時瞻禮。於戲！可以覘公志之所在矣。此」名宦一祠，所以必捐俸修築也。然吾聞韓之人，皆思從左公書院祀公生禄，屢請不許。則公之」齊芳前哲，不即可於今日卜之哉。公諱行僴，字鍔霜，甲戌科進士，山西安邑人。韜園，其别號云」。

癸酉科舉人署韓城縣教諭事寶雞譚暹撰文

訓導郇州王湛篆額」

督工：縣丞徐大受、典史章達」、生員李輝斗、吴正己」

康熙四十四年歲次乙酉仲冬吉旦立石

生員薛君瑞書」

按

名宦祠，一般祭祀在當地作官且有名望與賢德者。每年春秋兩季由該州縣官員及當地士紳同祭。韓城名宦祠始建於何時史無記載。清康熙年間由康行僴主持修繕，故有是記。

撰者譚暹，寶雞人，康熙三十二年（1693）癸酉科舉人。時任韓城縣教諭。

説　明

清康熙四十五年（1706）十月刻。首佚。碑高272厘米，寬98厘米。正文楷書20行，滿行57字。鄂海撰文，平安納書丹，黃明篆額。四周飾幾何形圖案。現存西安大興善寺。

釋　文

重修大興善寺碑記丨

巡撫陝西等處地方贊理軍務都察院右副都御史加一級紀録十五次鄂海撰文丨

現任江西提刑按察使司晋二□黃明篆額丨

川陝總督筆帖式内陞刑部主事平安納書丹丨

長安爲省會之區，城之内外名刹甚多，而基宇開拓壯麗輝煌者，惟大興善爲最。考其實肇始於晋武帝爲遵善寺也。大興於隋。開皇初，有北天竺沙丨門闍羅笈多賷佛經數百卷於寺翻譯，故賜名曰“大興善寺”。唐有惟寬禪師、惟政禪師、棲倫禪師闡揚宗教，始成法席。明有雲峰禪師鼎新梵刹。其後丨興廢盛衰，無非數之使然矣。迨我朝定鼎，有雲峩和尚卓錫此寺，大闡宗風，稱爲中興，宗乘特著。又有易菴禪師、林我禪師、愚參禪師接武紹續。今丨上二十三年歲在甲子，有憨休和尚自中州新蔡請至住持，八載重修大殿、山門，逸老東歸風穴。紳士緇素敦請參約和尚繼斯席焉。每見其殿宇傾頹丨之甚，乃發此興葺修舉之心。適有川陝總督筆帖式平公安納樂施倡率，一時文武宰官緇素人等，目擊工程浩大，各捐清俸，各輸己資若干金，廣募丨鳩工庀材，先修前殿五楹、鐘鼓二樓，復修大殿七楹，十王祖堂各五楹，新創彌勒殿七楹，方丈侍寮一十七楹，塗以丹腹，飾以金碧。何仍仍之，否則易丨之，又擴而充之。凡閲十餘歲，而工始落成。事竣，請記於余。余奉簡命蒞秦，由觀察歷藩伯，晋開府。居秦之日至久，知秦之事最真。既請記丨之，良不謬也。然則能仁之教，豈惟修功。若參而用之，有補於世教者多矣。余嘗丨聞宋文帝謂其臣何尚之曰：適見顏延之、宗炳著論，發明佛法，甚爲有理，並是開獎人意。若使率土之濱，皆感此化，朕則垂拱坐致太平矣，夫復何事！尚之因進之曰：夫百家之鄉，十人持五戒，則十人淳謹；千室之邑，百人修十善，則百人和睦。持此風教以周寰區，編户億千，則善人百萬。夫行一善則丨去一惡，去一惡則息一刑。一刑息於家，萬刑息於國，則陛下之言坐致太平者是也。即此而推，先王以三綱五常治萬民，佛以十善五戒化群生。如是丨則王化佛化，總成大化；儒也釋也，無間然也。資舍生於壽域，福黎庶以還淳。若非真正個中人，實艱其任，以撑挂之。今參約禪師不忝憨休乾公爲其丨父、雲峩喜公爲其祖，遞代相承，而寖昌寖盛。數十年來，宗風大振，家知户曉，俞新奂美，歸然一大選佛之場矣。行將見鼇足擎空，鯨音吼地。豈拂說法丨利及人天，慈雲慧日隱現其中。寶相金光，飛騰蓮社。如此者可謂承先啓後，繼志述事者歟！余嘉其道風，廣化群品，兼勤修之若行，而更冀後之人踵丨事增華，毋致廢墜。俾佛力廣大，帝祉無疆，祐我東土，民安物慶。遂不辭而爲之記。

時丨康熙四十五年歲在柔兆閹茂應鍾中澣之吉

當代住持海文暨兩廊兩序大衆滿漢緇素等立丨

按

大興善寺，位於西安市小寨興善寺西街，是佛教八宗之“密宗”祖庭，爲隋唐皇家寺院。碑記大興善寺之起源及發展，涉及衆多名僧大德，對於研究佛教在中國的發展，具有非常重要的價值。

撰者鄂海，滿州鑲白旗人。歷任宗人府郎中、陝西按察使、陝西巡撫、湖廣總督等。

1759

711.1708　望僊坪碑

説 明

清康熙四十七年（1708）七月刻。碑圓首龜座。通高206厘米，寬72厘米。額文2行，滿行2字，篆書"集仙」觀碑"。正文隸書21行，滿行50字。趙容止撰文，杜賓王書丹。四周飾以纏枝花紋。現存西安市鄠邑區白廟望仙坪。《户縣碑刻》著録。

釋 文

望僊坪碑」

嘗讀《穆王本紀》，至徐方一遊，有瑶臺，會飲之吏，且訝且疑者久之。曹邑西南境五里許，望仙坪峙焉。或曰：聶姑羽化於此，故名仙；其」親思之，至止山下，跂而相仰，故名望。或又曰，不然。昔王母賜桃武帝，帝睹其玉佩珠霞，志切登仙，選匠氏集木石建宮於是山之上」，樹像而朝夕虔禱，因名曰望仙。所謂坪者，坦坦蕩蕩，沃壤數頃。亦猶言海者，必言海之濱；言田者，必言田之畔也云耳。千餘載來，今」昔之變遷者，寧有窮哉。瓊葳玉樹，荒榛斷梗矣；鳳笙龍笛，露蚓風蟬矣；金缸華燭，鬼磷螢火矣。望仙坪孑然挺對於天地，豈非山不」在高，有仙則名，名則能久乎！形勝若此，直可與華岳、驪山、曲江、雁塔、灞柳、咸陽、草堂、太白並稱關中之景。乃唐宋元明，皆未聞敕封」。逮我」國朝，亦不聞奉祀。要也一山之下，惟此一山也。有雲遊子張教卜，志老莊，志學韓，列學修道於坪之巔幽室中，正容危襟而坐，有三」神女擊其首而言曰：余，王母之三青鳥也。開户而視，又有一虎，三舞其掌，曳尾而去，去而回顧。夫青鳥，傳信之靈禽。首，百體之天。擊」其首者，所以開其迷而使之覺也。虎，奇獸。三舞其掌，明故宮之有三楹也。曳尾而去，示雲遊子克繼前功也。去而回顧，教雲遊子終」守此坪以成其志學也。雲遊子於是豁然大悟，本内功以敦匠吏。瓦縫參差，象其密也；丁頭燦彩，□其精也。堆金於無上聖體，純一」而不雜也；羅列乎二十四仙，詳盡而靡虧也。依舊基，心之回原也；設新容，道之日生也。恐毒龍之擾擾，建青龍于左个；斂虎視之眈」眈，位白虎於西廊。四壁而萬像靈龍，節梲而山藻並煥。行其庭，如遊武夷桃源，古澗奇崖，目睹而詟駭；覽其景，恍至四明天台，尺道」石梁，心曠而神怡。美哉！□壺員橋不過若斯而已矣。工竣，囑余作詞以志之。余爲之辭曰：

□□兮花放，穌玞兮瓊漿。鬼神守護兮魑」魅遁藏，虎豹遠迹兮麟鳳遠堂。猿之鳴兮韻而長，泉之清兮濕且香。時而擊鼓兮經聲朗，爲之勒石兮萬代傳無疆」。

王母宮、老子宮、玉皇殿、三清宮、真武殿、三元殿、菩薩殿、靈官殿、聖賢殿、白衣閣、牛王廟、土地堂。

此山四至：東至殿溝，西至柳凹，南至石嶺，北至天門。

水雲趙容止撰

生員杜賓王書

張真人門下主持張教卜

盩、鄠二縣臨方隨緣，共化布施四十餘兩。

出石人張許

石工賀彦春

時」康熙四十七年歲次戊子秋七月望日

曹村湯社一會人等，功德主張曳性、張名友，化主張門楊氏、吳門馬氏、李門朱氏仝立。

睹室虧心，神目如電。

按

望仙坪上原有集仙觀，今不存。

712.1709　康熙四十八年黄帝陵御製祝文

碑陽

碑陰

説 明

清康熙四十八年（1709）八月刻。碑砂石質。高177厘米，寬62厘米。額文2行，滿行2字，篆書"御製｜祝文"。正文楷書，碑陽15行，滿行26字。碑陰7行，行字不等。額兩側飾雙龍紋，碑身四周邊飾纏枝花紋。現存黄帝陵軒轅廟碑廊。《黄帝陵碑刻》著録。

釋 文

維｜康熙四十八年歲次己丑八月己亥朔越二十六日甲子｜，皇帝遣户部右侍郎加二級張世爵致祭於｜黄帝軒轅氏曰：

朕惟自古帝王正位臨民，代有令德。是以享祀千秋，用昭｜鉅典。朕仰荷｜天庥，撫臨海宇，建立元良，歷三十餘載，不意忽見暴戾狂易之疾，深惟｜祖宗洪業及萬邦民生所係至重，不得已而有退廢之舉。嗣後漸次体驗｜，當有此大事。時性生奸惡之徒，各庇邪黨，借端搆釁。朕覺其日後必｜成其亂階，隨不時究察，窮極始末，因而確知病原，皆由鎮壓，亟爲除｜治。幸賴｜上天鑒佑，平復如初。朕比因此事，耗損心神，致成劇疾。皇太子晨夕左右｜，憂形於色，藥餌必親，寢膳必視，惟誠惟謹，歷久不渝。令德益昭，丕基｜克荷。用是復正儲位，永固國本。特遣專官，敬申殷荐，尚祈｜歆格｜！

陪祭官：延安府知府加一級孫川｜（以上碑陽）

賚香帛官禮部筆帖式趙｜

從祀官鄜州知州高怡｜

洛川縣知縣蕭長祚｜

宜君縣知縣李之玕｜

中部縣知縣祝文彬｜

儒學訓導黄國憲｜

典史孫時鉉｜（以上碑陰）

按

清聖祖於康熙十四年（1675）立第二子胤礽爲皇太子，至四十七年（1708）九月康熙帝出巡塞外返京途中，以太子"不仁不孝"，將其廢斥。此碑所云"建立元良，歷三十餘載"，正指太子在位已三十三年。被廢原由，碑云"忽見暴戾狂易之疾"，《清史稿》等云康熙謂其"行事與人大不同，類狂易之疾，似有鬼物憑之者"，疑其謀奪皇位。太子被廢之後皇子之間的明争暗鬥加劇，諸王大臣亦多陷入其中，各自結黨，也就是誌所云"奸惡之徒，各庇邪黨，借端搆釁"。爲了避免"日後必成其亂階"，康熙於四十八年三月復立胤礽，昭告宗廟，并遣官於各地祭告。此碑即爲户部右侍郎張世爵奉命祭告黄帝陵時所立。

713.1711　尚宣墓誌

説　明

清康熙五十年（1711）十一月刻。誌、蓋均長方形。蓋長94厘米，寬91厘米；誌長94厘米，寬92厘米。蓋文7行，滿行5字，篆書“皇清誥授榮禄大」夫提督直隷」宣化等處地」方軍務總兵」官都督僉事」帝詔尚公墓」誌銘”」。誌文楷書58行，滿行62字。蓋四殺及誌四側均飾二龍戲珠雲紋。張文焕撰文，謝王寵書丹，趙昌篆蓋。1976年7月西安市南郊曲江公社陸家寨村出土。現存西安博物院。《新中國出土墓誌（陝西叁）》著録。

釋　文

皇清誥授榮禄大夫提督直隷宣化等處地方軍務總兵官都督僉事帝詔尚公墓誌銘」

皇帝在宥之四十有四年，提督直隷宣化等處地方總兵官、都督僉事帝詔尚公，予告歸里。又五年，卒於咸寧之永寧坊。冬十一月，葬城南棲鳳原新阡①。先是，世兄丹」庭等郵致訃音，兼寓書於余，余閲訃震悼。及讀世兄等書，知爲公乞所以誌不朽者，惟余受知於公最深，知公家世勳爵最悉，情深引紳，忍謝操觚。謹于揮涙之餘」，拜手稽首而屬言曰：一代之興，必有一代之偉人，以鎮定封疆，奠安社稷，爲朝廷所倚重，爲生民所托庇。迨乎功成身退，澹焉泊焉，無少係戀焉。若吾師帝詔尚」公，非其人歟！公諱宣，字帝詔，姓尚氏，關中之長武人。系出尚父，源遠流長。曾祖誥贈榮禄大夫諱邦奇者，在勝國爲藩司省祭，娶誥贈一品夫人李氏。生誥」贈榮禄大夫諱炁，字繼峰，由明經起家。當崇禎庚辰，流氛肆毒，殉難於長武之明倫堂。忠烈大節，炳耀千古。繼峰公娶誥贈一品夫人白氏，生誥贈榮禄大夫」諱健國，字垂勳，是爲公父。我」朝廷鼎初，于乙酉武闈中式，歷任貴州都闑。娶誥贈一品夫人賈氏，生丈夫子三，吾師帝詔公其長也。公生而英異奇偉，知勇過人，讀書目數行下。太封翁鍾愛之。比」壯，隨父任之黔，觀軍伍戰陣事，雅志學萬人敵。太封翁以公嫻于韜略，俾公詣兵部效力。考滿，例授四品職，回籍候銓。適太封翁亦致仕歸，父子兄弟，歡聚一堂，融」融如也。康熙癸丑，平涼兵變，寇薄長武，守土者惶惑莫措。知公父子習於兵事，舉以屬公。公慨然率家衆嬰城據守，設方略禦敵，長武孤城卒以獲全。已而」王師西征，主者以公有保衛功，委公遊擊職銜，隨營討賊。克復涇州，撫招靈台，進攻寧州，軍功茂著，奏凱而還。會餘孽未靖，僞總兵周養民等聚衆數千，復困長武。公單」騎突圍請救，生擒僞官南文炳，爲當事所推，題授固原城守參將。公赴任後，見營壘不肅，老弱侵多，裁補兼行，陋規盡革。固原舊有逼水城一道，慮河水衝齒，築城」防禦，地方賴焉。日久崩缺，公環視城外，嘆曰：“此邊疆要務，奚爲廢墮至此？”遂捐俸重修之，軍民至今頌德。又州治與銀、夏接壤，羌酋雜處。兵燹後，奸宄竊發。公爲增」兵伏路，稽察維嚴。四載精勤，勞績可紀。十八年，奉調以先鋒進剿攻鳳嶺，拔之。又專兵取兩當，叙功奏聞。十九年，隨征保寧，蒙將軍王具題，俾公留守。未幾，調江」南提標中軍。二十年，彙叙加五等軍功，紀録一次。視事崇明，海濱重鎮，攝理維艱。公訓練多方，水國帖服。是歲也，恭遇」覃恩，贈公祖繼峰公爲驃騎將軍，祖妣白氏爲二品夫人。封公考垂勳公爲驃騎將軍，妣賈氏爲二品夫人。二十二年十二月，陞陝西神木副將。公念西北嚴疆，加意」整飭，不遑偃息。居無何，太封翁訃音至，公哀毀幾不欲生。歸里治喪，哭踊有禮，葬祭無違。三年服闋，左遷陽平關參將。陽平當川、貴孔道，防汛匪細。公創立望江樓」，以資瞭望。置漁舟網罟，寓偵探之意。地方肅清，行旅賴之。尋擢湖廣洞庭水師副將。汪洋湖面，奸弊叢生。公未雨綢繆，悉中要害。及諸當事推薦能員，公以材勇懋」勤居第一焉。三十三年二月，奉」特旨調福建澎湖水師副將。外廷召見」，上命射，公馳驟威神，發無不中。上喜語左右曰：“真將軍也。”問澎湖情形，公一一奏對，朗若列眉。就任四載，改調山東膠州營副將。越二月，又調直隷三屯營副將。公屢」蒙簡拔，疊受寵榮，感恩圖報，益切覆餗之懼。三十七年十月」，聖駕北巡，道出永平。公率屬接境上。上遙望即識爲公，駐蹕，命公步射。至行宮，賜御饌食物。詰旦，又命同諸鎮射，至三屯營，獨」召公進内，宣諭良久。不逾月，奉」旨陞宣化總兵。入朝謝，復召至御前，密語移時，出視宣府。宣府爲直隷要區」，聖駕往來必經之所，歲時因得瞻仰」天顏，頻承温語，間賜弓矢、御物、酒食無算。一日，駕至泥河，公進見畢，賜御宴一桌，又賜御書“撫訓安重”綾字匾額、《陋室銘》綾字一副，隆寵備至。他日」，和碩裕親王行圍懷來，公負弩矢郊迎。王親給黄帶一圍，弓矢鞍馬一副。黄帶子者，國法惟親王及内公侯、宗人得繫之，外間雖至貴重，不得與也。特以畀公，且」諭之曰：“此帶出主上意，非我所敢私，今以賜卿，卿其勉之！”公望闕叩頭謝，次謝王，王大悦。皇子四貝勒避署口外，公接見，蒙貝勒注問，賞出食物數種」、凉帽一頂，親書“干城偉器”綾字扁額一幅，旋降敕加公爲榮禄大夫、提督直隷宣化等處地方總兵官、都督僉事，賜銀印一顆、御製《古文淵鑒》一部。舊例，直」隷無提督官，帝意欲大用公，謂北門鎖鑰，非公不可，故特加提督，俾仍守宣化，以彰恩寵云。是年三月，恭遇萬壽聖節，覃恩貤封三代，贈公曾祖、祖父俱」爲榮禄大夫，如其官；曾祖母、祖母、母俱爲一品夫人，如其制。公受

為榮祿大夫如其官曾祖母祖母母俱烏一品夫人如其制公愛
官因於沙城見上之時口稱臣苦病不堪任乞　上恩
獨倚窩捲或寧新居閒戶養瘠一切外務弄不與聞公烏人孝於親命
不易親而長厚無他華省宗敬上平不復服食薄于自奉茲子侄
歷泰魯共閱軍民盡得懽心役之旦聞苦哭不慟悼焉猶憶公烏總
祿以故公位極藩維而譖嗣居獨還得鶉縣入太學讀書加此
乞恩錄用上指諸大臣曰巡撫三鎮在此兩自擇所以從事者
來恭將是待初木學與公有舊好也公留意廉訪過謂余冠重任保
皇上鑒公公忠于臣作家例
持肯允行是非公號一之一心有以動之于茶雖感公知已恩然知公非植
一戰陣攻守吼所戚一二事資諮公公烏余後故古振今籤慕不遲黜騁
歸林余猶時昧遷諮之憶執謂天不怨道怒人遂姜心與徒坊號洪
終并無一言及于家事吶呷非悟生之理達性命之原者能如是
子有六元配上氏詰贈一品夫人繼配葉氏原任福建陸路提督王公蒋祥
出次聖廷太學生候銓州同玉氏誥封一品夫人副
太學生候仁一遊原任湖保天柱營參將劉公有謙子候銓府同知劉
生崔秉年晚在暱年俱昧宋氏出女四
今丹庭等以十一月十七日葬公余既歷叙其樂而誌之回偏以
維師尚父奪應賜琮源滾滾行澤長公祖若父起南方諮厲孫謀懷
王師尉姚梁公也執戈從戎行奕奕熟名動朝鄉九遺要地鎮嚴疆
永子知公忠且良恩榮寵錫異尋常三鑒固效二豎狂
賜狀元及第鎮守山西大同統輻雁門三關等處地方束務掛印總兵官
賜進士出身翰林院庶吉士年小侄謝王寵頌首拜書
賜進士此身知山東濟南府海豐縣事年小侄趙昌頌首拜篆

局部

恩感激，以身許國。然年漸向衰，勞瘁彌甚，而疾作矣。王事不遑，精力莫繼，邊疆重地，深慮曠」官。因於沙城見上之時，口稱："臣老病不堪任，乞賜罷斥。"上慰留再四。逾時，疾益甚，不得已，繕疏懇辭」。上覽奏，憫其真誠，乃准以原官致仕，時四十四年冬十一月也。公聞命，望闕謝，即日解印綬上之。俟交待畢，遂力疾肩輿而歸。歸而以舊家田里盡付兩弟、諸姪，而」獨僑寓於咸寧新居，閉戶養疴，一切外務，屏不與聞。公爲人孝於親，友於弟，篤于戚黨，好善樂施，出于至誠。獨不喜濫交，自服官至解組，門無雜賓。蓋簡峭寡合，雖」不易親，而長厚無他，率皆崇敬。生平不侈服食，薄于自奉。教諸子循循守禮，不使干預人事。嘗曰："大丈夫生天地間，須自致通顯，不可倚祖父餘蔭，濫叨朝廷爵」祿。"以故公位極藩鎮，而諸嗣君獨不得襲爵土，令入太學讀書，如此而已。任官三十餘年，清勤仁恕，尚氣節，敦信義，切直自將，不爲勢位所屈。拔材于衆，不爲己惠」。歷秦、魯、楚、閩，軍民盡得歡心。殁之日，聞者莫不慟悼焉。猶憶公爲總鎮時，主上出幸，下花園撫臣，三鎮咸從，有叩閽人郝九祥，自稱河南籍，積有軍功，未蒙拔擢」，乞恩録用。上指諸大臣曰："巡撫三鎮在此，爾自擇所以從事者。"九祥奏："總兵尚廉明，臣願隸標下。"由此言之，則公之信服于人者衆矣。往歲，余以匪才叨授懷」來參將，是時初未嘗與公有舊好也。公留意廉訪，過謂余可重任，保舉爲張家口協鎮」。皇上鑒公，公忠於已停之例」，特旨允行。是非公誠一之心，有以動之乎？余雖感公知己恩，然知公非植桃李于私門，余亦何敢拜恩于私室？洎以公事謁公，見公神武邁衆，指陳利弊，無弗中肯，因舉」戰陣攻守夙所疑一二事質諸公。公爲余援古報今，纖悉不遺，馳騁孫、吳，驅使良、平。余始驚嘆爲不可及。遲日，乃得執贄門下。公亦推誠樂育，與爲莫逆。即公散髮」歸林，余猶時時遥諗之。噫！孰謂天不憖遺，哲人遽萎，心喪徒切，號泣何從，傷哉！聞公疾革時，尚自草遺疏，疏就，更衣冠，俾左右扶至中庭，面闕再拜，返室端坐而」終，并無一言及于家事。嗚呼！非悟死生之理，達性命之原者，能如是哉！公生於明崇禎丙子十二月二十三日卯時，卒於今康熙辛卯三月初九日亥時，享壽七」十有六。元配王氏，誥贈一品夫人。繼配葉氏，誥封一品夫人。副室楊氏、朱氏。子男五：長丹庭，太學生，候銓州同，娶程氏，江南癸酉科舉人程公以儼女，葉夫人」出；次聖庭，太學生，候銓州同，娶王氏，原任福建陸路提督王公萬祥女，楊氏出；三芝庭，太學生，候銓州同，娶顧氏，候銓國子監助教顧公文炳妹，葉夫人出；五明庭②」，太學生，候銓州同，六鳳庭③，習擧子業，尚在髫年，俱未聘，朱氏出。女四：一適原任福建汀州總兵王公國興子太學生王弼，一適原任湖廣辰州協鎮崔公耀子太學」生崔秉仁，一適原任湖廣天柱營參將劉公有謙子候銓府同知劉元勳，一適候銓州同齊公興學子戊子科舉人齊琤。孫仁，幼，未聘，丹庭出。孫女幼，未字，聖庭出」。今丹庭等，以十一月十七日葬公，余既歷叙其概而誌之，因係以銘。銘曰」：

維師尚父奮鷹揚，璇源流灝衍澤長。公祖若父起西方，詒厥孫謀熾而昌。丕振家聲惟公强，隋珠卞玉豈終藏。於鑠」王師討跳梁，公也執戟從戎行。奕奕勳名動廟廊，九遷要地鎮嚴疆」。天子知公忠且良，恩榮寵賜異尋常。三竪罔效二竪狂，公也解綬辭金章。于唐功業擬汾陽，于漢避穀比子房。吁嗟大星隕崇崗，公騎箕尾白雲鄉。萬年卜兆永殁」光，漆燈閃閃隱干將」。

賜狀元及第鎮守山西大同統轄雁門三關等處地方軍務掛印總兵官左都督加二級門人張文焕頓首拜撰」

賜進士出身翰林院庶吉士年小姪謝王寵頓首拜書」

賜進士出身知山東濟南府海豐縣事年小姪趙昌頓首拜篆」

孝男丹庭等泣血上石」

校勘記

①棲鳳，當爲"鳳棲"之倒乙。

②五，據上文當作"四"。

③六，據上文當作"五"。

按

誌主尚宣，雍正《陝西通志》、嘉慶《直隸太倉州志》有傳。記載略同。尚宣參與平王輔臣叛有功起家。誌云"康熙癸丑"，癸丑爲十二年，誤，王輔臣據平涼叛在十三年（1674）。

撰者張文焕，乾隆《寧夏府志》："字燦如，康熙辛未（1691）武狀元，授二等侍衛。任山西大同總兵……以功陞提督，署雲貴總督。以目疾致仕，卒於家。"

714.1716　程正李墓誌

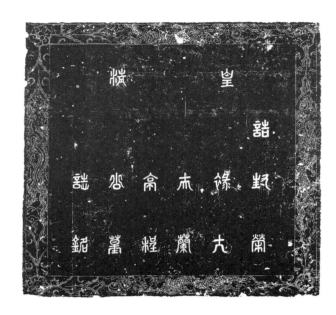

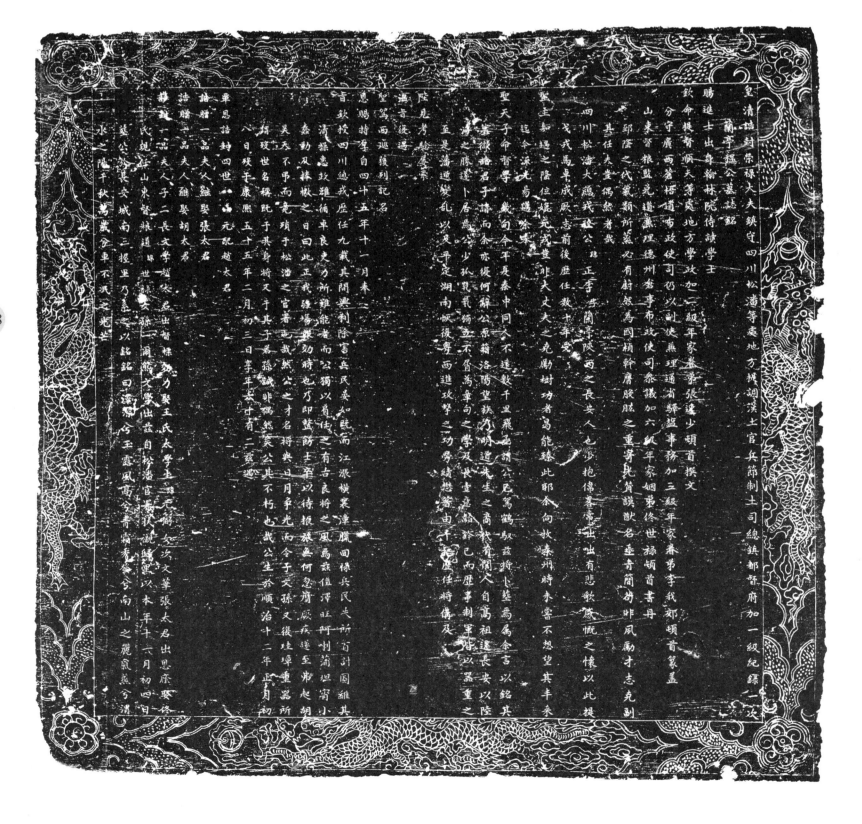

説 明

清康熙五十五年（1716）十一月刻。誌、蓋均長方形。蓋長82厘米，寬79厘米；誌長81厘米，寬79厘米。蓋文6行，滿行2字，篆書“皇清」誥封榮」禄大」夫蘭」亭程」公墓」誌銘”。誌文楷書33行，滿行38字。張逸少撰文，佟世禄書丹，李我郊篆蓋。蓋四殺及誌四側均飾雲龍紋，四角飾寶相紋。出土具體時、地不詳。現存西安博物院。《新中國出土墓誌（陝西叁）》著録。

釋 文

皇清誥封榮禄大夫鎮守四川松潘等處地方提調漢土官兵節制土司總鎮都督府加一級紀録一次」蘭亭程公墓誌銘」

賜進士出身翰林院侍讀學士」欽命提督順天等處地方學政加二級年家眷弟張逸少頓首撰文」

分守廣西蒼梧道布政使司仍以副使兼理通省驛鹽事務加三級年家眷弟李我郊頓首篆盖」

山東督糧監兑道兼理德州倉事布政使司參議加六級年家姻弟佟世禄頓首書丹」

郅隆之代，氣類所蒸，必有蔚然爲國楨幹，膺股肱之重寄，光贊謨猷，名垂青簡，苟非夙勵才志、克副」其任，夫豈偶然者哉」! 四川松潘大總戎程公諱正李，字蘭亭，陝西之長安人也。少抱偉略，常咄咄有悲歌感慨之懷，以此提」戈戎馬，卓成厥志，前後歷任數十年，受」聖主知遇之隆，位媲元戎，豈非大丈夫之克勵樹功者，曷能臻此耶? 余向牧秦州時，未嘗不想望其丰采」。迄今流光易邁，余奉」聖天子命，督學畿甸。今年夏，秦中同人不遠數千里飛函，謂公已駕鶴馭，兹將卜葬焉，属余言以銘其」墓。微諸君子請，而余亦復何辭。公原籍洛陽望族，乃明道先生之裔，代有聞人。自高祖遷長安，以陸」海之勝，遂卜居焉。公少孤，煢煢獨立，不屑爲章句之學。及長，壹意韜鈐。已而歷事制軍，皆以器重之」。至是，藩逆變亂，以及平定湖南，恢復粤西，進攻擊之功，勞績懋著。由千把歷任將，備及」陛見考驗，屢蒙」温旨。復遇」聖駕西巡，獲列記名」，恩賜特厚。自四十五年十一月奉」旨欽授四川總戎，歷任九載。其間興利除害，兵民晏如。既而江漲橫襄，漳臘回禄，兵民失所，百計圖維。其」清操惠政，雖循卓良吏力所難能者，而公獨以肩任之，有古良將之風焉。兹值澤旺阿喇蒲坦宵小」蠢動，及捧檄之日，曰：“此正我疆場報效時也。”乃即整飭士卒，以待振旅。無何，忽膺厥疾，遂至弗起。胡」昊天不吊，而竟殞于松潘之官署也哉。然公之才名將與日月爭光，而令子文孫又復珪璋重器，所」謂歿世名稱，既于其身，將又于其子若孫，誠非偶然矣，公其不朽也哉。公生於順治十二年正月初」八日，歿于康熙五十五年二月初三日，享年六十有二。兹遇」覃恩，誥封四世。元配趙太君」，誥贈一品夫人，繼娶張太君」，誥贈一品夫人，繼娶胡太君」，誥封一品夫人。子二：長文學，趙太君出，督標效力，娶王氏，太學生諱元弼女；次文華，張太君出，恩廕，娶佟」氏，現任山東督糧道諱世禄女。孫一，爾熊，文學出。兹自松潘官署扶櫬歸里，以本年十一月初四日」，葬公於長安城南三握里。乃系之以銘，銘曰：

澤深兮玉露，風高兮青霜。秀發兮南山之麓，氣蒸兮渭」水之陽，千秋萬歲兮車不泯之光芒」。

按

誌主程正李，史無傳。此墓誌所叙其事迹可補史之闕。

撰者張逸少，字天門，號青山，江蘇鎮江丹徒人。《康熙字典》總裁官張玉書之子。曾任《廣群芳譜》《淵鑒類函》之校録官。

715.1720　陰家河祖師殿碑記

説　明

清康熙五十九年（1720）四月刻。碑長方形。長77厘米，寬35厘米。正文楷書39行，滿行15字。陰慶撰文，陰□遠書丹。現存銅川耀州區陰家河村。

釋　文

陰家河祖師殿碑記」

吾族自遠祖以来，卜居於州城西北數」里許，地近沮水，茂林陰森，盖樂土也。數」傳而後，族益蕃衍昌大，居是土者，雖間」以他□，而吾族甚夥，故以氏冠元堡曰「陰家河」云。堡成，而卜地於堡之東，建」祖師廟數楹，以爲一方保障。先君知保」德州時，世變滄桑，流寇肆起，夜夢」關帝呵護，城池幸保無虞。歸，即庀材鳩」工，建祠于殿之東。先兄孝廉公又□」□衣□畫像于西。覓僧住持，焚香頂礼」。以故望氣者謂風水山川之盛，于斯稱」最焉。嗣□數十年有崔僧者，卓錫于是」。僧圓寂，而徒若孫蓄髮還俗矣。又覓楊」僧住持，于五十七年歸空。其徒性明甫」十餘歲，恐幼弱沙弥不克繼師志，陰慶」、陰淙等遂結會輸金，極力維持香火，饗」食之資，設法佐理。堡人嘉亓善念，相與」有成也，咸□願扶持，不致神人遺恫」。爰勒諸石，俾居是土者，隨其願力之所」能，捨施□全，捍患扶危，令弱僧有所依」□，不至復蹈前轍，有負先人創造辛勤」之意耳。惟神有靈，庸詎無所保護。异」日者，師而弟又而孫，象教豐隆，香煙輻」輳，虔報賽錫，純嘏其利，賴我堡人也，豈」淺鮮哉？敢以余言爲諸君子□□云」。

時」康熙五十九年四月之吉」

郡庠生陰慶撰，男□遠書」

原會人：

陰藻、陰展、陰慶、陰鍾煥、陰繼先、陰章、陰嗣□、陰蕃、陰我持、陰澤遠、陰孝、陰敬先、陰曙、陰偕律、陰光」

新會人：

陰湛、辛輔奇、李義恭、陰博、陰□藏、陰附鳳、陰澤溥、陰調虬、陰車、陰世傑、陰澤芳、陰韋」

按

此碑史無記載。其所叙銅川耀州陰氏家族之遷徙史及陰家河堡之由來，對於考證耀州陰氏家族之歷史及祖師殿之設立，具有一定的史料價值。

716.1724　御製朋黨論

説明

清雍正二年（1724）六月刻。碑圓首。通高239厘米，寬68厘米。碑首緩刻二龍戲珠紋，中篆書"御製"二字。正文楷書26行，滿行78字。清世宗愛新覺羅胤禛撰文。碑身四周飾波浪紋。現存韓城市博物館。

釋文

御製朋黨論」

朕惟天尊地卑，而君臣之分定。爲人臣者，義當惟知有君。惟知有君，則其情固結不可解，而能與君同好惡。夫是之謂"一德一心"，而上下交。乃有心懷二三，不能與君同好惡，以至於上下之情暌，而尊卑之」分逆，則皆朋黨之習爲之害也。夫人君之好惡，惟求其至公而已矣。凡用舍進退，孰不以其爲賢而進之，以其爲不賢而退之。惟或恐其所見之未盡當也，故虛其心以博稽衆論，然必衆論盡歸於至正，而」人君從之，方合於大公。若朋黨之徒，挾偏私以惑主聽，而人君或誤用之，則是以至公之心，反成其爲至私之事矣。孟子論國君之進賢退不肖，既合左右諸大夫國人之論，而必加察焉，以親見其賢否之」實。《洪範》稽疑，以謀及乃心者，求卿士庶民之從，而皇極敷言，必戒其好惡偏黨，以歸於王道之蕩平正直。若是乎人君之不自用，而必欲盡化天下之偏私以成大同也，人臣乃敢溺私心，樹朋黨，各狥其好」惡以爲是非，至使人君懲偏聽之生奸，謂反不如獨見之公也。朋黨之罪，可勝誅乎。我」聖祖仁皇帝御極六十年，用人行政，邁越千古帝王。而大小臣僚，未能盡矢公忠，往往要朋結黨」。聖祖戒飭再三，未能盡改。朕即位以來，屢加申飭，而此風尚存。彼不顧好惡之公，而狥其私暱，牢不可破。上用一人，則相與議之曰：是某所汲引者也。於是乎遠之若浼，曰吾避嫌也，不附勢也。爭懷妒心，交騰謗」口，以媒蘗之，必欲去之而後快。上去一人，則相與議之曰：是某所中傷者也。親暱者爲之惋惜，疏遠者亦慰藉稱屈。即素有嫌隙者，至此反致其殷勤，欲藉以釋憾而修好。求一人責其改過自新者，無有也」。於是乎其人亦不復自知其過惡，而愈以滋其怨上之心。是朝廷之賞罰黜陟，不足爲重輕，而轉以黨人之咨嗟歎息爲榮。以黨人之指摘詆訾爲辱，亂天下之公是公非，作好惡以陰撓人主予奪之□。朋」黨之爲害，一至是哉。且使人主之好惡，而果有未公，則何不面折廷諍，而爲是陽奉陰違，以遂其植黨營私之計也。《書》曰："予違汝弼，汝無面從，退有後言。"當時君臣告語，望其匡弼，而以面從後言爲戒。夫是」故一堂之上，都俞吁咈，用能賡歌颺拜，以成太和之運。朕無日不延見群臣，造膝陳詞，何事不可盡達，顧乃默無獻替。而狡獪叵測，蓄私見以肆爲後言。事君之義，當如是乎。古純臣之事君也，必期致吾君」於堯舜，而人君亦當以堯舜自待其身。豈惟當以堯舜待其身，亦當以皋夔稷契待其臣。《孟子》曰："責難於君謂之恭，陳善閉邪謂之敬，吾君不能謂之賊。"夫以吾君不能而謂之賊，則爲君者，以吾臣不能亦」當謂之忍。語云："取法乎上，僅得乎中。"苟不以唐虞君臣相期待，而區區效法，僅在漢唐以下，是烏能廓然盡去其私心，而悉合乎大公至正之則哉! 宋歐陽修《朋黨論》創爲邪説曰："君子以同道爲朋。"夫罔上」行私，安得爲道? 修之所謂道，亦小人之道耳。自有此論，而小人之爲朋者，皆得假同道之名，以濟其同利之實。朕以爲君子無朋，惟小人則有之。且如修之論，將使終其黨者，則爲君子。解散而不終於黨者」，反爲小人。朋黨之風，至於流極而不可挽，實修階之屬也。設修在今日而爲此論，朕必誅之以正其惑。世之罪，大抵文人掉弄筆舌，但求騁其才辯，每至害理傷道而不恤。惟《六經》《語》《孟》及宋五子傳注，可奉」爲典要。《論語》謂"君子不黨"；在《易·渙》之六四曰"渙其群，元吉"，朱子謂"上承九五，下無應與，爲能散其朋黨之象，大善而吉"。然則君子之必無朋黨，而朋黨之必貴解散，以求元吉。聖人之垂訓，亦既明且切矣。夫」朋友亦五倫之一，朋黨不可有，而朋友之道不可無。然惟草茅伏處之時，恒資其講習以相伙助。今既登朝蒞官，則君臣爲公義，而朋友爲私情。人臣當以公滅私，豈得稍顧私情而違公義? 且即以君親之」並重，而出身事主，則以其身致之於君，而尚不能爲父母有，況朋友乎，況可藉口於朋以怙其黨乎。朕自四十五年來，一切情僞，無不洞矚。今臨御之後，思移風易俗，躋斯世於熙皞之盛，故兼聽並觀，周詢」博採，以詳悉世務，且熟察風俗之變易與否。而無知小人，輒議朕爲煩苛瑣細。有云人君不當親庶務者，信若斯言，則《皋陶》之陳謨，何以云一日二日萬幾；孔子之贊舜，何以云好問好察。此皆朋黨之錮習」未去，畏人君之英察，而欲蒙蔽耳目，以自便其好惡之私焉耳。朕在藩邸時，坦易光明，不樹私恩小惠，與滿漢臣工素無交與。有欲往來門下者，嚴加拒絶」。聖祖鑒朕居心行事公正無私，故令纘承大統。今之好爲朋黨者，不過冀其攀援扶植，緩急可恃，而不知其無益也。徒自逆天悖義，以陷於誅絶之罪，亦甚可憫矣。朕願滿漢文武大小諸臣，合爲一心，共竭忠悃」，與君同其好惡之公，恪遵《大易》《論語》之明訓，而盡去其朋比黨援之積習，庶肅然有以凛尊卑之分，歡然有以合上下之情。虞廷賡歌颺拜，明良喜起之休風，豈不再見於今日哉」!

雍正二年六月初一日」

韓城縣知縣龔之琦、縣丞臣梁元、典史臣舒永、教諭臣高夢傅、訓導臣張宧欽遵立石」

按

《御製朋黨論》是清雍正皇帝爲駁斥宋歐陽修《朋黨論》所作，目的在於整飭風紀，打擊朋黨，加强思想統治。

當釐至縣正堂朱　為詳請學政之規以端士風以崇正學事事

本府正堂加一級王　帖文奉

陝西市政司劄付蒙

撫兩部院察驗准　禮部咨儀制清吏司案呈禮科抄出本部議覆湖北學政淩如煌

泰禰大叢林及全真道院內禪僧道士多至百十餘人伊等素不爲僧綱道紀所管轄

俱應於本寺觀中公舉一人責令管束尚其中僧道有不守清規者即令其束公懲戒

其管束之人若疎忽徇隱一併分別治罪等因到縣奉此查樓觀堂全真道人梁一亮

素行端方通曉經義堪應此任合行給碑叢查爲此碑仰監院道人梁一亮遵照

部文內奉

一事理即在於所管各觀中道士內不時稽查倘有妄爲生事不守清規之人即行秉公

懲戒如再不遵許即稟報以憑大法究處立刻驅逐須至碑者

右碑給付終南山古樓觀說經臺監院道人梁一亮進此

雍正八年四月十二六日　立石

説 明

清雍正八年（1730）四月刻。碑高67厘米，寬35厘米。正文楷書13行，滿行33字。現存周至縣樓觀臺。《樓觀臺道教碑石》著録。

釋 文

署盩厔縣正堂朱，爲詳請學政之規，以端士風，以崇正學事，奉」本府正堂加一級王帖文，奉」陝西布政司劄付，蒙」督、撫兩部院案驗，准禮部咨儀制清吏司案呈禮科抄出，本部議覆：湖北學政凌如焕」奏稱"大叢林及全真道院内，禪僧道士多至百十餘人，伊等素不爲僧綱道紀所管轄"，俱應於本寺觀中公舉一人，責令管束。倘其中僧道有不守清規者，即令其秉公懲戒"。其管束之人若疏忽狥隱，一併分别治罪"等因到縣，奉此查樓觀臺全真道人梁一亮"，素行端方，通曉經義，堪應此任，合行給牌嚴查，爲此牌。仰監院道人梁一亮遵照」部文，内奉」事理，即在於所管各觀中道士内，不時稽查，倘有妄爲生事，不守清規之人，即行秉公」懲戒。如再不遵，許即禀報，以憑大法究處，立刻驅逐。須至牌者」

右牌，給付終南山古樓觀説經臺監院道人梁一亮，准此」

雍正八年四月十六日立石」

按

此爲朝廷給梁一亮任職公文，令其管理樓觀臺内事務。由此碑可知，樓觀臺清時尚有禪僧道士共處，屬多宗教融合之地。

西陸来奉使經此古湿泉沸詠陽沐浴潜疑陰

火逓瀲波千點雪激底一泓天可支纎埃浄能教

積滞指神切元一丞靈蹟儼雙仙瑩潔洪鑪翁

滄溟銀漢連靈委求素如仿彿玉丁芉風珮搖聲

細雲縈䁔影姸鴻瀁浮玉秀瀲瀧泫珠澗下上華

清月東西絗嶺烟寶箴張道濟綺語杜甚川宫忱初

驪山温泉作

唐建名嶠正觀年

説 明

清雍正十二至十三年（1734~1735）間刻。碑螭首龜趺。高380厘米，寬94厘米。正文行書7行，行字不等。果親王胤禮撰文并書丹。右上角鈐"好山園"印，左下角鈐"君子不鏡于水而鏡于人"及"果親王寶"兩方印。現存西安碑林博物館。《西安碑林全集》著録。

釋 文

西陲來奉使，經此古温泉。沸訝陽冰涣，潛疑陰」火然。濺波千點雪，澈底一泓天。可使纖埃净，能教」積滯捐。神功元一氣，靈蹟儼雙仙。蕩滌洪壚翕」，滄涵銀漢連。虛無來素女，仿佛遇丁芊。風佩摇聲」細，雲鬟照影妍。鴻濛浮玉海，瀲灩泛珠淵。下上華」清月，東西繡嶺烟。寶箴張道濟，綺語杜樊川。宮憐初」唐建，名垂正觀年。

驪山温泉作」

按

撰、書者果親王胤禮，康熙第十七子。據《清史稿》等記載，他於雍正六年（1728）二月封爲果親王，據其日記所載，十二年（1734）七月受命，十月出發，奉使泰寧，并至直隷、山西、陝西、四川閲兵，歷時超過六個月。十二年十一月初六至臨潼，登驪山之巔，沐浴温泉，有"飛流瑩澈，湔滌神襟，覺山水有清音耳"之語。從四川返回時，於十三年四月初一經過臨潼，然未作停留。因此此詩當爲十二年所作。其一路作詩多首，俱勒石，則此詩勒石當在是年十一月初六後至明年四月間。胤禮工書法、善詩詞，著有《春和堂集》《静遠齋集》《奉使紀行詩集》等。

遭逢魚水自南陽　將相才無管樂

長羽扇風流看節制　草廬雲臥裕

籌量丹心一片安炎鼎　浩氣千秋

壯蜀疆廟貌嵯峨　汧水側入門瞻

拜肅冠裳

和碩果親王題

説 明

清雍正十三年（1735）刻。碑螭首方座。通高283厘米，寬87厘米。正文楷書5行，滿行13字。果親王胤禮撰文并書丹。右上角鈐“尚友山房”印，左下角鈐“沾膏挹露長樂太平年”及“和碩果親王寶”兩方印。額飾二龍戲珠圖案。現存漢中市勉縣諸葛武侯祠。《漢中碑石》著録。

釋 文

遭逢魚水自南陽，將相才兼管樂」長。羽扇風流看節制，草廬雲卧裕」籌量。丹心一片安炎鼎，浩氣千秋」壯蜀疆。廟貌嵯峨沔水側，入門瞻」拜肅冠裳。

和碩果親王題」

按

武侯祠，位於勉縣城西。與武侯墓隔漢江相對。景耀六年（263）爲紀念諸葛亮，蜀漢後主下詔立祠，創建了第一座武侯祠。

凡我農人勤耕耘天時地利不如人勤一歲之計必先於春一日之計必先於寅及時而勤無或因循愛惜耕牛無於重身預治
田罷耒耜如新弊在初冬耕在清晨土鬆露潤糞肥力勻種來節氣或目上司耕不歇深鋤不歇頻草除必盡務玄其根春耕遲遲
秋耕就溫閒溿作塾蓄凌維毅捕蟲逐鼠載馳載奔五穀麻棉繽紛如雲廣及園圃多植松筠桼杏梨棗瓜蔬爆陳嘉實美利慶洽
神人聽凡我農人听貴儉奇滿籌滿車終歲之力以偹荒歉必有餘積苟或浪費必至窘迫稱貸於人艱難出息即有餘粟親隣周
牛種相資水利必均守望相助氣雖強梁竊盜災及其身無樂六畜言稼生嗔慎母通糧奉上忠君慎欠耕耘食祖之家念農苦辛慎勿取盈
意豈可修廉實易秦稷僧道巫師妄施何益謹慎火燭提防盜賊儉約慎密民之美德凡我農人孝養爾親既和弟昆宜睦鄉鄰
荒歉均分若非屢豐皆有常職男勤外事女勤內治中饋紛績相助為理慎勿游惰志志嚴戒賭博狡詐致禍之因無侵彼界以已廢人無攘
習工藝或習商賈皆有常職勤勞外事女勤內治中饋紛績相助為理慎勿游情覽心志嚴戒賭博放縱怦後浪游彈唱沉酒酒
食連禁取利愍闇使氣教詞訟諮婬交匪人妄言生事保其身家慎勿為此守業永安田里
右勸農俚歌四章寬承之歸邑所著以教里民者也俗副無父不堪問世顧念成王以磐石之德天子之賢周公猶恐未知稼
稽之粮雜儉陳后稷公劉風化之所由使瞽矇朝夕諷誦以教之則農人務本力穡居家廢目立身涉世之概凡我隣里凡我
鄉黨听嘗苗為講完旨勸勉者也囚不計詞之迂拙意之淺近樹石碑林俾有事南面觸目警心母廢
時日母即悄涼母不孝不弟毋不義不仁為國家上農務草塾良民庶有得析疆歡七月周公誥戒成王之惹也夫
雍正十有三季歲次乙卯八月中秋

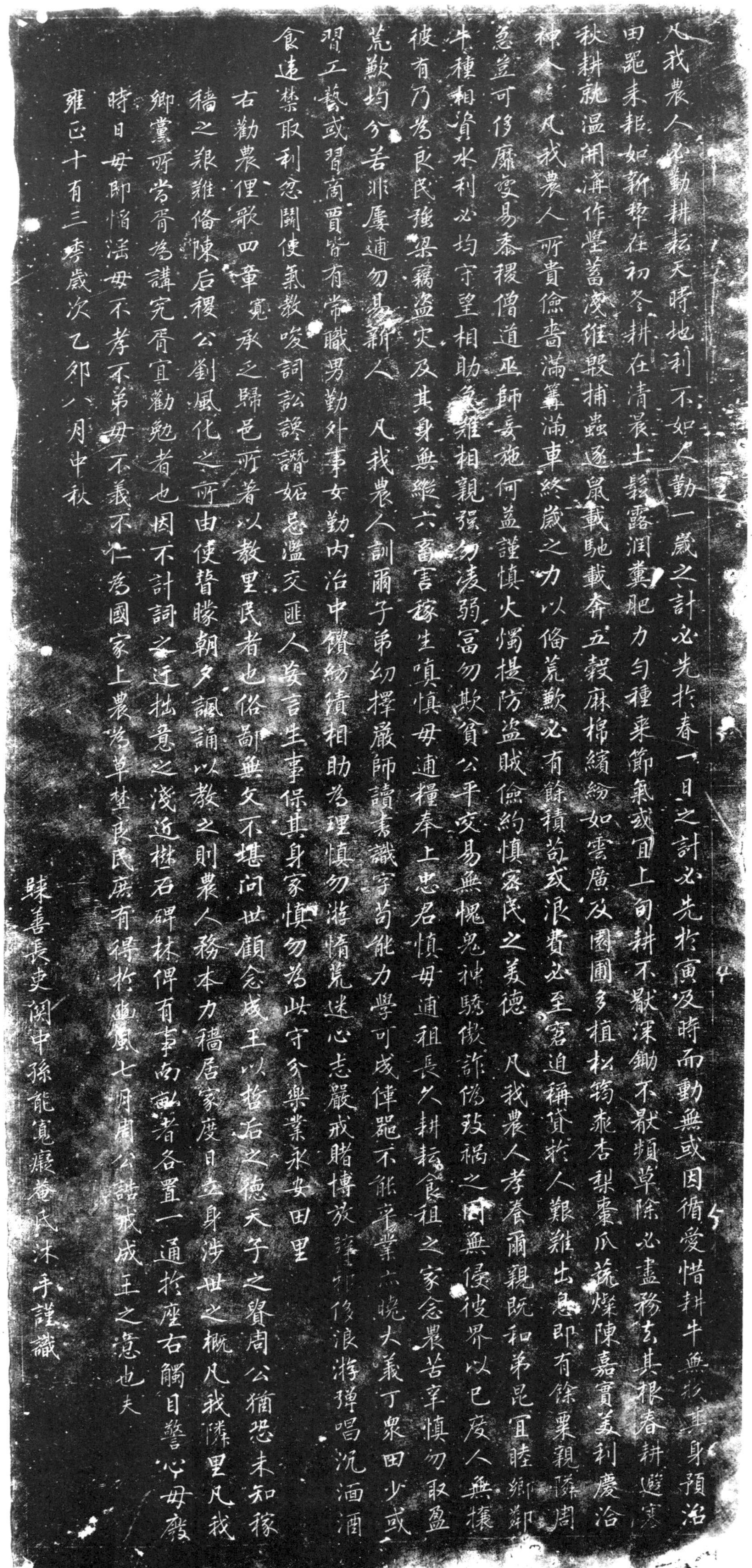

�'t善長史關中孫能寬寵舊菴氏沐手謹識

説 明

清雍正十三年（1735）八月刻。碑高219厘米，寬82厘米。正文行書16行，滿行50字。孫能寬撰文、書丹并題跋。現存西安碑林博物館。《西安碑林全集》著録。

釋 文

凡我農人，必勤耕耘。天時地利，不如人勤。一歲之計，必先於春。一日之計，必先於寅。及時而動，無或因循。愛惜耕牛，無戕其身。預治」田器，耒耜如新。犂在初冬，耕在清晨。土鬆露潤，糞肥力勻。種乘節氣，或宜上旬。耕不厭深，鋤不厭頻。草除必盡，務去其根。春耕避寒」，秋耕就温。開溝作塍，蓄淺維殷。捕蟲逐鼠，載馳載奔。五穀麻棉，繽紛如雲。廣及園圃，多植松筠。桃杏梨棗，瓜蔬燦陳。嘉實美利，慶洽」神人。

凡我農人，所貴儉嗇。滿篝滿車，終歲之力。以備荒歉，必有餘積。苟或浪費，必至窘迫。稱貸於人，艱難出息。即有餘粟，親鄰周」急。豈可侈靡，變易黍稷。僧道巫師，妄施何益。謹慎火燭，提防盜賊。儉約慎密，民之美德。

凡我農人，孝養爾親。既和弟昆，宜睦鄉鄰」。牛種相資，水利必均。守望相助，急難相親。強勿凌弱，富勿欺貧。公平交易，無愧鬼神。驕傲詐僞，致禍之因。無侵彼界，以己度人。無攘」彼有，乃爲良民。強梁竊盜，灾及其身。無縱六畜，害稼生嗔。慎毋逋糧，奉上忠君。慎毋逋租，長久耕耘。食租之家，念農苦辛。慎勿取盈」，荒歉均分。若非屢逋，勿易新人。

凡我農人，訓爾子弟。幼擇嚴師，讀書識字。苟能力學，可成偉器。不能卒業，亦曉大義。丁衆田少，或」習工藝，或習商賈，皆有常職。男勤外事，女勤内治。中饋紡績，相助爲理。慎勿游惰，荒迷心志。嚴戒賭博，放辟邪侈。浪游彈唱，沉湎酒」食。違禁取利，忿鬬使氣。教唆詞訟，讒譖妬忌。濫交匪人，妄言生事。保其身家，慎勿爲此。守分樂業，永安田里」。

右勸農俚歌四章，寬承乏歸邑，所著以教里民者也。俗鄙無文，不堪問世。顧念成王以哲后之德、天子之貴，周公猶恐未知稼」穡之艱難，備陳后稷、公劉風化之所由，使瞽矇朝夕諷誦以教之，則農人務本力穡，居家度日，立身涉世之概，凡我鄰里、凡我」鄉黨所當胥爲講究、胥宜勸勉者也。因不計詞之迂拙，意之淺近，樹石碑林，俾有事南畝者各置一通於座右，觸目驚心，毋廢」時日，毋即惰淫，毋不孝不弟，毋不義不仁，爲國家上農，爲草埜良民，庶有得於《豳風·七月》周公誥戒成王之意也夫」。

雍正十有三年歲次乙卯八月中秋」

歸善長吏關中孫能寬癡菴氏沐手謹識」

按

撰、書者孫能寬，字子居，陝西咸寧人。康熙六十年（1721）任歸善縣令，修《歸善縣志》。又有雍正六年（1728）書《朱子家訓》，亦藏西安碑林博物館。

721.1735　重修古樓觀説經臺記

重脩説經臺記

重脩古樓觀説經臺記

秦中自咸陽迤邐奉漢隋唐咸為都會故觀宇之盛甲於天下然其最古而為世所仰者則莫若整座之樓觀經臺為老子開尹二真人授道著書之
書邪謂三十六洞天之一七十二福地之首是也其地在縣東南三十里南倚終南之麓址帶渭水西隣仙谷東距元　　　
尹真人喜為周康王時大夫本天水人應覽星氣見西谷有紫元東來因衆為關令後果遇老于入關即延謂
樓説五千言以授之標道德之宗暢無為之旨洛天地元同造化道家之派源由茲傳而弥彰矣至穆王時召其人之後尹軌復居艸樓因名樓觀咸樓謂
之名由始也稍南有説經臺老于説道德經以援尹真人竈也一名异仙臺竈有繫牛柏及針杂二柏令尚有存者可見真人遺跡千載以供屬掃真人
時托樓嵩竈老于廟此廟之所由肪漢仍奉道陶弘景率更所謂泰漢以來廟祀相継不絕是也晋元康時更加修飾雖未萬株於三百以供瞻禮真人
道托斯大頽後親考灵時又增置徒侶搆宮以則靈業聞内人則業閣内人則靈閣内以　　　　　　至隨開皇移敕新其廟宇刻四體篆書文廟
　　　　　　　　　　　 　　　　　　 　　　　　　本朝自康熙間縣令章秦重修後經四十餘年

説 明

清雍正十三年（1735）四月刻。碑螭首方座。高306厘米，寬98厘米。額文2行，滿行3字，篆書"重修説」經臺記"。正文楷書25行，滿行59字。朱文炳撰文，王容書丹，張松齡篆額。現存周至縣樓觀臺。《樓觀臺道教碑石》著録。

釋 文

重修古樓觀説經臺記

闔邑士庶公同立石」

秦中自成周後，歷秦漢隋唐，咸爲都會，故觀宇之盛，甲於天下。然其最古而爲世所仰者，則莫若盩屋之樓觀經臺，爲老子、關尹二真人授道著書之所，道」書所謂"三十六洞天之一，七十二福地之首"是也。其地在縣東南三十里，南倚終南之麓，北帶渭水，西鄰仙遊，東距天池，洵三秦之奧區，而上清之別館也」。尹真人喜爲周康王時大夫，本天水人，歷覽山川，遂於盩屋聞仙里結草樓以居。善覘星氣，見函谷有紫氣東來，因求爲關令。後果遇老子入關，即迎歸草」樓，説五千言以授之，標道德之宗，暢無爲之旨，包絡天地，元同造化，道家之宗派由兹闡而衍矣。至穆王時，召真人之後尹軌，復居草樓，因名"樓觀"，此樓觀」之名所由始也。稍南有説經臺，即老子説《道德經》以授尹真人處也。一名昇仙臺，舊有繫牛柏及針灸二柏，今尚有存者，可見真人遺迹千載不亡。秦始皇」時於樓南建老子廟，此廟之所由昉。漢仍秦舊，歐陽率更所謂"秦漢以來，廟祀相繼不絶"是也。晉元康時，更加修飾，蒔木萬株，給户三百，以供洒掃。真人之」道於斯大顯。後魏孝文時，又增置徒侶，搆宮以銀爲榜。後周定業關内，亦躬受五符。至隋開皇初，復新其廟宇，刻四體《道德經》於石，置諸廟中，更爲不朽盛」事。自唐迄宋，巋然常存。逮金之末，廟仍毁焉。元至正中，敕同塵真人增修殿宇，壯麗倍昔。道謙爲之記，掌教張志偉重篆刻《道德經》於石，高翿爲之書。又刻」米元章"第一山"三字，俱列庭下。迨明時，有煉師侯圓方重修之，旋毁於寇，耆民武應時等乃重葺之。本朝自康熙間縣令章泰重修後，經四十餘年，臺」廟漸頹。雍正七年，道士梁一亮字春風者，本順天宛平人，卓錫於斯，乃大興工作。其制有因舊者，曰啓元殿、四子堂、靈官祠；有改建者，迎仙門也；有創修者」，藏經閣、待儲洞。輔後建閣道以通來往，齋室以詣静修，雲堂以接大衆，廚舍、倉庫，莫不畢具，朱扉絳殿，丹光紫氣，雲日爲之生輝，山川爲之增麗。想斯地，尹」真人結樓之後，嬴秦創觀之始，歷漢晉以至於明，遞廢遞興，閱世幾何，閱人幾何，而乃大落成於今日。始於戊申，迄於乙卯，八載而始竣工，厥唯艱哉！且舊」之創建修葺者，咸出君上有司，則事猶易舉，工猶易成，而今乃出於道人一手之所拮据，則其事誠鉅，其力誠勤，其工之成，正可美而可傳也。余以戊申歲」承乏兹邑，公務之暇，常涉其地、登其臺、撫其柏、瞻其宮觀，尋洞天之真境，而低回嚮往焉。闔邑士庶嘉道士梁一亮建修之勤劬，欲勒諸貞珉以誌不朽，而」問記於余。余因叙其山川之勝，與歷代興廢之由，以至今日一亮成功之鉅，令後之覽者得以觀焉。至於二真人之微言妙旨，俱在經中，兹不復贅。然莊生」稱關尹、老聃爲博大，真人又云"以本爲精，以末爲粗，以有積爲不足，建之以常無有，主之以太乙，以濡弱謙下爲本，以空虛不毀萬物爲實"。觀是數言，亦可」以知其概矣。若一亮者，得無聞其風而悦之者耶？是爲記」。

大清雍正十三年歲次乙卯孟夏穀旦」

文林郎知西安府盩屋縣事朱文炳撰」

以知縣暫行佐理盩屋縣事王容書」

盩屋縣儒學教諭張松齡篆額」

署陝西固原鎮西鳳協盩屋營都司僉書事王培運」

盩屋縣儒學訓導郭瑞圖」

登仕佐郎贊政盩屋縣事紀録二次任思恩」

經臺十方接待叢林同心戮力道衆百有餘人不及，另書姓名」

頻陽高蘭廣、仇孔章鎸字」

按

正文叙樓觀臺山川之勝，創修、得名以及歷代興廢之由，詳細叙述了道人梁一亮重修説經臺之事。梁一亮，樓觀臺監院道人，本書收雍正八年（1730）其任職公文碣及乾隆十一年（1746）説經臺梁公道行碑銘。

撰者朱文炳，字豹來，順天大興人，雍正六年（1728）知盩屋縣事。事迹詳乾隆《西安府志》、光緒《順天府志》。

722.1740　馬義墓誌

說 明

清乾隆五年（1740）六月後刻。蓋盝形，誌正方形。誌、蓋尺寸相同，邊長均65厘米。蓋文7行，滿行6字，篆書"皇清誥授榮禄大」夫鎮守廣西右」江思恩泗城等」處地方總兵官」左都督加五級」顯考丹城府君」馬公墓誌銘」"。誌文楷書26行，滿行45字。楊超會撰文，王士瀚書丹，陳汝亨篆蓋。蓋四殺及誌四側均飾祥雲寶相花紋。出土具體時、地不詳。現存西安博物院。《新中國出土墓誌（陝西叁）》著録。

釋 文

皇清誥授榮禄大夫鎮守廣西右江思恩泗城等處地方總兵官左都督加五級丹城馬公墓誌」

賜進士出身兵部尚書總督兩江等處地方軍務總理糧餉操江兼都察院左都御史加七級年家眷弟楊超會頓首拜撰」

賜進士出身文林郎翰林院庶吉士加五級年家眷世侄王士瀚頓首拜書」

賜進士出身文林郎知四川成都府安縣事知縣加一級年家眷晚生陳汝亨頓首拜篆」

公諱義，字配道，號丹城，其先世本泗州人也。值有明革命，又龐公流離播遷，徙三秦，入關中，創業於長安而居焉。又」龐公生子三，公則其仲也。當太夫人見背，公始孩提，即哀毀絶食，痛不欲生。及又龐公棄世，公守官古北」，以不獲面訣爲恨。震哭數絶，幾成羸疾。稍長，處昆弟間，無私愛，無私蓄，友愛恭敬，數十年無間言。視猶子如己子，出其」禄俸之餘，俾完婚娶。其與朋友故舊，肝腸相共如手足，無稍緣飾，人服其信。蓋其孝友真摯，出於性成有如此者。年甫」冠，倜儻不群，有投筆封侯之志。又龐公見其器宇豪邁，亦不之强，由是隸戎行以圖進取。迨」聖祖西巡，選士以備宿衞，公遂得邀鑒拔，由擺呀喇出身，不次超擢而晋爵總戎。雖固遭遇之隆，亦公之才之德有以致」之也。自筮仕以來，敬事急公，練兵訓士，絶苞苴，嚴侵尅，恤鰥寡，捍强禦，種種懿行，不可枚舉。雖則人所難能，猶屬務虛」聲而鮮實效者所可能也。至若恤災祲，軫民瘼，釐奸剔弊，胆識過人。非有夙世之學術，安能有臨事之識力，而可以格」鬼神、邀」主知而繫人望也哉。東南之害河爲大，東南之利漕爲鉅。公任葦蕩，則先事以備泛溢，而無衝決漂没之患；任淮右，則親」身以督盤查，而無請託挾帶之私。其在西北也，暵旱，則齋心虔禱，而甘霖於焉立沛；歲饑，則達變通權，而民之軀命賴」以生。其在諸鎮也，重慶、松潘、右江，皆土酋苗彝雜處之區。土酋原不知書，公設法課讀，著有成效，條奏許其入學赴」科。苗彝性多反復無常，公推心置腹，無稍苛求。土酋苗彝感公之恩意忠信，靡不傾心向化。公没之日，土酋苗」彝、士民兵弁，號哭之聲，徹於閭巷。雖遠在數千里之外者，無不設位招魂，遣人致奠。向非公之自守謹嚴，待下有禮」，賞不循私，罰不任怨，何以感人之深，服人之遠，而生榮死哀若此也。通籍三十年，自奉甚約。聲色玩好，一無所注。惟知」忠孝報國，勤儉持家，誠信接物，慈惠馭衆。故其生平行事，無一不可對人言者。不特有古大臣之風，即律以聖賢之學」，又何愧焉。公生於康熙乙丑年正月二十六日酉時，卒於乾隆庚申年六月二十九日未時，享壽五十有六。娶李氏」，誥封一品夫人。生子五：長呈圖，國學生，娶楊氏，又娶陳氏；次玉圖，廩生，娶李氏；三負圖，國學生，娶鄭氏；四載圖、五貢圖，俱幼」，未聘。女一，適四川戊午科文舉人馮昭。孫男三：長殿一，聘沈氏，呈圖出；次殿元，玉圖出；三殿弼，負圖出。孫女三，俱呈圖」出。今卜其吉兆於亭子舖之陽而遷葬焉。余不敏，撮其大略而誌之，且爲之銘」。銘曰：

胆大心小，不曲不回。志圓行方，如霆如雷。立身行己，無怍無愧。一言一動，賢聖攸歸。所謂全人，舍公其誰」。

孝男呈圖、玉圖、負圖、載圖、貢圖，孫殿一、殿元、殿弼泣血上石」

按

誌主馬義，史載不詳。則誌所載其家族遷徙、馬公之生平事迹及任職爲官等，均可補史載之闕。其子馬玉圖墓誌見本書742.1773條。

重修教軍場記

説　明

清乾隆六年（1741）五月刻。碑高236厘米，寬93厘米。正文楷書17行，滿行51字。翟永祚撰文并書丹。四周飾蔓草紋。現存西安博物院。

釋　文

重修教軍場記｜

聞之子貢問政，而聖人告以足兵。盖兵者，王政之大經；而教練者，又足之要旨也。西安有教場，居城之西北隅，規模宏廠，寰廣數里。有｜堂五間，舊爲撫標訓練士卒之所。考諸碑記，重修於順治十二年，迄今八十餘載。風雨之所剝蝕，雀鼠之所穿漏，椽朽柱欹，臺崩垣仆｜，昔之訓士者皆因循不治，將鞠爲茂草，踐爲通衢矣。我｜撫軍張大人以兵部侍郎駐節是土，爲政期月，而民和年豐，乃取城之鐘、鼓二樓及雨旸禱禜之祠而聿新之。其明年，歲益豐，遂請於｜朝，舉會城而繕修焉。又明年，城工竣，乃召祚，使較計教場之費，而属護其工。闕者補之，壞者完之，敝者更之，築墻以蔽民居，立柵以通道路，築｜臺以顯指揮。朽壞夷而馳驅利，瓦礫除而羽鬖全。凡鳩工庀材，一出於營中公用，不擾民，亦不累兵。閱月而成，焕然一新。雖云葺舊，無｜異創始焉。凡我將士，來止於是者，其皆仰體我｜大人奮武之盛心，鼓舞振作。上勤於訓，下勤於學。坐作擊刺精其法，耳目心思一其志，以成節制之師，佐｜天子以盛行無外，庶有合乎聖人足兵之旨，而仰承｜大人教育之德於不衰也。僕亦與有榮施云。是爲記。

時｜乾隆六年歲次辛酉仲夏穀旦立｜

署理巡撫陝西部院中軍參將兼管左營事印務右營遊擊紀録一次帶軍功紀録二次翟永祚撰拜書｜

陝西撫標左營中軍守備加一級徐子茂，陝西撫標右營中軍守備紀録一次張宗良，陝西撫標效力武進士張乃功，左右兩營千總李庫、史自龍、李國良，把總馬俊、邵應登、王鳳、劉玉、張占斌、薛鳳耀、黃林，經制外委千把劉洪□、靳明、趙彥、張洪積、雷大英、魯陞、□培，督工管□張成、沈略、王名賢、楊法睿、巨大鎮、趙傑、杜漢英、梁殿□、李振加、閆貴、王繢、劉漢佐。

王兆夢鐫｜

按

教軍場，亦稱校軍場、校場，是古代練兵、比武、閱兵的地方。據碑文，清代西安的教軍場位於城市西北隅。

724.1742　崇聖祠記

説　明

清乾隆七年（1742）正月刻。碑高143厘米，寬72厘米。正文楷書，分上下4欄，分別爲4篇文章：《崇聖祠記》《重修關中名臣祠序》《修長安學記》《長安義學田記》。第一欄32行，第二欄30行，第三欄31行，第四欄26行，滿行均18字。楊毓芳撰文。現存西安碑林博物館。《西安碑林全集》著録。

釋　文

崇聖祠記」

祠以妥神，禮緣情制。以余所歷諸省」崇聖祠類皆同，建聖人之廟，而地居其上，尊之」也，親之也。關中獨另爲一祠，前郡守朱公意欲」仿照他省，移建」聖廟。内議久未定，以故雖有傾圮不治，遂致宫」墙剥落，户牖無存，行乞無賴睡卧其中。儒學請」木主於署祭之日，迎而祀之。如是者有年。余進」而請曰：聞公欲改建」崇聖祠，竊以爲禮在宜然，奈何久而未定，豈不」以諸生意見多歧而廟後隙地又盡爲古碑林」立乎？余觀關中文廟規模，最爲式廓，其初另搆」非不足於地，或別有所見。今觀其所植松柏，皆」數圍難合，一旦遷之，諸生殊未忍，文風其猶後」也。西安碑洞又知名天下，皆古帝王名臣大儒」之遺，且久於年而石易損，搬移上下，萬難保全」如初，工費所不言也。且余觀自古上皇之宫，或」同居朝内，或另爲離宫別館，非若庶民之家，必」同屋而居者始爲親且敬也。則」崇聖祠之址可以遷，可以無遷，縱或禮在必遷」，一日不遷，亦當潔一日之敬，未便遂視爲廢祠」也。公曰：然。於是，余始捐貲，築其垣墉，修其户牖」，傾圮者緝之，腐朽者易之，乃塈乃塗，始覺焕然」，而木主於焉獲安。祠成，偕郡邑司鐸諸君子議」曰：祠之未成，諸君子爲余言之；祠之既成，余且」爲諸君子望之。户牖不封，與無户牖同。諸君子」何以善其後？咸寧司鐸郝君馭瑞者，名孝廉也」。慨然起而任曰：余學署与祠最近，余不能如公」爲聖道光輝，顧不能爲聖廟鎖鑰乎？經理有人」，吾知其不朽矣。爰筆而志之，以俟後之考古者」。

乾隆七年歲在壬戌春王月吉」

長安長吏貴陽楊毓芳撰」

重修關中名臣祠序」

古来仕關中稱名臣者，有祠焉，建於」文廟之側，有司春秋祭享，捐置品物，同丁祭并」祀之，歲以爲常。乾隆六年辛酉之夏，余由武功」調劇長安，越三月乃秋，偕咸寧大尹主其祭，見」其傾頽圮毀，風雨不蔽，覆之席而屏圍之，率諸」生行禮其間。祭畢，召諸生議之曰：名宦之得祀」於」文廟，舊矣。其名臣即名宦，祀之日同，建之地又」同，禮祭不欲數，數則瀆是祠也，何爲而建？諸生」曰：是歷代有功德於民，民不能忘，而私創其祠」以祀之者，故其中所祀諸賢有爲祠名宦之所」已入，有爲祠名宦之所未入，不盡同也。余曰：有」功德者，當請於朝，大尊賢、宏表彰、示鼓勵、重祀」典。私祭，非禮也，何爲相延以至於今？諸生曰：功」大者難忘，德厚者報切。請於朝，不無有待，感生」於心，念迫於誠，爰用私祭，民之真也。惟真，故今」与古同，歷代之名臣咸在。余曰：然。小民愚而神」私而公，非其功与德實足以繫，其思相契者一」二人，而衆人撓之，邀結者遍衆人，而一二人抗」之，欲其入是祠而俎豆其間也，知必不能。是祠」誠重，其建也最宜。奈何任傾頽，聽圮毀，遂至若」兹，及此不爲久且就淹，古道之無存，是誰之過」也？於是捐俸備物，命工重搆。維時韓城衛君敬」生爲縣司鐸，府外翰則長武尚君湄也，雅有同」志，樂董其事而告成焉。勒之石，非敢矜締搆功」，亦欲司是土者知是祠之重，俾不朽相与後先」俎豆於其間也云尔」。

乾隆七年歲在壬戌春王月吉」

長安長吏貴陽楊毓芳撰」

修長安學記」

戊申歲之秋八月，余奉」命試用於秦，未授地，因得偕咸、長兩大尹隨祭」關中夫子廟廷，觀其規模式廓，未嘗不嘆辟」雍」鐘鼓氣象猶存。越十有三年，由武邑調劇長安」，益覺焕然，其不可及，盖一切修飭皆非尋常土」木，而學宫顧傾圮，豈諸君子不知其關重，無復」有過而問之者，不問，知其爲諸君子之將次第」舉行也。然而余今已司是土矣，奈何復以重煩」我諸君子，於是謀所以新之。召工曹朱佐，謂之」曰：聞尔素能事，且自愛，今以修學一事任尔。堂」以明倫，倫不可輕，堂亦不可輕；泮水者，泗水之」淵濠，多士所藻躬而浴德也。何可任崩？雍宫墙」之不修，維草其宅矣；學舍門之不扃，牛羊踐踏」，可

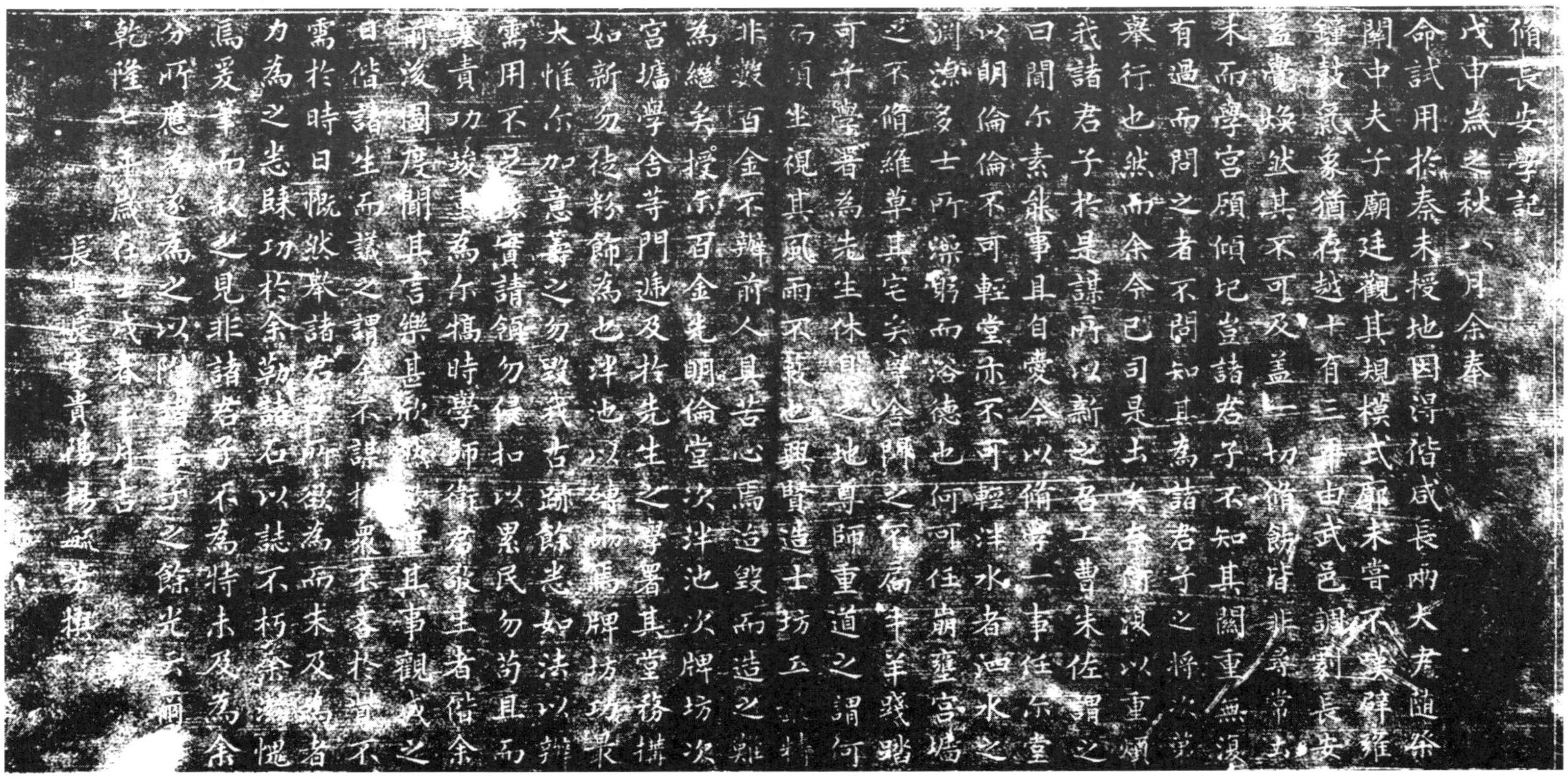

長安學記

長安義學田記一

乾隆□□年歲在□□春王月吉　長安□□□貴陽楊□芳棋

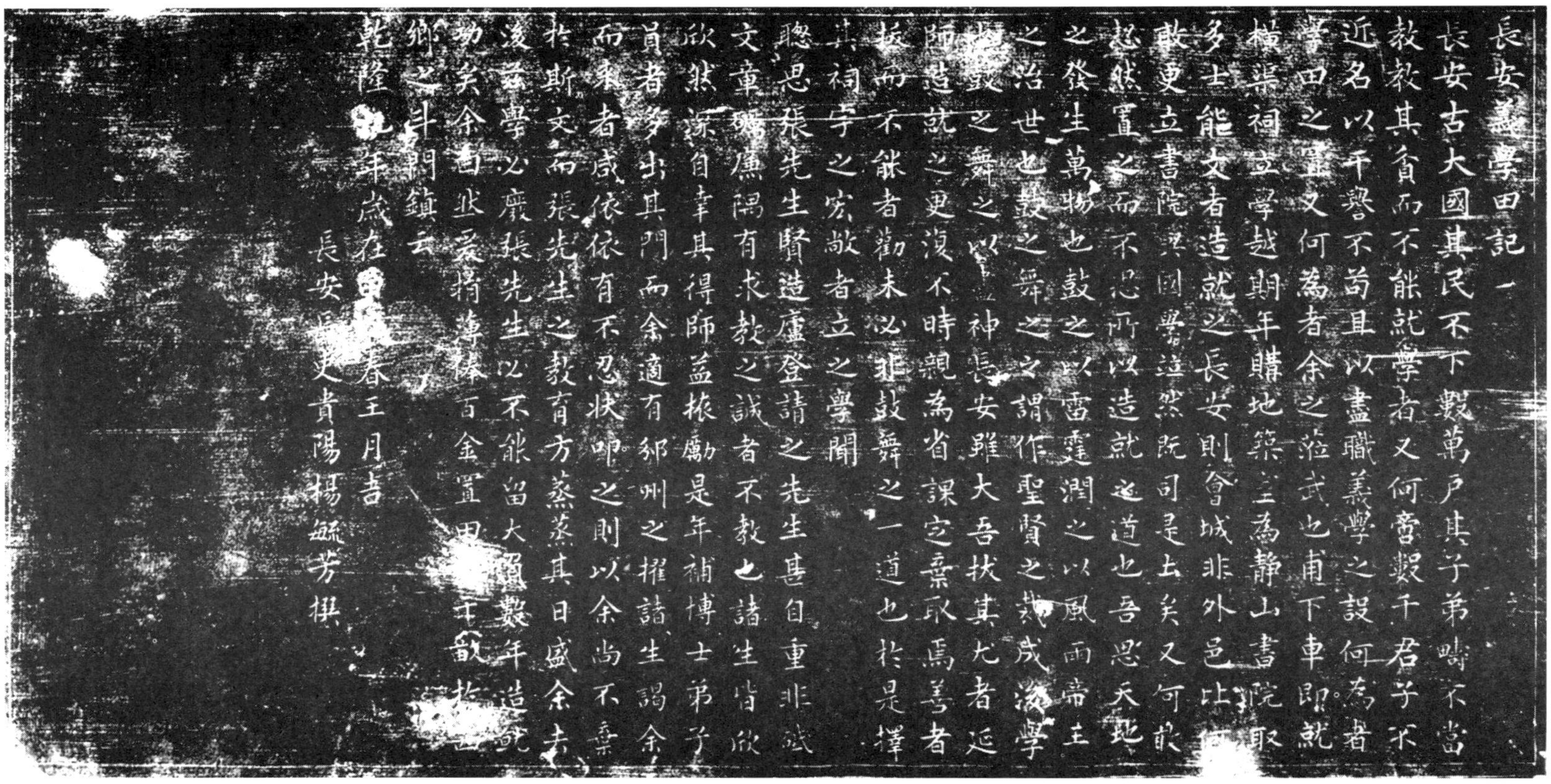

局部

乎？學署爲先生休息之地，尊師重道之謂，何」而顧坐視其風雨不蔽也？興賢造士，坊工最精」，非數百金不辦，前人具苦心焉。迨毀而造之，難」爲繼矣。授尔百金，先明倫堂，次泮池，次牌坊，次」宫墙、學舍等門，遞及於先生之學署。其堂務搆」如新，勿徒粉飾爲也。泮池以磚砌焉。牌坊功最」大，惟尔加意籌之，勿毀我古迹。餘悉如法以辦」，需用不足，據實請領，勿侵扣以累民，勿苟且而」塞責。功竣，重爲尔犒。時學師衛君敬生者，偕余」前後圖度，聞其言樂甚，欣然欲董其事。觀成之」日，偕諸生而議之，謂余不謀於衆，不吝於貲，不」需於時日，慨然舉諸君子所欲爲而未及爲者」，力爲之，悉歸功於余，勒諸石以誌不朽。余滋愧」焉。爰筆而叙之，見非諸君子不爲，特未及爲，余」分所應爲遂爲之，以附諸君子之餘光云爾」。

乾隆七年歲在壬戌春王月吉」

長安長吏貴陽楊毓芳撰」

長安義學田記」

長安，古大國，其民不下數萬户，其子弟疇不當」教，教其貧而不能就學者，又何啻數千。君子不」近名以干譽，不苟且以盡職。義學之設何爲者」？學田之置又何爲者？余之蒞武也，甫下車，即就」横渠祠立學。越期年，購地築室爲静山書院，取」多士能文者造就之。長安則會城，非外邑比，何」敢更立書院，與國學并？然既司是土矣，又何敢恝然置之而不思，所以造就之道也。吾思天地」之發生萬物也，鼓之以雷霆，潤之以風雨。帝王」之治世也，鼓之舞之之謂作；聖賢之裁成後學」也，鼓之舞之以盡神。長安雖大，吾拔其尤者，延」師造就之，更復不時親爲省課，定棄取焉。善者」拔，而不能者勸，未必非鼓舞之一道也。於是擇」其祠宇之宏敞者立之學。聞聰思張先生賢，造廬登請之。先生甚自重，非砥」文章、礪廉隅、有求教之誠者，不教也。諸生皆欣」然欣然深自幸其得師，益振勵。是年，補博士弟子」員者多出其門，而余適有邠州之擢，諸生謁余」而來者，咸依依有不忍狀，叩之，則以余尚不棄」於斯文，而張先生之教育方蒸蒸其日盛，余去」後，兹學必廢，張先生必不能留，大負數年造就」功矣。余曰：然。爰捐薄俸百金，置田數千畝於西」鄉之斗門鎮云」。

乾隆七年歲在壬戌春王月吉」

長安長吏貴陽楊毓芳撰」

按

撰者楊毓芳，貴州貴陽人。雍正時任武功縣令，乾隆時任長安縣令，後調邠州。

725.1743　潤德泉記

説 明

清乾隆八年（1743）三月刻。碑圓首方座。高160厘米，寬65厘米。額文2行，滿行2字，篆書“潤德」泉記”。正文楷書14行，滿行48字。王文樸撰文，張時昌書丹。四周飾蔓草紋。現存岐山周公廟。

釋 文

潤德泉記」

雍正庚戌之歲，余判扶風，謁」三公祠於岐山之坳。三公者，周公而翼以太公、召公者也。祠在潤德泉之右，民不資泉利，將數十餘年。今乾隆五年，流復」通，一時驚爲異云。夫泉之盈涸，亦屢矣。唐以前無可稽，自大中至今，蓋盈涸者凡四。世傳泉涸則時必污，泉盈則時必隆。今」聖人在上，陽舒陰卷，上下協宜，而自强不息，厚德載物。則此日之山澤通氣，固其理也。憶余於扶風告歸，及復起來陝，居省會幾四」載矣。一時制府、中丞，皆大君子，相繼撫御，諸僚吏及兹民人而文武崇卑有位，莫不率躬軌物，雍雍肅肅，與濟與成，而無」有猜焉。其小人皆安於時豐地殖，以恬以熙，莫有擾之者。視十年前，其景象爲何如也歟？且澤必近而後遠，靈瑞必有象而呈」者也。岐之宰爲任君，治是邑十有五年，民任其德深而且久，以其奉□□□祠之，既而靈泉瀹然，名之曰潤德，有以也哉」！有以也哉」！

漢中通守前以翰林院庶吉士倅鳳翔府今奉」内召赴都癸卯進士天津王文樸撰」

江南松江府上海縣生員張時昌書丹」

敕授文林郎鳳翔府岐山縣知縣加一級戊午辛酉兩科陝西文闈同考試官甲午科舉人任戀華立石」

大清乾隆捌年歲次癸亥桐月吉旦」

按

潤德泉，位於寶雞市岐山縣鳳鳴鎮周公廟內。唐大中元年鳳翔節度使崔珙因泉出爲瑞，上其事，宣宗賜名“潤德”，意爲潤德於民。相傳泉湧則國泰民安，泉涸則兵荒動亂，故有“靈泉”之稱。

726.1744　秦中雜咏十首

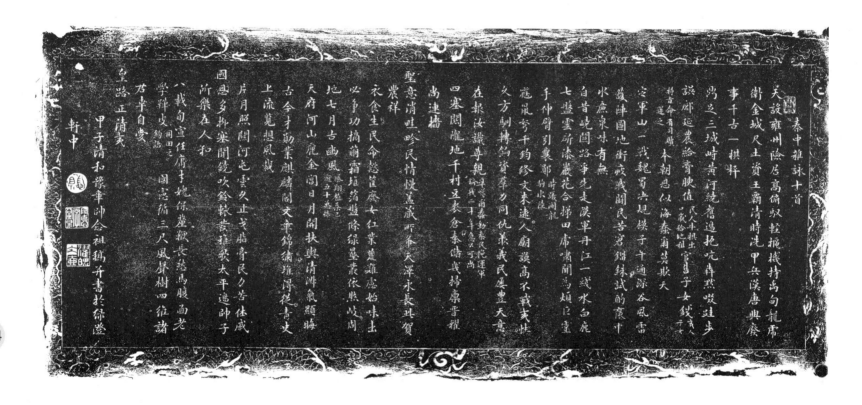

説　明

清乾隆九年（1744）四月刻。碑長方形。長81厘米，寬36厘米。正文楷書35行，滿行17字。帥念祖撰文并書丹。四周飾雲龍紋。現存西安碑林博物館。《西安碑林全集》著録。

釋　文

秦中雜咏十首」

天設雍州險，居高俯馭輕。樞機持禹甸，龍虎」衛金城。尺土資王霸，清時洗甲兵。漢唐興廢」事，千古一棋枰」。

鼎足三城峙，黄河繞舊邊。扼吭犇默啜，跬步」誤郵延。農給膏腴值民人牛犋出口，歲給地租，官售子女錢成人子女」特旨命有司贖還之。本朝恩似海，蠢爾莫欺天」。

定軍山一戰，魏蜀決規模。子午通深谷，風雷」護陣圖。地衝疲戰鬥，民苦窘錙銖。試酌褒中」水，廉泉味有無」。

自昔嶢關路，爭先走漢軍。丹江一綫水，白鹿」七盤雲。斫漆巖花合，梯田虎嘯聞。爲煩巨靈」手，伸臂引襄鄖時議開龍駒水陸」。

鼷鼠弩千鈞，修文來遠人。廟謨高不戰，夷性」久方馴。轉餉資群力，同仇羨義民。屢豐天意」在，報汝識尊親準格爾蠢動，秦民挽運軍糧幾二十年，急公可尚」。

四塞關隴地，千村豆麥倉。秦儲幾掃廩，晉糶」尚連檣。聖意消畦畛，民情慢盖藏。所布天澤永，長此賀」農祥」。

衣食生民命，懿筐廢女紅。業荒難慮始，味出」必爭功。摘繭霜堆箔，盤條緑壓叢。依然岐周」地，七月古豳風鳳翔植桑已逾五十萬株」。

天府河山麗，金閶日月開。扶輿清淑氣，顯晦」古今才。勛業麒麟閣，文章錦繡堆。得從青史」上，流覽想風裁」。

片月照關河，屯雲久止戈。脂膏民力苦，休戚」國恩多。柳塞聞鐃吹，鈴轅發雅歌。太平邊帥子」，所樂在人和」。

八載旬宣任，庸才媿保釐。鞭長愁馬腹，面老」學貛皮用田元鈞語。國憲循三尺，風聲樹四維。諸」君幸自愛」，皇路正清夷」。

甲子清和豫章帥念祖稿并書於緑澄」軒中」

按

撰、書者帥念祖，字宗德，號蘭皋，江西奉新人。雍正元年（1723）進士，改庶吉士，授編修。參與編修《大清一統志》，改御史，遷給事中浙江學政，遷陝西布政使，以事謫戍軍臺，歿於塞外。著有《樹人堂詩》七卷，《多博吟》一卷，《區田編》一卷，《亦存編》一卷。此詩未見著録。

說經臺梁公道行碑銘

說經臺梁公道行碑銘　道人梁姓諱一嵩字春風順天宛平人始學道於西山後遊五臺武當二華太白至藍屋之樓觀臺基設

老子說經處道士祖庭也荒圮僅存道址一見慨然曰躬列衛門忍使先聖道基巋至山平耶是發然以修理為已任先達

萋萋地墾開山田闢草萊而居之繼鳩工庀材漸次興舉規模既定乃北游京師入白雲觀益為秦中第一名勝余臺衛衆及四方靈遊者日

藍屋之祖庵既竣工躬入都購請道藏經由是樓觀臺煥然一新無不羡天下之久茫而集其事者自游觀者為其徒者自知無以力回看經之外

才不使其乘時得位而使其老於黃冠又不能掩其才使之備一樓觀臺以没後觀月其學徒李清潔等乞文於余為道基質如此銘曰

天生斯人以昌祖庭文始之墓老子之靈同茲不朽水碧山青

大清乾隆十一年歲次丙寅

賜進士出身前知藍屋縣事沁陽楊□繹拜譔并

灞陵皂天羲書丹並篆額

學徒　閻陽清　孫玉誠　王一桓　文林著
　　　　　　富重和　楊演賞　石本忠　衛真銘
劉晴泓　劉清源　觸啟嘉　李秦頁　陳陽烈　李復和　張來景
李清淳　　張末順　張末泰　高復義　　高復義　張一榮　石明春
　　　　　　　　　　　　孫清開　　陳正忠　馬復春　衛本版
　　　　　　　　　　　　　　　　　　　　　　　　敬立

説 明

清乾隆十一年（1746）刻。碑圓首方座。高206厘米，寬77厘米。額文3行，滿行3字，篆書"説經臺」梁公道」行碑銘」"。正文楷書22行，滿行49字。楊繹撰文，曾天義書丹并篆額。額兩側飾雙鳥銜瑞草紋。現存周至縣樓觀臺。《樓觀臺道教碑石》著録。

釋 文

説經臺梁公道行碑銘」

道人梁姓，諱一亮，字春風，順天宛平人。始學道於西山，後遊五臺、武當、二華、太白，至盩厔之樓觀臺。臺故」老子説經處，道士祖庭也，荒圮僅存遺址。道人一見愀然曰：躬列道門，忍使先聖遺基廢至此乎？於是毅然以修理爲己任。先清」盩臺地，墾開山田，闢草萊而居之。繼鳩工庀材，漸次興舉。規模既定，乃北游京師，入白雲觀爲知客。未幾，復至樓觀，益整飭修理」，凡附近祠廟，莫不補葺。既竣工，躬入都，購請《道藏經》。由是樓觀臺煥然鼎新，爲秦中第一名勝。本臺道衆及四方雲遊者，食指日」不下百數十人。又收養孤弱貧乏殘廢老病，恣其所食，行者復贈以少費。天下無不知有樓觀臺梁道人者。而道人顧謙慎整肅」，刻苦精勤，與衆人同食粗糲而衣補綴。凡耕耘、收穫、掃除、修治，皆躬往先之，衆人從而集其事。有游惰者自知無所容住，不數日」即慚赧辭去。其不令而行，不禁而止，皆此類也。以故樓觀臺百餘人，日起各執其事，終日寂然如無人爲其徒者。力田、看經之外」，從無旁門駁雜、驚世惑衆之學。有客至，無老幼、貴賤、智愚、賢不肖，罔不得其歡心。至公卿大人偶遊其處，車馬僕役填塞路衢，道」人條理井井，凡飲食憩息所需，皆指顧立辦，未見其倉皇舛悮，實亦非豫爲之備。與人談，竟日夜無倦容，未嘗自炫所能，亦未嘗」太自卑屈。其修樓觀也，以農爲本，而佐之以募化，故日計不足，而歲計有餘。凡木石、灰斤、磚瓦之數，夫匠、工作、食用之費，皆口授」手畫，不差毫髮。雖匠伯工師，皆自以爲不及也。樓觀自工作以来，歲用以數千金計，即工竣後，歲用亦不下千六七百金。道人付」之典者，未嘗私置一囊而綜理周緻，雖蔬果醢醬、竹頭木屑，下至溷廁糞壤，莫不處之有道，可使後来者永遠遵守。其擘畫詳密」，殆由天禀，非人可學而能者。嘗患澇水泛漲，思建橋以濟涉者，事卒不舉。而斯時長安之梁家橋圮於水，居人延道人往修之。又」盩厔之祖庵宮、西安之八僊庵，皆道門舊迹，日就頹落，道人皆欲肩其事，事未作而道人死矣。痛乎哉！才之難也！天既生道人之」才，不使其乘時得位，而使其老於黃冠；又不能掩其才，使之修一樓觀臺以略見其經緯，而所謂八僊庵、祖庵宮與梁家橋者，卒」不肯假其年而俾就其志，則才之在世，洵可謂無益也已。道人没後踰月，其學徒李清潔等，乞文於余，余爲道其質如此。銘曰」：

天生斯人，以昌祖庭。文始之墓，老子之靈。同兹不朽，水碧山青」。

時」大清乾隆十一年歲次丙寅」

賜進士出身前知盩厔縣事沁陽楊繹拜撰」

灞陵曾天義書丹並篆額」

學徒：閆陽清、雷重和、劉清洮、李清潔、孫至謙、楊演霞、劉清源、李清順、王一恒、石来惠、趙教真、張来順、文性善、陳陽魁、李来貞、張来泰、衛真鋭、李復和、高復義

孫：張来景、張一榮、李清閔、陳正来、蹇一純、石明春、張復智、王復壽、王復春、衛本成敬立」

頻陽張忠義、杜之孝鎸」